Yale University Press
Little Histories

# 若い読者のための
# 経済学史

ナイアル・キシテイニー
Niall Kishtainy
月沢 李歌子＝訳

すばる舎

装幀／遠藤陽一（デザインワークショップジン）
本文校正／神林邦明

# 若い読者のための経済学史＊もくじ

☜その章でとりあげるおもな登場人物

**◉補足説明のカッコの使い分けについて**

原著者による補足説明は、すべて丸カッコ（　）を用いました。訳者および編集部による補足説明は亀甲カッコ〔　〕を用い、カッコ内に多くの場合2行で表示、いわゆる「割り注」扱いにして区別しています。

**◉底本と原著者による若干の修正について**

本書は２０１７年刊行の *A Little History of Economics* の10訂版を底本としましたが、その10訂版刊行後に原著者キシテイニー氏から若干の修正が加えられたため、原著10訂版の表現と一部異同があることを、あらかじめおことわりしておきます。

（編集部）

Chapter 1

# 冷静な頭脳と温かい心

この本を手にしたあなたは、特別な立場にある。まず、あなた（もしくは、あなたにこの本をくれた人）には、本を買う〝お金〟があった。貧しい国に住んでいれば、おそらくあなたの家族は、1日に数ドルで暮らしていることだろう。食料を買うのがせいぜいで、本を買うお金などないはずだ。たとえ本を手に入れたとしても、読むことができず無駄になるかもしれない。西アフリカの貧困国ブルキナファソでは若者の半数以上、女子の3分の2以上が字を読めない。この国の12歳の少女は、算数や国語を勉強するかわりに、1日がかりで家族が住む小屋に水を運んでいる。あなたは、自分や家族が特別お金持ちだとは思っていないかもしれない。だが、本を買って読めるということは、世界じゅうの多くの人々にとっては〝月へ旅行するようなもの〟なのだ。

こうした巨大な格差に対して、好奇心をかきたてられたり、場合によっては怒りさえも覚えたりするような人は、これを**経済学**の問題として考えるかもしれない。

経済学は、社会が**資源**《リソース》をいかに使うかを研究するからだ。資源とは、パンや靴といった〝有用なモノ〟〔経済学ではこれを財（ざい）という〕をつくるのに必要な、土地や石炭、人や機械などである。経済学は、「ブルキナファソの人々が貧しいのは、彼らのうちの少なくとも一部の人が怠け者だからである」という考えがまったくの間違いであるということについて、その理由を明らかにする。ブルキナファソの人々の多くは懸命に働いているが、モノの生産に向かない経済下にうまれたために貧しいのである。イギリスには子供たちを教育するための建物や本があり、また、教師がいる。それなのに、なぜ、ブルキナファソはそうではないのか。これはとても難しい質問で、だれも原因をつきとめることはできない。だが、経済学はそれを説明しようとする。

　ここにこそ、わたしたちが経済学に魅了され、そうした問題について考えようとする、より大きな理由がある。経済学は〝生死にかかわる問題〟なのだ。こんにち、経済的に恵まれた国でうまれる子供が5歳を前にして死ぬことはほとんどない。幼児の死はまれであり、衝撃的な出来事である。それに対して、世界の貧しい国々では、食べ物や薬がないために、子供の10パーセント以上が5歳まで生きることができない。こうした国々では、10代まで生き延びられれば幸運と言えるだろう。

「経済学」というと、無味乾燥で、退屈な統計や数字ばかりだと思うかもしれない。しかし本当は〝どうすれば人々が生き存《ながら》え、健康でいられて、教育を受けられるか〟を考える学問なのだ。経済学は問いかける。幸せで満たされた生活を送るために必要なものを、いかにすれば手に入れることができるか。そして、それらを手に入れられない人がいるのはなぜか。こうした経済学の基本的な問題を解決することができれば、だれもがより良い生活を送る助けになるだろう。

　こんにち経済学者たちは、学校を建てるための煉瓦《れんが》や、病気を治す薬、人々が求める本などについて、独特な見方をする。こうした資源が「**稀少であること**」を論じるのである。1930年代に、イギリスの経済学者**ライオネル・ロビンス**は、経済学とは〝稀少性の研究〟だと定義した。ダイヤモンドや白いクジャクなど、珍《めずら》しいものには稀少性があるが、経済学者たちは、家のなかや近所の店で容易に見つかるペンや本などもまた稀少なものだ、と考える。稀少というのは、すなわち〝数が限られている〟ということだ。一方、人間の欲望には限度がなく、できるなら新しいペンや本をずっと買い続けていたい。だが〝**費用**《コスト》〟がかかるので、すべてを手に入れるのは不可能だ。そこで〝選択〟が必要になる。

　費用について、もう少し考えてみよう。ポンドもドルも大事だが、費用とは、それだけではない。たとえば、ある学生が、新年度にどの講義をとろうかと悩んでいるとする。歴史にしようか、地理にしようか。両方は無理で、どちらかを選ばなければならない。そこで歴史を選んだ。この選択によって生じる費用《コスト》は？　選ばなかった地理だ。その学生は、砂漠や氷河や各国の首都について学ぶ機会を失ったのだ。また、新しい病院を建てるときは、どんな費用が生じるだろうか。建設に使う煉瓦や鉄材の値段を合計することもできるが、なにをあきらめたかを考えれば、その費用とはたとえば、病院のかわりにつくることができた電車の駅ということになる。経済学者は、この見過ごされやすい損失を「**機会費用**《オポチュニティ・コスト》（opportunity cost）」と呼ぶ。稀少性と機会費用は、経済の基本的原則だ。病院か電車の駅か、ショッピングモールかサッカー場かというように、わたしたちはどちらかを選ばなければならない。

よって、経済学は、必要性を満たすために稀少な資源をどう使うかを注視するのである。だが、それだけにとどまらない。人々が直面する選択がどう異なるかも問題になる。貧しい社会における選択は厳しい。子供に与える食べ物か、それとも病気の祖母に与える抗生物質か。アメリカやスウェーデンのような豊かな国における選択は、それほど厳しくないだろう。新しい時計と最新のiPadのどちらを買うかといったようなものだ。たしかに豊かな国でも、企業が倒産して従業員が職を失い、子供たちの服が買えない、というような深刻な経済問題は起こる。だが、生死の問題になることはあまりない。よって、経済学の重要な問いは次の2点となる。すなわち〝社会がいかにして稀少性による最悪の結果を克服するか〟そして〝なぜ、ある社会ではそれがすばやく行われないのか〟である。良い答えを導きだすには、機会費用についてよく知るだけでは足りない。病院を建てるか、それともサッカー場をつくるか。iPadと時計のどちらを買うか。このような問題について正しい選択をしなければならない。良い答えを導きだすには、経済学のあらゆる理論を当てはめる必要があるし、さまざまな経済システムが実際にどのように働いているのかを深く知らなければならない。本書で歴史上の経済思想家に出会うことが、その良い〝出発点〟になるだろう。経済学者たちは、驚くほど多種多様な説明をしている。

経済学者は、もちろん「経済」を研究する。経済とは、資源が使われ、生産が行われ、だれがなにを手に入れるかが決まることである。たとえば、工場主は布地を買い、従業員を雇ってTシャツを生産する。消費者である〝あなた〟や〝わたし〟は店に行き、ポケットにお金があれば、Tシャツなどを買う（「**消費**」する）。わたしたちは「**サービス**」も〝消費〟する。サービスとは、髪を切るなど、形のない財《ざい》のことだ。こうした消費者の大半は、働いてお金を手に入れる労働者でもあり、企業、労働者、消費者は、経済の主要な構成要素となる。しかし、銀行や株式市場（いわゆる「**金融システム**」）も、資源がどのように使われるかに影響を及ぼす。銀行は企業に資金を貸す（「**融資**」する）。衣料メーカーが新しい工場を建てるために融資を受けてセメントを買えば、新しい橋ではなく、工場ができる。資金を調達するため、企業はときに株式市場で「**株**」または「**株式**」〔イギリス英語では shares／アメリカ英語では stock〕を売る。あなたが東芝の株をもっているなら、東芝という企業の一部を所有していることになり、東芝の業績が好調ならば、あなたも、より豊かになる〔原著が書かれたのは東芝の業績悪化が騒がれる以前〕。政府も経済の一部だ。政府は、新しい道路や発電所の建設に資金を投じ、資源がどう使われるかに影響を及ぼす。

　次章では、経済の問題を最初に考えた古代ギリシャの人々を見ていくが、そもそも「経済学《エコノミクス》」という言葉は、ギリシャ語のoeconomicus《オイコノミクス》（oikos《オイコス》＝家あるいは共同体、nomos《ノモス》＝法律あるいは規則）からうまれた。つまり、古代ギリシャの人々にとって、経済とは、家計が資源をどう管理するかを意味した。こんにち、経済学には企業や産業の研究も含まれる。しかし、家計やそこに住む個人が基本であることに変わりはない。モノを買い、労働力となるのは、結局のところ個人だからだ。よって、経済学とは〝人間の行動の研究〟ともいえる。あなたが誕生日にもらった20ポンドをどう使うか。労働者が新しい仕事をその賃金で引き受けるのはなぜか。お金を節約しようとする人がいる一方で、ペットの犬のために立派な小屋をつくろうと大枚をはたく人がいるのはなぜか。

経済学者は、こういった疑問を科学的に解き明かそうとする。「科学」というと、人々に充分な食べ物があるかどうかということよりも、気泡の立つ試験管や黒板に書かれた数式を思い浮かべるかもしれないが、それもあながち間違いではない。なぜロケットが飛ぶのかを科学者が説明するのと同じように、経済学者は経済を〝説明〟しようとするのだ。科学者は、物理法則（あることがなにを引き起こすか）を見つけようとする。たとえば、ロケットの重量と打ち上げの高さとの関係などだ。経済学者も、人口規模が食糧事情にどう影響するかといった経済の法則を探す。これを「**実証経済学**（positive economics）」と呼ぶ。法則に良いとか悪いとかはない。そこにあるものだけを説明する。

だが、経済学はそれだけにとどまらない。幼年期を生き延びることができないアフリカの子供たちのことを考えてみよう。その状況を詳しく説明するだけで充分だろうか。そんなはずはない！　このことに対して経済学者がなんの意見ももたないのであれば、それは冷酷としか言えないだろう。経済学の一分野である「**規範的経済学**（normative economics）」は、経済状態について、それが〝良いか、悪いか〟を語る。スーパーマーケットがまだ傷んでもいない食べ物を捨てれば、それは無駄だから悪い。富者と貧者の格差は、不公平だから悪い。このような判断をする。

正確な観察に賢明な判断がともなえば、経済学は、より多くの人が裕福に暮らせるような変化を起こし、より豊かで、より公平な社会をつくる力になる。イギリスの経済学者**アルフレッド・マーシャル**〔11章〕は、経済学者には「**冷静な頭脳と温かい心**（cool heads, but warm hearts)」が必要だ、と言っている。そう、経済学者は、世界を科学者のように説明しつつも、苦しんでいる人々に共感を抱き、変化を起こそうとするのだ。

こんにちの経済学（大学で教えられている経済学）は、何千年もの人類の文明のうち、わりと最近にうまれたものだ。いまの世界のほとんどの国で見られる**資本主義**が誕生した頃、すなわち、ほんの数世紀前に現れたものなのだ。資本主義のもとでは、ほとんどの資源（食物、土地、人々の労働など）がお金で売買される。このような売買は「**市場**《マーケット》」と呼ばれる。また、資本をもつ**資本家**と呼ばれる人々がいる。資本とは、モノを生産するのに必要な資金や工場や機械だ。一方、**労働者**と呼ばれる人々は、資本家の工場で働く。いまでは当たり前のことのように思えるかもしれないが、資本主義が登場する以前はそうではなかった。食べ物は買うのではなく、みずから育てた。人々は工場ではなく、住んでいる土地を治める領主のために働いた。

経済学は、数学や文学と比べると、新しい学問だ。ほとんどが売買や価格など、資本主義について説明している。本書の大部分もそういった経済学について述べる。だが、それ以前の経済的な考え方についても見ていく。資本主義であっても、そうでなくても、すべての社会は〝どうすれば衣食足りるか〟という問題を考えなければならない。経済に対する考え方の変化と、経済そのものがどのように変わってきたのか、人々がこれまでどのように畑や工場で働き、料理の鍋を囲みながら、稀少性をいかに克服しようとしてきたのかを見ていこう。

ところで、経済学者たちは、注意深い科学者や賢明な哲学者のように、いつでも経済を説明し、判断をしているのだろうか。彼らは、経済発展の一方で置き去りにされた人々（とくに女性や黒人たち）の苦境を見過ごしてきた、と批判されることもある。これは歴史的に、経済思想家が社会でもっとも恵まれた人々だったからなのだろうか。21世紀初頭、銀行の無謀な行いのせいで、深刻な**経済危機**が起こった。それを予測できなかったために、多くの人が経済学者を責めた。経済学者の多くは、金融や巨大銀行が支配する経済で利益を得ている人々から影響を受けている。危機を招いたのはそのせいだ、とも考えられた。

おそらく、経済学者には〝冷静な頭脳と温かい心〟以外に必要なものがあるのだ。それはたとえば、自己批判的な目や、自分の関心や習慣的なものの見方を越えた観点などである。経済の歴史を学ぶことは、その助けになるだろう。過去の経済思想家たちがそれぞれの関心と環境のもとで、どのようにその考えにたどりついたかを知れば、わたしたちの考え方がどうであるかを、より明らかにできる。だからこそ、経済思想を歴史とともに考えるのは興味深いことであるし、それはわたしたちがより豊かに生きることができる世界を創造していくためにも不可欠なのである。

# Chapter 2 空を舞う白鳥

人類がつねにそうであるように、原始の人類も、稀少性という経済学の問題に直面した。すなわち、充分な食料を探さなければならなかった。だが、農地や作業所、工場といった意味の「経済」はまだうまれていない。原始人は森に住み、木の実を集め、動物を狩って生き延びた。人々が〝経済学上の問題〟を考えはじめるのは、古代ギリシャやローマなどで、より複雑な経済が現れてからである。

最初の経済思想家は、経済学を含む西洋思想の伝統をつくりだしたギリシャの哲学者たちだ。彼らの思想が花開いたのは、最初の文明が誕生してから数千年後のことだった。しかし、そのはるか前から、人間は必要に応じて自然をつくりかえる知恵を獲得し、**経済活動の〝種〟**を蒔《ま》いていた。たとえば、火をおこし、土から壺《つぼ》を、植物や動物で食事を、というように、手に入れたものから新しいものをつくった。その後、いまから1万年以上前に、**最初の経済革命**が起こった。作物を植え、動物を飼育することを学んだ人間が集まって**農業**をはじめたのだ。その土地で生き延びていける人が増えると、村がうまれた。

このようにして、複雑な経済システムをもつ文明が、メソポタミアの地に誕生した。現在のイラクのあたりである。「複雑」というのには重要な意味がある。それは、人々は自分が食べるものを必ずしも自分自身でつくる必要はない、ということである。こんにち、わたしたちの多くは食べるものを自分で育てるのではなく、育てた人から買っている。メソポタミアには、大麦を収穫したり、ヤギの乳を搾《しぼ》ったりといったことをしない〝新しい種類の人々〟がいた。都市を治める〝王〟や、寺院を管理する〝神官〟である。

経済の複雑性が可能になったのは、作物の栽培や家畜の飼育の技術が進歩し、生産者が自分の生存に必要なものより多くを生産できるようになったからである。あまったものは、王や神官の腹に収まった。食物を生産者から〝食べる人〟へとまわすには、**組織**が必要となる。こんにちでは金銭による売買が行われるが、古代社会には古い伝統があり、作物は〝捧《ささ》げもの〟として寺院に運ばれた。それが神官たちに分け与えられたのだ。食糧をいかに分配するかを管理するために、**文字**が考案された。現存する古代文明の文字の、もっとも古いもののひとつに、農民からの作物の〝奉納リスト〟がある。文字を使うようになった役人たちは、収穫高の一部（つまり「**税金**」）を徴収することができるようになり、それを使って農業用の水路を掘ったり、王の栄光をたたえる墓を建てたりした。

紀元前数百年頃にはメソポタミア、エジプト、インド、中国に数千年に及ぶ文明がすでに存在していたが、ギリシャにもまた新たな文明の萌芽がみられた。古代ギリシャ人は、社会で暮らす人間について、より深く考えはじめた。古代ギリシャの詩人**ヘシオドス**は、経済学の〝出発点〟を次のように述べている。「神々は、人間の命の糧《かて》をお隠しになられた」。パンは空から降ってはこない。人間は、食べるために小麦を栽培し、刈り取り、すりつぶして粉にしてパンを焼く。生きるためには働かなければならないのだ。

すべての思想家の〝始祖〟は、古代ギリシャの哲学者**ソクラテス**である。ソクラテスが著述を行わなかったため、わたしたちが知っている彼の言葉は、弟子の書物を通して伝えられたものだ。ある夜、ソクラテスは1羽の白鳥が大きく鳴きながら、羽を広げて飛んでいく夢を見たという。翌日、プラトンに会ったソクラテスは、プラトンが自分のもっともすぐれた弟子になることを〝予見〟した。夢で見た白鳥がプラトンだったのだ。プラトンは人間性《ヒューマニティ》を説く師となり、彼の思想はその後、何千年も、高く広く空を舞うことになった。

**プラトン**（紀元前428［427とも］～前348［347とも］）は、理想の社会を思い描いた。その経済は、いまわたしたちが知っている経済とは異なるものだっただろう。また、当時の社会は現代とは違う。たとえば、国家はわたしたちが理解しているようなものではなく、古代ギリシャはアテネやスパルタやテーベなどの都市国家の集合体だ。都市国家は「ポリス」と呼ばれ、「ポリティクス（政治）」の語源となった。プラトンの理想社会は、巨大国家というよりも、統治者のもとに組織化された〝小さな都市《コンパクト・シティ》〟だ。食糧や労働を金銭で売買する市場の余地はほとんどない。労働についていえば、こんにち、わたしたちは自分の労働力をどのように使うかを自由に選択できると考える。たとえば、修理をするのが好きで、賃金が充分に高ければ、配管工になろうと決めるかもしれない。だが、プラトンの理想国家では、すべての人にうまれながらの〝ふさわしい場所〟が決められている。奴隷も含めて、ほとんどの人が農民だ。プラトンによれば、彼ら農民は最下層の階級に属し、〝青銅《ブロンズ》の魂《たましい》〟をもつ。その上は〝白銀《シルバー》の魂〟をもった兵士だ。最上位は統治者である「哲人王《てつじんおう》」で〝黄金《ゴールド》の魂〟の持ち主とされる。プラトンは社会を統治するのに〝ふさわしい賢人〟を育てるため、アテネの近くに〝アカデメイア〟と呼ばれる学園を開設した。

プラトンは富の追求に不信感をもち、黄金や宮殿が人を堕落《だらく》させると考えた。そのため、プラトンが理想とする国家では、兵士や王には私有財産が許されない。そのかわり、人々は一緒に暮らし、すべてを共有する。子供たちさえも、親のもとではなく、共同で育てる。プラトンは、富の重要性が過度に高まると、人々が富を求めて競いはじめると考えた。その結果、国家は金持ちが支配することになる。彼らは貧しい人々にねたまれる。行きつく先は、喧嘩《けんか》や争いだ。

**アリストテレス**（紀元前384〜前322）は、プラトンのアカデメイアで学んだ。アリストテレスは、いわば次なる〝空駆ける白鳥〟であり、知識を科学や数学、政治学などのいくつかの分野に体系づけようとした最初の人でもあった。彼の興味の対象は、難解な論理から魚のえらの構造まで幅広い。「耳が大きな人間は、噂《うわさ》ばなしが好きだ」というような、わたしたちには奇妙に思える言葉も残している。だが、これも、アリストテレスと同じ視点に立って世界全体をとらえようとしている人にとっては、それほど驚くことではない。アリストテレスは何世紀にもわたり、ギリシャ哲学を代表する最高の権威とされた。そして「ザ・フィロソフィア」〔唯一無二の哲学者〕として知られるまでになったのだ。

アリストテレスは、プラトンの社会構想を批判している。プラトンのような理想の社会を思い描くのではなく、なにが人を不完全にするのかを追求した。また、プラトンが提案する私有財産の禁止は、非現実的だと考えた。人がなにかを所有すれば、互いのもっているものをうらやましがり、それをめぐって争うようになるのは確かだ。だが、すべてを共有すれば、争いはさらに増える。財産の私有が認められれば、人はもっているものを大事にし、だれが共有の財産にもっとも貢献しているかをめぐって争うことも減るはずだ。

もし人が自分の所有する種と道具を用いて富を築くのだとしたら、自分で靴をつくらない人はどのように新しい靴を手に入れたらいいのだろうか。そういうときは、自分が育てたオリーブの実と交換して、靴職人から手に入れればよいのだ。ここでアリストテレスは、経済の宇宙の〝基本粒子〟であるモノとモノの交換〔経済学的に言えば財と財の交換〕に光を当てる。**貨幣**がこれを助ける、とアリストテレスは言う。貨幣がなければ、必要な靴と交換するためのオリーブを運ばなくてはならないし、オリーブを必要とする靴職人に出会う幸運に恵まれなければならない。もっと容易に靴を手に入れるために、なにか（たいていは銀か金）を貨幣とすることに、人々は同意することになる。そうして役に立つものを売り買い（つまり**交易**）する。貨幣は、**経済的価値**（あるモノにどれくらいの価値があるか）を計る〝ものさし〟となり、価値を人から人へ移動させる。貨幣があればこそ、いますぐオリーブと靴を交換してくれる人を探さなくてもいい。オリーブを売って**硬貨**を手に入れれば、翌日、その硬貨で靴を買うことができる。硬貨は、貨幣として標準化された小さな金属の塊《かたまり》である。最初の硬貨は、紀元前6世紀に現在のトルコの一部であるリディア王国で、銀と金の天然混合物である琥珀金《こはくきん》（electrum）からつくられたが、実際には古代ギリシャで使われはじめた。古代オリンピックのチャンピオンも栄誉をたたえられ、ひとり500ドラクマ〔ドラクマは古代ギリシャで用いられた通貨の単位だが、欧州連合（EU）に加わる前のギリシャ共和国の通貨単位でもあった〕を受け取っている。紀元前5世紀には銀貨の鋳造所が100近く存在した。そうした銀貨の流れが交易の歯車をまわし続けたのだ。

アリストテレスは、硬貨によってモノの交換が行われるようになったために、そのモノがなにかに使われること（オリーブを食べること）と、なにかと交換されること（オリーブと硬貨を交換すること）のあいだに違いがあることに気づいた。一家がオリーブを育てて食べるのも、必要なものと交換する硬貨を手に入れるためにオリーブを売るのも、ごく自然なことだ、とアリストテレスは言う。オリーブを売って硬貨を手に入れられることがわかれば、ただ**利益**を得るためにオリーブの栽培をはじめるかもしれない（利益とは、オリーブの売り値と、栽培にかかった費用の差だ）。これが商業、つまり、利益を得るための売買である。アリストテレスはこれに疑問を抱き、一家が必要とする以上のものを手に入れる取引は「不自然である」と考えた。利益のためにオリーブを売れば、他人を犠牲にすることになる。本書でのちほどわかるように、近代経済学者にはこれがなかなか理解できない。というのは、売り手と買い手がモノの取引で競いあえば、社会が利益を得るからだ。だが、アリストテレスの時代には、こんにちとは異なり、売り手と買い手が競いあっていたわけではない。

アリストテレスは、「自然な」経済活動では一家が必要とするものさえ満たされれば充分なので、うみだされる富には限度がある、と指摘した。一方、不自然な富の蓄積には際限がない。オリーブはもっと売り続けることができるし、ほかにも売るものが見つかるだろう。富が天に届くほど高く蓄積されるのを止めるものはあるのだろうか。なにもない。あるとすれば、知恵と徳を危険にさらすことだけだ。「富がうみだすのは、金まわりの良い愚か者である」とアリストテレスは述べている。

だが、山のように硬貨を稼ぐためにオリーブを栽培するよりも、もっと〝悪いこと〟があった。さらに儲けるために、貨幣そのものを利用することだ。オリーブは食べる（あるいは家計で必要なものと交換する）のが自然な使い方であり、貨幣は交換の手段として使うのが自然である。だれかにお金をある価格で（ある「**利子率**」で）貸して、お金でお金を稼ぐのは、考えうるかぎりにおいて、もっとも不自然な経済活動であり、次章で見るように、アリストテレスの金貸しに対する批判は、その後、何世紀にもわたって経済思想に影響を与えた。当時のアリストテレスにとって、徳の高さは正直な農民にあり、小賢しい銀行家にはないことが明らかだった。

プラトンとアリストテレスが書き記したように、古代ギリシャは、彼らの経済構想から遠ざかりつつあった。都市国家は危機に陥《おちい》った。アテネとスパルタの戦争は長く続いた。哲学者たちの経済構想は過去の栄光にしがみついたものだったのだ。プラトンの打開策は規律ある国家で、アリストテレスは行きすぎた商業から社会を救うための実践的な方法を示した。アリストテレスとプラトンによる金銭欲への非難にもかかわらず、古代ギリシャの人々は〝計算高く〟なっていった。このため、スパルタの統治者は、通貨を牛に引かせるほど重い鉄の棒状にして、金儲けの意欲を削《そ》ごうとさえしたという。しかし、ギリシャ世界のほかの地域では、商業が盛んに行われた。オリーブオイル、穀物、そのほか多くのものが、地中海を越えて取引された。その後、交易の潮流はさらに広がった。それを加速させたのは、アリストテレスのもっとも有名な弟子である**アレクサンダー大王**だ。アレクサンダー大王の軍は地中海世界を制しただけでなく、さらに遠征を続け、広大な新帝国のすみずみまでギリシャ文化を広めた。

歴史のつねとして、すべての帝国と同様に、偉大なギリシャ文明も、後に続いたローマ文明も滅び、新しい思想家たちがうまれた。紀元5世紀にローマ帝国が滅亡〔正しくは、5世紀に滅んだのはローマ帝国の西半分のみ。東半分のビザンチン帝国は1453年まで続いた〕したのち、経済思想はヨーロッパ各地の人里離れた修道院で学ぶ修道士たちに引き継がれていった。

Chapter
3
# 神の経済

聖書によると、人間は罪をおかした結果として、生きるために働かなければならなくなった。アダムとイブは、エデンの園にいたときは気楽に暮らしていた。川の水を飲んで、木の実を食べ、終日ほとんどなにもすることなく、のんびりと過ごした。だが、ある日、神に背いて楽園から追われた。豊かさから欠乏への転落である。「お前はパンを得るために、額に汗を流して働かなければならない」と神はアダムに告げた。そのとき以来、人間は生きていくために働かなければならなくなった。一方、イエス・キリストは、人間は労働のせいで罪をおかし、天国から閉めだされる恐れがある、と警告した。あなたたちは、金持ちになることだけしか考えなくなるかもしれない。他人の富をうらやむかもしれない。神よりも衣服や宝石や金銭を大事にするようになるかもしれない、と。

長く続いた中世の時代の初めと終わりに、時代を代表するふたりのキリスト教思想家——ヒッポの聖**アウグスティヌス**（354～430）〔のちのカンタベリーの聖アウグスティヌスと区別するため「ヒッポの～」と呼ばれる。ヒッポは当時カルタゴに次ぐアフリカ第2の都市〕と、イタリアの修道士、聖**トマス・アクィナス**（1224〔1225とも〕～１２７４）が登場する。彼らは、キリストの教えがなにを意味するかを、長いあいだ、懸命に考えた。キリストは、教徒がいかに経済にかかわるべきと言っているのだろうか。聖アウグスティヌスは、変化を求める若い教育者で、信心深い賢明な人だった。聖トマス・アクィナスは、イタリアに新たな商業文明が台頭した時代に生きた。彼の著書〔主著『神学大全』〕は、変革する社会においていかに生きるべきかをキリスト教徒に説いている。

　アウグスティヌスはローマ帝国末期にうまれ、片方の足を古代の世界に、もう片方の足を発展しつつある中世の世界に置いた。長い放浪と内省を経て、キリスト教に改宗した。ギリシャの哲学者は、それまで王が支配する都市、つまり賢明な支配者が統治する小国の社会と経済について考えてきた。アウグスティヌスはそうした都市を、救世主キリストを頂点とする〝神の都〟へと変えた。神の都は、神の法とともに、人間の法によって治められた。人々は、お金を稼ぐというありふれた日々の活動に参加しなければならなかったからだ。富は、生きるためにそれを必要とする罪深い人々への〝神からの贈り物〟だった。最善の暮らしは、なにも所有しないことによってもたらされる。一部の聖職者が隠遁《いんとん》者として、あるいは修道士の共同体のなかで、財産をもたずに生活することによってそれを実践していたものの、不完全な世界では**財産の所有**が必要とされる。そこで、所有物に執着《しゅうちゃく》しないで、それらが信仰に満ちた良き人生を送るための手段にすぎないと理解することが重要だった。

　アウグスティヌスの考え方は、ローマ帝国後の中世社会を形成するのに役立った。ローマ人は巨大な帝国を築き、その都市は優美で、高い技術に支えられていた。ローマの都だけでも1000の公共浴場があり、水は水道管から供給された。アウグスティヌスの死後、帝国は侵略者に占領され、続く数世紀のあいだ、交易は勢いを失った。共同体は〝内向き〟になり、食糧の生産は売買のためでなく、みずから消費するために行われた。町は衰退し、ローマ人がつくった橋と道路は崩壊した。帝国という一枚の布地は、さまざまな支配者が地方を治めるパッチワークに変わった。共通の糸は、新たなキリスト教の信仰とアウグスティヌスのような人たちの教えだった。

中世社会のもうひとつの側面は、**封建制**として知られる経済制度だ。統治者である王は、馬に乗って攻めてくる侵略者を阻止するために、兵を必要とした。兵を維持するには費用がかかる。そこで、王は忠誠心と引き換えに兵士らに土地を与え、兵士は必要とされるときに王のために戦うことを約束した。それにより、金銭ではなく支配者と被支配者間の〝約束〟にもとづく生産の仕組みが発達した。地上における神の経済が「**存在の鎖《くさり》**」として整備されたのだ。これは、厳格な上下関係によってつくりあげられた中世の世界観だった。最上位には神とキリスト。その地上における代理人はまず教皇、さらに大領主に土地を与える王。最下位には土地を耕す農民がいる。農民は自分たちの取り分をいくらか残して、作物を領主に引き渡した。経済は、こんにちのように利益と価格ではなく、宗教に支配された。権威をもつのは、アウグスティヌスやその後継者となる学識ある修道士と教会説教者のような人たちだ。

トマス・アクィナスは、そうした者のひとりだった。裕福な一家にうまれたが、若い頃、財産の所有をせずに暮らす修道士の教団であるドミニコ修道会に入った。それをきらった両親の手の者に拉致《らち》されて城に閉じ込められ、修道士になることを忘れるよう部屋に売春婦さえ送り込まれたが、誘惑に負けなかった。それどころか神に祈り、論理学に関する本を書いた。結局、両親が折れて解放されるとパリに移り、信仰と知的な探求を続けた。

アクィナスは、存在の鎖を〝ミツバチの巣〟として表現した。ミツバチの役割は、神によって与えられる。あるものは蜜を集め、あるものは巣の壁をつくり、あるものは女王蜂の世話をする。人間の経済も同じだ。土地を耕す者も、神に祈る者も、王のために戦う者もいる。大事なのは欲張らないこと、他人の富をうらやまないことである。

アウグスティヌスが認識したように、罪深きこの世界において、人間は自分や家族が暮らしていくためにモノを所有する必要がある。お金が適切に使われる限りにおいては、利益を得るために、なにかを売るのはかまわない、とアクィナスは述べている。必要以上にお金があるなら、いくぶんかは貧しい人たちに与えなければならない。ある人が肉を売って生計を立てているとしよう。アクィナスが答えようとした問いは、肉の「**適正価格**」はいくらになるか、ということである。客に請求すべき公正で道徳的に正しい額は？　アクィナスは、おそらくそれは売り手が肉の品質をごまかすことによって得られる最高額のことではない、と言った。中世は詐欺《さぎ》が横行した。あるイギリス人は、ロンドンの肉屋が腐った羊の目に血を塗って新鮮に見せかけた、と苦情を申し立てた。アクィナスは、そうした状況で合意した価格は適正ではない、適正な価格とは、ごまかしや、取引を牛耳《ぎゅうじ》る強大な売り手が存在しない共同体で、ごく一般的に請求される価格だ、と言った。

アクィナスは、彼以前の思想家たち同様、経済上のもっとも重い罪は、貨幣に値段をつけて（つまり**利子**）貸しつける「**高利貸し**」だと信じていた。高利貸しは中世の教会から非難されており、金貸し業者を神聖な地に埋葬した聖職者は、教会から追放されることがあった。また、金貸し業者は、泥棒や人殺しとともに地獄に落ちるとされた。ある説教者は、財宝と一緒に埋葬してほしいと頼んだ金貸し業者の話をした。彼の死後、妻がお金をとりだそうと墓を掘り起こしたところ、悪魔が夫の喉《のど》に硬貨を詰め込むのを見た（その瞬間に硬貨は燃え立つ石炭に変わっていた）という。

中世の教会は、お金は「子をうまない」ので利息を取って金を貸すのは盗みだ、と言った。お金は〝繁殖力〟がないので再生産ができないのだ。たとえ山のように積んだとしても、羊の群れのように大きくはならない。もし、22個の硬貨を貸して25個を回収したとすれば、3個多く取り戻したことになる。その3個の硬貨は、正しくは、借りた人のものなのだ。アクィナスは、古代ギリシャの思想家同様、お金は売買のために使うのが正しい、と言った。利息を請求するというからくりを通じて、取り立てる金額を増やすのは間違っている。お金が売買に使われれば、それによってお金は「なくなる」はずだ。パンを食べれば、パンがなくなるのと同じである（家はまた別の話だ。家は住んでもなくならない）。だれかにパンを買う代金を払わせ、さらにそれを食べる代金を払わせるのは不正であり、支払いを2度にわたってさせていることになる。同様に、貸した金を返させたうえに利息を払わせるのは不当である。さらに悪いことには、高利貸しには休みがない。少なくとも、眠りながら殺人を行う者はいない。高利貸しの罪なる行いは、金貸し本人が眠っているときも休まず続き、取り立て額を増やし続ける。

アクィナスは、ヨーロッパで交易と商業がふたたび活発になりつつあった時代に、書を著している。彼がうまれる数世紀前、人口が増えはじめ、町は息を吹き返した。重量有輪犂《すき》〔車輪のついた重く大型の犂〕や新種の馬具などの発明のおかげで、農作物の収穫が増えたのだ。川では水車がまわり、トウモロコシの粉をひく動力を供給した。それぞれの共同体は孤立状態から抜けだして、互いに交易をはじめた。ふたたび貨幣《マネー》がモノの売買を活性化するのに役立った。

ヴェネツィアやフィレンツェといった大都市では、中世の存在の鎖が、新種の人々、すなわち利益を得るためにモノを売買する**商人**や、貨幣を扱う**銀行家**によって引き伸ばされ、ゆがんだ。社会はもはや聖職者や農民や兵士だけで成り立っているのではない。町の住民は商業の燃えさしに火をつけ、いまやそれらが炎をあげた。船はアジアにガラスと羊毛を運び、絹と香辛料と宝石を持ち帰った。ヴェネツィアは太古以来、初の商業帝国を築いた。

交易が活発になるにつれ、金融も盛んになった。ヴェネツィアとジェノヴァでは、商人は**両替商**の安全な金庫室に硬貨を保管した。さらに、両替商に口座間で振替処理をさせて、債務を清算した。また、両替商から融資も受けた。こうして両替商が〝初期の銀行〟の役割を果たすようになるのだが、それがまた罪深い

〝金貸し業〟にもなったのである。さらに、危険だらけの海を越えて高価な荷物を送る際のリスクに対処する方法も発達した。そのために開発されたのが**保険**である。商人は、たとえば、船が嵐で沈むような不運が起こって損失が出た場合に補償を約束してくれる人に代金を支払うようになったのだ。

都市が活気に満ちるようになると、封建制は弱まった。農民が金を儲けようとして農地を去り、都市に流入してきたからだ。その勢いが伝統的な教会の教えをも圧倒しはじめた。ミラノの守護聖人**アンブロジウス**は、金貸し業者に死を命じたことがあるが、それでも、ミラノ市民がお金の貸し借りによって富を得ることをやめさせることはできなかった。経済生活は、伝統の力ではなく、貨幣と利益に支配されるようになった。修道士でさえ、経済には金貸し業が不可欠であり、貸し手に借金がきちんと返されなければ、それは成立しない、と考えはじめた。アクィナスは、貸したお金に対して利息を要求するのは容認できることもある、と述べている。お金を貸せば、ときとして利益を失うこともある。それを補うために、貸付者が利息を請求するのはかまわない、というのである。高利（借り手を破滅させるような高い利子率）と、銀行が機能するための合理的な利子率の違いを、聖職者は徐々に理解するようになった。

ある教皇は11世紀の初めに、商人はけっして天国に入れない、と言った。だが、翌世紀の終わりになると、オモボノという商人を〝聖人〟と呼んだ。神に近づくには貧しくなければならないという考えは廃《すた》れはじめた。イエス・キリストは、神と貨幣の両方に仕えることはできないと弟子に説いたが、アクィナスの時代になると、それは可能だと商人たちは確信するようになった。１２５３年、あるイタリアの会社は、手書きの会計報告書を「神と利益の名において」という言葉からはじめている。神の経済は、商業の新世界と融合しつつあった。

Chapter
# 4 黄金を求めて

1581年の春、イングランドの商人で探検家の**フランシス・ドレーク**は、愛船「金の雌鹿号《ゴールデン・ハインド》」上で祝宴を開いた。ドレークと船員たちは、この船で3年間にわたる世界一周の危険な航海を終えて戻ってきたのだ。船はテムズ川に係留され、磨きあげられ、旗で飾られて、ドレークのパトロンである**エリザベス女王**（エリザベス一世）を賓客として迎えた。女王は船上に立つとすぐに、ドレークをひざまずかせた。従者が金色の剣でドレークの両肩に触れた。貧しい家にうまれ、海賊に育てられた平民のフランシス・ドレークは、この日、サー・フランシスとなり、イングランドの海軍力の象徴としての地位を確立した。

エリザベス女王は、ドレークを探検に派遣する際に、自分の敵であるスペインのフェリペ王（フェリペ二世）に復讐を果たすよう命じた。ドレークは抜け目なく、世界じゅうでスペインの艦隊を攻撃した。略奪品として持ち帰った大量の黄金、銀、真珠などは、ロンドン塔内の王室保管庫に納められた。

当時、ヨーロッパ各国の君主は、公爵や大公がそれぞれの領地を治める中世時代の体制を脱し、近代国家を築こうとしていた。どの国も他国を力で圧倒しようとした。ヨーロッパではスペインが最強で、オランダとイングランドがそれに続いた。ドレークのような商人が、これまでにないほどの軍事力と影響力を手に入れたのもこの頃だ。商人は君主が財力を増す手助けをし、君主は商人の航海費用を支払った。エリザベス女王が「金の雌鹿号」の甲板上でドレークにナイトの爵位を与えたことは、国の統治者と商人との協力関係を象徴している。

こうした姿勢は「**重商主義**《マーカンティリズム》（mercantilism）」（ラテン語の「商人」を意味する言葉が語源）と呼ばれるようになる。思想家が中世の宗教から離れて、理性と科学に目を向けたためにうまれた考え方だ。それ以前は、経済については、商業のごたごたとは無関係の修道士が書を著していたが、いまや宗教にあまり関心のない経済学者が新しく現れた。彼らは実務家で、商人や王室関係者であることが多く、王や女王が自国の富をいかに管理するべきかを著した。**ジェラール・ド・マリーンズ**（１５８６?〜１６４１）という商人もまたそのひとりだ。ドレークはマリーンズにスペインとの戦闘で略奪した真珠を売ったことがある。もっともよく知られた商人は、イングランドの**トーマス・マン**（１５７１〜１６４１）だろう。彼は若い頃、地中海で交易にたずさわった。ギリシャのコルフ島の近くでスペイン艦隊に拘束されたときは、火あぶりの刑にされるのではないかと仲間から心配されたが、幸運にも救出され、後年、富を築き、影響力をもつようになった。

重商主義者は、経済理論を充分に発達させたのではなく、さまざまな意見を一緒くたにしていた。そのため、こんにちの経済学者からは、経済とはどういうものかさえわかっていないと軽んじられることも多い。

たとえば、国が豊かであるとは、どんなことだろうか。重商主義では基本的に富とは金と銀のことであり、金と銀をたくさんもっているのが豊かな国であるとしている。重商主義者は「ミダス王の誤《あやま》り」に手を染めた、と批判される。ギリシャ神話によると、ディオニュソス神〔別名バッカス〕がミダス王に「願いをひとつ、かなえてやろう」と約束した。ミダス王は、触れたものすべてを黄金に変えられるよう願った。そのため、食事をしようとすると食べ物がすべて黄金に変わり、飢えに苦しんだのだ。パンや肉ではなく、黄金の煌《きら》めきが富であると考えるのは愚かだ、というのがこの話の教訓である。そうした愚か者の末路は、飢え死にするか、あるいはJ・R・R・トールキンの『ホビットの冒険（*The Hobbit*）』に登場する竜のスマウグのように、黄金の山におびきよせられて宝を探しにきた者を、火を吐いて撃退し、ひがな一日、金貨を数えてすごすはめになるだろう。

それでも、何世紀ものあいだ、探検家は黄金を求め、君主は黄金を蓄えようとした。ヨーロッパで最初に探検の旅に出たのは、ドレークよりも1世紀前のポルトガル人やスペイン人だった。そのうちのひとりである**エルナン・コルテス**は黄金の魔力について、こう述べている。「われわれスペイン人は、黄金でしか治療できない心の病にかかっている」。探検家が大西洋横断に成功し、アメリカ大陸を発見した１４００年代の後半、ヨーロッパに黄金が流れ込んできた。アメリカ大陸には、金銀に満ちた古代からの文明が存在したのだ。探検家らは都市を攻撃し、住民を殺戮《さつりく》し、財宝をスペインに持ち帰った。国に黄金を次々と運び込むために、新大陸を支配したのである。スペインは財宝の山を築き、ヨーロッパで最強の国になった。イングランドにとって、スペインはスマウグのような存在である。獰猛《どうもう》で、富を蓄え、無敵のように思える硬い皮膚に覆《おお》われているが、隙《すき》となる弱点もある。ドレークのような男たちは、スペインの皮膚を貫くことで〔海賊行為をはたらくことで〕生計を立てていた。イギリスとスペインは最終的には全面戦争に陥《おちい》った。

現代の経済学者は、重商主義者について、彼らは生きていくのに必要な財ではなく、黄金にとりつかれていた、と批判する。こんにち、国の豊かさは、その国の企業が生産する食料、衣服、その他の製品の量で判断される。もはや支払いに金銀は使われない。かわりに使われるのが「**紙幣**（paper money）」だが、ポンドやドル紙幣そのものには価値がない。現代の硬貨もまた、硬貨の額面よりもずっと価値の低い、安い金属でつくられている。紙幣や硬貨は、価値があるという〝合意〟があるから価値があるだけなのだ。しかし、重商主義の時代は、金銀だけが支払いの手段だった。商業が発展しても、人々が必要とする食品、土地、労働力は金銀で買わなくてはならなかった。いまは、政府が紙幣を刷ればお金をつくることができるが、重商主義時代には、黄金がないと、王や女王は国境防衛のための軍備や城の建築をする支払いができなかった。よって、重商主義者が黄金に執着していたことも、しばしば言われるほどの過ちではない。経済学の考え方は、そのときどきの社会と関係しており、むかしの社会は現代とは大きく異なる。これは過去を振り返るときに忘れがちな視点である。

ジェラール・ド・マリーンズは『**イングランド連邦の病理についての論考**（*A Treatise of the Canker of England's Common Wealth*）』〔未邦訳のため、この邦題は原文の直訳〕を著し、国家には充分な黄金の蓄えが必要だとする重商主義の考え方を論じた。マリーンズにとって、イングランド経済の〝病理（canker）〟は、国外からの輸入がきわめて多く、国外への輸出がきわめて少ないことだった。フランスからワインを買えば、金銀が減る。一方で、フランスにイングランドの羊毛を売れば、金を手に入れることができる。もし輸入が多く、輸出が少なければ、イングランドが所有する金は少なくなる。マリーンズの対策とは、蓄えを減らさないため、金の国外流出を制限することだった。当時としては一般的な政策だ。スペインなどいくつかの政府は、金銀の国外持ち出しを死刑に値する罪としていた。

しかしトーマス・マンは、もっとも有名な著書『**外国貿易によるイングランドの財宝**（*England's Treasure by Forraign Trade*）』において、イングランドにとって黄金を獲得する最善の方法は、財宝の流出を制限することでも、ドレークのように外国の船を略奪することでもなく、外国にできるかぎり多くの商品を売ることだとした。生産に長《た》けている国ならば、これがうまくできる。目的は（国外に財を売った）輸出高が（国外から財を買った）輸入高を上回るという、好ましい「**貿易収支**《バランス・オブ・トレード》」を達成することだ。16世紀になって、船がより速く頑丈になり、スペイン、ポルトガル、イングランド、オランダ、フランスが自国の貿易収支を改善すべく、海外貿易の覇権を争うようになった。新しい航路を船が行き来し、大西洋を越えて砂糖、布、金が運ばれ、何百万ものアフリカ人が捕らえられ、奴隷としてアメリカ大陸の農園主に売られた。

政府は、重商主義者の支持を受けて、輸出を促進し、輸入を抑制した。輸入品は課税されて値段が高くなるので、国内で生産された品が多く購入されるようになった。「奢侈《しゃし》禁止令」も出され、ぜいたく品が禁止された。イングランドでは、絹やサテンの服を着ていると罰を受けることがあった。禁制のぜいたく品の多くは、輸入品だった。

探検家や軍隊が新しい土地を征服すると、君主は商人にその土地との貿易権を与えた。航海は危険をともない、個人で資金を調達するのは難しかった。そこで、君主は、商人が特殊会社を設立し、投資家たちから資金を集め、見返りとして利益を分けることを許可した。このような会社が海外への進出の先頭に立ち、自分たちにも君主にも富と名声をもたらした。その一例が1600年に設立された**イギリス東インド会社**だ。トーマス・マンも役員に名を連ねた。東インド会社は強大な組織となり、イングランドによるインド帝国成立を支援した。

輸入を制限し、輸出を支援することで、政府は商人が豊かになる手助けをした。重商主義の学者は、商人にとって良いことは、国にとっても良いことだ、と論じた。これは経済理論が社会の一部の人々を結果として〝優遇〟することになるという例である。重商主義は、輸入を制限することによって、労働者よりも商人を優遇したのである。輸入品に課税すると、その国の企業の利益は増えるが、庶民は必要な食べ物や服により多くを支払うことになる。後年、重商主義者が間違っているとされた、もうひとつの理由がこれである。

本書でも、近代経済学の父と称される**アダム・スミス**を取り上げるが、スミスは、経済学者の仕事は経済の仕組みに関する〝客観的な法則〟を発見することだと考えた。よって、みずからの利益をおもに擁護する重商主義者は、その役割を果たせなかったとした。商人にとって良いことであっても、国にとって必ずしも良いこととは限らない、と主張したのだ。

重商主義者は輸入を悪としたが、こんにちの経済学者にとっては、それは馬鹿げた考え方だ。当時の考えによれば、イングランドが釘をオランダに売った場合、イングランドの利益（釘の代金支払い）はオランダの損失となる。しかし、オランダの人々が必要としているものがイングランドの釘なら（もしくはロシアのキャビアやフランスのチーズでも）輸入は悪ではない。多くの場合、輸入は経済発展に欠かせない。たとえば、丈夫な外国製の釘を用いて貨物車を製造すれば、それによって地方から都市に食料を運べるようになるのだ。よって、イングランドがオランダに釘を売れば、イングランドとオランダ両方が利益を得る。イングランドは代金を手に入れ、オランダは安くて良質な釘を手に入れられる。

スミスは18世紀末に重商主義を批判した。同じ頃、北米のイギリス植民地が独立し、重商主義はさらに打撃を受けた。植民地支配によってイギリスには自国製品を売る市場が確保されていたが、植民地がその支配に反抗し、独立を宣言すると、その市場も終わりを迎えた。

トーマス・マンのような思想家は、ふたつの時代をまたいでいる。中世という時代においては、経済が局地的であり、貨幣よりも宗教や個人的な関係で形成されていた。その後、新たに訪れた**産業化**の時代は、貨幣に支配され、経済が地域や世界をまたにかけて拡大した。このふたつの時代を結びつけたのが重商主義者である。彼らは初めて資源や貨幣の問題を倫理よりも重視し、これが後世の経済学思想の特徴として刻み込まれることとなった。富の追求が聖書の教えで許されているかどうかを気に病むことはなかった。重商主義者にとっては貨幣こそが〝新しい神〟だった。商人が力をつけると、むかしの生き方が遠くなったことを惜しむ声があがった。貿易や金儲けではなく騎士道が重んじられた時代には、騎士と王の名誉、勇敢さに価値があったのだ。「騎士道の時代は終わった」。１７９０年、アイルランドの政治家で著述家の**エドマンド・バーク**は言った。「そのかわり……経済学者と計算上手な打算屋が成功して、ヨーロッパの栄光は永遠に失われた」と〔『フランス革命の省察』より。ちなみに右の引用で略された「……」の部分に入るのは「詭弁家」〕。

Chapter
# 5 自然の恵み

1760年のある日の午後、ベルサイユ宮殿で**フランソワ・ケネー**（1694〜1774）は絶望感を味わっていた。友人で思想を共有する**ミラボー侯爵**〔フランス革命初期に活躍したオノーレ・ミラボー伯爵の父〕が刊行したばかりの書物が、多くの人を怒らせたのだ。『租税論（*Théorie de l'impôt*）』という書名の、いかにも退屈そうな本だった。それでも侯爵は投獄された。ケネーは、ルイ15世の愛人、ポンパドゥール夫人の侍医である。数年前の60歳のときに、ミラボー侯爵の力添えで、火曜日ごとに侯爵の邸宅に集まって語り合う思想家グループの主要メンバーとなった。このグループは世界初の経済学の「**学派**」だ。ケネーは宮廷でよく知られた存在で、フランスの経済を、敬意を示しながらも痛烈に批判した。しかし、ミラボー侯爵は短気だった。フランスは農民への課税をやめ、かわりに貴族に課税すべきとするケネーの提案を、自著において高らかに訴えた。それが王を怒らせ、侯爵は牢獄送りにされた。ポンパドゥール夫人はケネーの心配を和らげようとして、わたしが王にとりなしてみましょう、とケネーに言った。そうすれば丸く収まるから、と。ケネーは重苦しい気持ちで答えた。王の

面前で思うのは「この方はいつでもわたしの首を切れる」ということだけです。

ミラボー侯爵が明らかにしたように、**税**は慎重を要する問題だ。支配者は被支配者に税を課さなければならない。宮廷を維持し、兵士が領土を守るための費用を賄《まかな》うにはそれしかない。当時のフランスは戦争に多額の資金を投じ、そのうえ、王や貴族が住む豪勢な城や、饗宴《きょうえん》、宝石にさらに多額の費用を必要とした。しかし問題は、まず〝だれ〟に課税するか、次いで〝どれだけ〟課税するかだった。支配者は有力な貴族を味方につけておきたいため、貴族への課税は容易ではない。一方、農民は、税負担が重くなりすぎると働くのをやめてしまうかもしれず、さらに言えば、反乱さえ起こしかねない。100年前、先王の時代の財務総監だった**ジャン＝バティスト・コルベール**が「課税の極意は、ガチョウにできるだけ大騒ぎをさせず、できるだけ多くその羽根をむしり取ることにある」と述べたとき、念頭にあったのはこうしたバランスである。ケネーは、フランスのガチョウ、すなわち社会と経済は、羽根をひどくむしり取られ、丸裸も同然だと考えた。数十年後、ガチョウは大騒ぎをして、革命を起こした。じつは、この頃、ガチョウは大騒ぎをするどころか、死にかけていたのだ。イギリスと比べるとフランスの農業は遅れていて、生産力が低かった。農民の暮らしは悲惨だった。地方は長らく深刻な貧困と飢饉《ききん》の問題に悩まされていた。ケネーは、農民に重税が課され、それが宮廷や貴族に流れることを非難した。一方、貴族や裕福な聖職者には納税の義務が一切なかった。

ケネーは、**農業**が特別なものであり、畑や川、狩り場として役立つ自然は、国の富をうみだす究極の源泉だと考えた。このことから、ケネーを中心とし、経済学者を初めて名乗った思想家集団の考え方は、「自然による支配」を意味する「**重農主義**《フィジオクラシー》（physiocracy）」という言葉で知られるようになる。重農主義では、土地から得られる小麦や豚が富とされた。農民は、収穫物あるいは収穫物を売った稼ぎで食いつなぐ。さらに、余剰を他者に売ることもする。ケネーはその余剰こそが経済の活力源と考え、「**純生産物**」と呼んだ。「純生産物」とは、全収穫（総生産）から農民が必要とする分を確保したのちの余剰である。ケネーいわく、純生産物は、川で魚を捕る漁師、草地で羊を放牧する羊飼いのように、自然とともにある者だけがうみだすことができる。

重農主義者は、純生産物とは、神に与えられた不変の自然の法則に従う経済活動によって、湧《わ》き出るものだと考えた。支配者が自然の法則に手を加えようとするのはもってのほかだが、フランスの君主制はまさにそれを行ったと主張した。その結果、農民は徹底的に絞り上げられ、フランスの農業は停滞した。また、農民が搾取される一方で、町の職人や商人には特権が与えられた。フランスには、製造業者を国内外の競争から守ることによって産業の育成を図る複雑な法制度があった。その大部分は、前章で述べた重商主義者が提案した構想に沿ったものだった。

商人と職人は「**ギルド**」によって特権を守った。ギルドは中世の時代に誕生した組織で、会員の地位を守るために、しばしば大きな影響力を発揮した。たとえば１６９６年６月、パリのボタン製造業者が騒動を起こしたときのことである。彼らは、独占していた絹ボタンの取引を脅《おびや》かす違法なボタンを探しだそうと、仕立て屋の店に押しかけた。問題は、進取の気性に富んだ一部の仕立て屋が、羊毛でボタンをつくりはじめたことだった。ボタン製造業者のギルドが苦情を訴え、当局は羊毛製のボタンを禁じた。パリの店主がそれを無視すると、今度はギルドの幹部が禁止令に従わない仕立て屋を探しだしたり、羊毛製のボタンがついた服を着た人を見つけると捕まえようとしたりした。人々がなにを購入してよいかを決める権限が製造業者の組合にあったというのは驚くべきことだ。ボタン製造業者は特権によって儲けた。重農主義者は、製造業者が利益を得られるのは、真の余剰をうみだしたからではなく、特権が与えられたからだと考えた。

それどころか、製造業には余剰をうみだす能力がまったくない、とケネーは述べている。ボタン製造業者がボタンを売って利益を得られるのは、労働力とボタンの製造に使った絹のおかげだ。彼らにできるのは、自然がつくりだしたものの形を変えることだけである。そのため、ケネーは製造業を「非生産的」活動だとした。さらに悪いことに、フランスが国を挙げて工業振興を進めているために、資源は生産的な農場から奪われて、多くの非生産的な産業に投じられた。銀行家や商人に対するケネーの批判はさらに厳しかった。ケネーに言わせれば、銀行家や商人は、みずからはなにも貢献することなく、他者のつくりだした価値を移動させるだけの経済的寄生虫だったのだ。

ケネーは医者でもあったので、経済をひとつの巨大な有機体ととらえ、経済的余剰は生命に不可欠な血液だと考えた。この概念を説明するために、初めての**経済**「**モデル**」をつくり、経済を**単純化**して示した。それが独創的な『**経済表**（*Tableau Économique*）』で、経済をめぐる資源の循環が多くのジグザグ線を用いて描かれている。農民が余剰を産出し、それを地代として土地を所有する貴族に支払う。すると、貴族は絹のボタンや銀の燭台を職人から買う。さらに職人は農民から食べ物を買い、循環ができあがる。経済は、農民、地主、職人のあいだで行われる余剰の循環である。余剰が増えれば、循環する資源が増え、経済は拡大する。余剰が減れば、経済が縮小する。重農主義者が考えたとおりのことがフランスで起こったのだ。

ケネーがジグザク線を使って描いたモデルに、人々は感銘を受けると同時に困惑した。だが、ミラボー侯爵はそれを理解し、ケネーはヨーロッパ一の賢者であり、ソクラテスに匹敵する、と断言した。経済表の影響力は大きかった。アダム・スミスをはじめとする後世の経済学者が称賛し、こんにちでもなお、資源が労働者、企業、消費者間を〝循環する〟という考え方は経済理解の基本となっている。

ケネーは医者として、フランスが患《わずら》った病の〝治療法〟を知っていた。重要なのは、産出される余剰を増やすことだった。まさにその方法を説明しようとして、ミラボー侯爵は困難な状況に身を投じたのだった。ケネーの描いたジグザク線は、農民への課税に問題があることを示していた。課税負担が大きくなれば、農民が翌年に蒔く種が少なくなり、用具の改良に使える資金が減る。もし土地を所有する貴族だけに課税すれば、農民の手元には耕作のための資源がより多く残り、全般的に余剰を増やす助けとなる。その結果、経済が拡大し、貴族も恩恵を受けることになるだろう。だが、この論に耳を傾けてもらえず、ミラボー侯爵は不運にも投獄されたのだ。

農民は多額の税金の負担を強《し》いられたうえに、つくったトウモロコシは輸出が許されず、規則に従って国内で売らなければならなかった。こうした制約のために価格は下がり、さらに余剰も減った。ケネーは、農業に関する厳しい規制の解除と商人が享受している特権の廃止を国に進言し、**レッセ・フェール**（laissez-faire **自由放任主義**）を主張した。「なすに任《まか》せよ」というこのフランス語の表現は、政府が経済活動に干渉しないことを意味して、いまも使われている。重農主義者は政策に多少なりとも影響を及ぼした。たとえば、１７６０年代に、フランス政府は、農民がトウモロコシを売りやすくなるようにしている。しかし、その後、ケネーの学派の勢いは衰え、ケネー自身も実務的な経済問題から離れて、抽象的な幾何学に楽しみを見いだした。

ケネーは経済の動きを説明する**法則**を見つけようとし、それを**モデル**として表現した点で、きわめて先駆的だった。現代ではそれが経済学の手法となっている。ケネーが現れるまでは、経済は宗教や伝統というレンズを通して見るか、あるいは、重商主義者によって宗教が除外されるようになったあとでさえも、明確な法則とはほど遠く、相反するさまざまな思想の霧を通して見る対象だった。経済は概して〝なすに任せる〟のがいちばんいい、というケネーの主張には、現代の経済学者の多くが抱く〝信念〟がすでにうかがえる。すなわち、政府は多くの重税を課すなどの施策をせず、経済に干渉しないのが最善だ、というものだ。ケネーは、経済的価値の源泉を貨幣だけでなく、小麦や豚や魚といったモノにも見いだした点で、画期的だった、と言える。しかし、価値の源泉を農業だけに限定したことでは、重農主義者は過去につなぎとめられたままだった。重農主義者が著書を執筆したのは、ヨーロッパを大きく変えることになる経済革命の直前である。その後、ヨーロッパでは、製造業者は製造費用を削減したり、新製品を考案したりして**価値**を創出しようとした。自然からの恵みは川や畑だけでなく、工場にも実りをもたらすようになったのだ。

つまり、ケネーはフランスの経済制度を〝批判〟したが、〝擁護〟もしたのである。フランスは貴族に課税すべきと大胆に訴えた。貴族にとって納税義務がないことは手放したくない特権であり、社会的地位を示す重要な象徴だった。また、国王が経済を抑制していることも、大胆に批判した（国王を困らせてしまったことは心配だったが、杞憂に終わった。自著のせいで投獄されたミラボー侯爵は、ポンパドゥール夫人の力添えで釈放された。ケネーは長生きし、仕えた王より数か月長く生きた）。ケネーは、金と権力をもつ者をあわてさせるという危険はおかしたものの、忠誠心は忘れなかった。日々、宮殿の回廊を行き、国王とポンパドゥール夫人に謁見《えっけん》した。王や女王が君臨するヨーロッパの「旧体制」のまぎれもない一部に属しており、貴族と農民を区別する階級社会を支持していた。だからこそ、国王に経済対策を考え直すよう進言しながらも、全権をもつ君主による統治を望んだ。ケネーほどの大胆な経済学者であっても、たいがいは社会においてもっとも大きな権力を有する人々の観点からものを考えなければならないのである。

ケネーの死後、フランスでは１７８９年に大革命が起こり、多くの血が流れ、国王と貴族と農民から成る旧体制が崩壊して貴族支配は終わった。経済学者は、ケネーがもっていた君主の絶対的な権威に対する信頼を切り捨てたが、こんにちの経済学へ向かう道筋をつけたのはケネーだった。

# Chapter 6 見えざる手

スコットランドの哲学者**アダム・スミス**（1723〜1790）は、自分がどこにいるのかわからなくなってしまうことがあるほど、考えにふけることで知られていた。新しいアイデアを吟味しているかのように頷《うなず》きながら独り言をつぶやくのを友人たちがよく見かけている。ある朝、スミスは目を覚ますと、スコットランドの小さな町カーコディの自宅の庭を、考えにふけりながら歩きまわりはじめた。いつのまにか、ガウンを羽織っただけの姿で道に出て、12キロ離れた隣町まで行ってしまった。日曜礼拝の鐘の音でようやく我に返った。

考えにふけるのには理由があった。アダム・スミスは、哲学者として名を馳《は》せた都会の喧騒から離れ、のちに経済史においてもっともよく知られるようになる著書を執筆中だったのだ。それによりスミスは〝近代経済学の父〟と呼ばれるようになる。歩きまわり、睡眠を削ってまで著したのが、1776年に出版された大著『**国富論**（*The Wealth of Nations*）』〔正式なタイトルは*An Inquiry into the Nature and Causes of the Wealth of Nations* 直訳すれば「諸国民の富の性質と原因の研究」〕である。

『国富論』は経済学の根本的な問題のひとつを投げかけている。それは、個人の利益は社会全体の利益と両立するのかどうか、ということだ。この問いの意味を理解するために、社会とサッカーチームの仕組みを比較してみよう。良いチームには良い選手が必要である。これは明らかだ。良い選手は、ドリブルやシュートがうまいだけではない。チームの一員としていかにプレーをすべきかを知っている。ディフェンダーならば後ろにさがってゴールを守り、フォワードなら前に出て点を取る。だめなチームでは、選手が自分の名誉だけを求める。自分がゴールを決めるためにボールを追いかけるので、互いに距離をとって散らばったり、ほかの選手がゴールを決められるようなパスを送ったりはしない。その結果、ピッチは混乱し、点は取れない。

社会は、無数の人々が一緒に働いて取引をする〝チーム〟だ。そのチームをうまく機能させるには、どうすればいいのだろうか。経済をサッカーだと考えれば、社会に必要なのは、人々が社会全体の利益を求めてチームのために働くことだ。自分がゴールを決めることしか考えないサッカー選手のように、自分の利益ばかりを追い求める人は必要ない。たとえば、パン屋が儲けられるだけ儲けようとするのではなく、近所の人たちが夕食に充分なパンを食べられるようにする。あるいは肉屋が、本当は必要ないのに、職を探している友人を新しい店員として雇う。こんなふうに、みんなが互いに親切にすれば、社会は調和のとれた場になるだろう。

だが、アダム・スミスはこういった考え方を根底から覆《くつがえ》した。社会は、人々が自分の利益を求めて行動するときにこそ、うまく機能する、と主張したのだ。つねに善人であろうとしたりせず、自分にとってもっとも良いことをすれば、結局は、より多くの人の利益になる。「わたしたちが夕食にありつけるのは、肉屋やビール醸造者やパン屋の善意〔大河内一男訳・中公文庫〔1976年〕では「博愛心」と訳されている〕のおかげではなく、彼らがみずからの利益を追求するからである」とスミスは述べた。わたしたちが夕食のパンを手に入れられるのは、パン屋が善人で親切だからではない。そういうパン屋も、そうでないパン屋もいるだろう。それはどちらでもかまわない。重要なのは、パンが買えるのは、パン屋がパンを売って自己の利益を追求するから、ということだ。逆に、パン屋が生活できるのは、わたしたちがパンを買って自己の利益を追求するから、とも言える。あなたがパン屋を気にかけているわけでも、パン屋があなたを気にかけているわけでもない。互いを知らないことさえあるかもしれない。人々が互いに利益をもたらすのは、善《よ》きサマリア人のように見知らぬ人を助けるからではなく、みずからにとっていちばん良いことをしているからだ。つまり、個人の利益の追求は、社会に混乱でなく調和をもたらすのである。

　サッカーチームと経済には、重大な違いがもうひとつある。サッカーチームには選手をまとめる監督《マネジャー》が必要、ということである。監督が選手たちの手を取って、ピッチのそれぞれの場所へ連れていく、と考えてみよう。ディフェンダーは自陣のゴール前へ、フォワードは相手のゴール前へ、というように。監督の手に導かれれば、チームは上手にプレーできる。だが、経済にはこうしたことをしてくれる人はいない。パン屋にどれだけパンを焼けばいいか、ビール醸造者にどんなビールをつくるべきかを教えてくれる人はいない。パン屋もビール醸造者も、どうすれば儲けが出るかを考えて、自分でどうするか決める。社会はそうやって機能している。こうしたことを管理する人の手があるように思えるが、探しても見つからないのだ。それをアダム・スミスは、経済学でもっとも有名なフレーズで表現した。すなわち、社会は「**見えざる手**《インヴィジブル・ハンド》（invisible hand)」によって導かれているのである。

それでは、政府はなにをしているのだろうか。政府は経済を導いているのではないだろうか。たしかに、ある程度はそうである。どこの国にも政府があり、さまざまなことを行う。本書のあとの章では、政府の役割を考える（たとえば、いわゆる「共産主義《コミュニズム》」の国では政府がすべてを統制し、なにをすべきかをつねに国民に指示した）。いずれにせよ、あなたの国の経済においても、アダム・スミスの言葉どおりのことが起こっているはずだ。こんど買い物に行ったら、店内にあるトマトの箱や牛乳パック、新聞の山を見てほしい。なぜ、そうしたものが店にあるのか。それは店主が、そうしたものを欲している人に売るため、仕入れを決めたからだ。だれも、もちろん政府も、店主にどうすべきかを指示してはいない。

アダム・スミスの見えざる手とは、つまり「強欲は善」ということなのかと考えてみたくなる。だが、これは曲解だ。スミスは商業的社会には善意のあるさまざまな人がいると見ていた。パン屋や肉屋はたいてい親切だ。友人が病気になったり、お金を失ったりすれば悲しむ。わたしたちはこうして〝善悪の感覚〟を身につけていくのだ。わたしたちがつねに利己的だとしたら、商業はうまく機能しなくなるだろう。パン屋はパンの重さを偽り、ビール醸造者はビールを水で薄める。嘘やごまかしが当たり前になり、混乱が起こるだろう。個人の利益の追求が社会のためになるのは、わたしたちが正直で信頼できる場合だけである。

すなわち、善意ある人々がモノを交換（売買）できる自由があるときに、アダム・スミスの見えざる手が機能するのだ。人間には、ほかの動物とは異なり、モノを交換したいという欲望がある。イヌが骨を交換するのは見たことがないだろうが、人間はいつも交換を行っている。パンをあげて、ビールをもらう（それ以上に可能性が高いのは、パンを売ったお金でビールを買う）。この交換の結果、職業が専門化する。「**分業**」の出現である。小さな村では、最初はみながみな自分用のパンを焼き、自分用のビールをつくっていたかもしれない。そのうち、パンを焼くのが上手な人が現れて必要以上に多くパンを焼き、よぶんのパンを売ってビールを買う。やがて自分でビールをつくるのをやめて、パンだけを焼いて売ることにし、ビールはビールの醸造が得意な人から買うようになる。そうなれば、みんなに利益がもたらされる。

アダム・スミスが本を書いていた頃、分業は〝新たな形〟へ変わりつつあった。イギリスでは、実業家たちが巨大な水車のある工場を建てはじめた。なかには数階建てで何百人もの労働者を雇うところもあった。各部屋には工程の一部だけを行う機械と工員がいた。スミスは**労働の専門化**によって、経済効率が大きく改善することを説明している。たとえば、ピンをつくるには、まず、針金を引き伸ばし、先を尖《とが》らせる。次に、ピンの頭をつくって取りつける。最後に、できあがったピンを包装する。スミスはピンづくりの18の工程を観察した。もし、たったひとりでつくれば、1日に1～2本がせいぜいだろう。しかし、集団でつくれば、それぞれの工程を分担できるので、それぞれが腕を上げることができる。各工程用の機械があればさらにいい。集団で働くことで1日に多くのピンができるのだ。労働の専門化の仕組みが広まれば、より安くつくれるモノが増える。

専門化は市場の拡大とともに進展する。外の世界とのつながりがない10人足らずの村であれば、市場は小さく、ある人に1日がかりで針金の先を削らせ、また別のある人にピンの頭だけをつくらせても、あまり意味がない。パン屋、ビール醸造者、肉屋という区別も必要ないだろう。市場が拡大すれば、村はほかの村とつながりをもち、労働の専門化が有益になる。大きな町では複雑な分業化が進み、建築家、ピアノ調律師、縄製造者、墓掘り人がみな生計を立てられる。互いが売買をするようになると、見えざる手によってこうしたことが起こるのである。

アダム・スミスは、こうしたことが社会のもっとも貧しい人々を含むすべての人のためになる、と述べた。労働者用の安いシャツの生産は、糸をつくるために羊毛を紡《つむ》ぐ、布を織る、ボタンを縫いつけるなど、専門化された仕事を行う多くの人々の労働と機械に支えられている。機織り機をつくるための木を切る人、できあがったシャツを運ぶ船に必要な釘をつくるために鉄鉱石を掘る坑夫もいる。無数の労働がシャツに注ぎ込まれているのだ。人々の行動が集まり、大きな社会のメカニズムをつくる。労働者がシャツを必要としたまさにそのとき、シャツを届けるために、さまざまな人々が一緒に〝時計〟のように動いているのだ。

アダム・スミスはさらに富そのものに関して〝新たな解釈〟を示している。重農主義者は大地に育つものこそが、また、重商主義者は金銀こそが富であると考えた。その一方でアダム・スミスは、ある国の富とは、その国の経済活動によって国民のために生産される有益な財（小麦、ビール、シャツ、本など）の総量だとした。これは、こんにちの経済学者と同じ考え方だ。ある国の所得（**国民所得**）とは、その国の事業者が産出する財やサービスのすべての価値を合算したものである。経済の目的は、国民が消費する財やサービスを供給することだ、とスミスは考えた。それに反して重商主義者は、国民が財やサービスを手に入れることによる便益にはあまり関心をもたず、金を得るために、外国に売る財をつくることを重視した。そのため、その対価として金銀が国外に流出するのであれば、彼らにとって輸入品も含めて多くの財が利用できることは良くないことでさえあった。

アダム・スミスは、分業と個人の利益の追求を基盤とする、当時うまれたばかりの新しい経済の将来像を見通していた。〝市場がすべて〟であり、政府はできるだけなにもせず、企業はやりたいことをすべきだ、と考える人々によって、スミスはしばしば賢人だと称賛されている。『国富論』の出版から２００年以上たったとき、ロナルド・レーガン米大統領はアダム・スミスに触発され、こうした方針を推し進めた。ホワイトハウス高官の一部は、アダム・スミスの肖像が描かれたネクタイをしたほどだった。

だが、アダム・スミスはそれをあまり喜ばなかったかもしれない。というのもスミスは、当時ヨーロッパを支配し、モノの売買を制限していた重商主義を〝攻撃〟するために、市場の役割を〝擁護〟したからだ。重商主義にもとづく構造《システム》の解体を望んではいたものの、経済において政府が重要な役割をもっていると信じていた。またスミスには、善意ある人々が自己の利益を追求しながら協調しているその裏側で生じてしまう不協和音も聞こえていた。分業は労働者の仕事を単純化する。生産量は増えるものの、労働者を「愚かで無知」にしてしまう。新しくうみだされた富は、労働者と雇用主のあいだで、どのように分配されるべきだろうか。新しい経済は〝対立《コンフリクト》〟と〝協調《ハーモニー》〟の両方の可能性をはらんでいた。アダム・スミス以降の経済学者は、このどちらかに重点を置くことになる。

Chapter

# 7

# 穀物が鉄に出会う《コーン・ミーツ・アイアン》

フランスの歴史学者で旅行家でもある**アレクシ・ド・トクヴィル**は、1830年代にマンチェスターを訪れ、新しい社会の兆《きざ》しを見て驚いた。高層の工場から噴き出した煙や煤《すす》が、道や家屋の上に降り注いでいた。機械の歯車のきしめき、ボイラーから蒸気が吹き出る甲高《かんだか》い音、機織り機の規則正しいリズムなど、まわりから産業の音が聞こえてくる。19世紀、こうした工場がイギリス経済を変えた。工場主は、布、ガラス、ナイフやフォークなどの製品をつくるのに必要な道具や機械を買い、工場のまわりの小さな家から、毎日、通ってくる労働者に賃金を支払った。製品はより安くなり、新しい製品も開発された。男も女も子供たちも農地を離れ、発展する街に移り住んだ。彼らは蒸気で動く機械のそばで、田畑の向こうに昇り沈む太陽ではなく、雇用主の時計とスケジュールに従って働いた。その変化はとても大きく、のちに**産業革命**と呼ばれるようになった。

街の外には田園地帯が広がり、そこでは工場労働者の糧《かて》である小麦が育てられた。農業は長いあいだ経済の中軸であり、その結果、大土地所有者は富と権力をもつようになった。過去において土地は、村の古いしきたりに従って人々のあいだで分けあったものだが、徐々に、土地所有者が囲い込み《エンクロージャー》をして農地を広げるようになり、村の農夫や羊飼いを賃金で雇って、その土地で働かせた。**資本家的借地農業者**（capitalist farmers）は、食べるためではなく、売って儲けるために労働者を雇い、農作物をつくった。新しい農耕方法が開発され、都市部で増加する人々のために大量の食糧を産出することが可能になった。マンチェスターなどの街には倉庫や工場が多く建てられ、国の富の基盤は農業から工業へと変わった。工業経済に投資することによって富を築く人も現れはじめた。そのひとりが、すぐれた株式仲買人（株式市場で取引する人）であったイギリスの**デヴィッド・リカード**（1772〜1823）だ。リカードは財を築いたのち経済学者へと転身し、経済学者として初めて論理の力を示した。

18世紀、富裕層の家庭では、男子は大学に行く前に、家庭教師にギリシャ語やラテン語を習った。だが、リカードは違った。ユダヤ人の実業家として成功を収めた父が〝実践的教育〟が大事だと信じたため、リカードは14歳のときから証券取引所で働きはじめ、株取引の才覚を発揮して巨額の利益を手にした。のちにイギリス政府がナポレオンと戦うときには、資金調達にひと役買った。そのひとつは、1815年のワーテルローの戦いの結果に対する事実上の賭けのようなもので、政府に融資するのは大きなリスクを負うことだった。もしイギリスが負ければ、多くの金を失う。リカードの友人で、あとの章でもふれる経済学者の**トマス・マルサス**も、少額ながら出資をしていた。だが、マルサスは不安におそわれ、「手を引きたい」とリカードに手紙で訴えた。一方、リカードは腹をすえて、出資をやめなかった。イギリス勝利の知らせが来て、リカードは一夜にしてイギリス有数の大富豪となった。

リカードと経済学の出会いは、図書館でアダム・スミスの『国富論』を見つけたことによる。『国富論』はリカードにとって、もっとも重要な書となった。リカードは大きな刺激を受け、新興資本家と土地を所有する古くからの貴族とが権力争いをしていた同時代の経済を、驚嘆すべき頭脳で分析した。問題は、国家の増加する富をどのように土地所有者、資本家、大勢の労働者で分けあうか、ということだった。アダム・スミスは、いかに市場が社会に繁栄をもたらすかを示したが、争いが起こるであろうことも見抜いていた。そうした争いは、19世紀初頭、高騰する食料品の価格に労働者が不満を抱くようになって、ますます大きくなった。

食料品価格の高騰は、**大土地所有者**（landlords）が高い地代を請求し、農民の生産コストを引き上げているからだ、という意見もあった。だが、リカードはその逆を主張した。すなわち、食料品の価格が高いために地代が高くなる、と考えたのだ。大土地所有者が他者を犠牲にして国家の富から最大の分け前を手にしているのは、食料品の価格があまりに高いせいである。地代を下げたところで、不均衡を是正する役には立たない、というのだ。

みずからの理論を説明するためにリカードは、経済を、穀物を生産する巨大農場にたとえている。大土地所有者は、資本家的借地農業者に土地を貸す。資本家的借地農業者は、大地を耕して種を蒔くために労働者を雇い、収穫した作物を売る。人口が増えれば、必要とされる穀物も増える。農地が足りなくなるので、資本家的借地農業者はより多くを収穫するために、肥沃《ひよく》とはいえない土地でも穀物を育てようとする。収穫はより難しくなり、穀物の価格が上がる。収穫量の少ない土地を借りた資本家的借地農業者は、1ブッシェル〔容量の単位 約36リットル〕の穀物を収穫するためにより多くの労働者が必要になるので、労働者の賃金を支払うと、利益はほとんど残らない。一方で、肥沃な土地を借りた借地農業者はより少ない労働者で1ブッシェルの穀物を収穫できるため、高利益を得られる。こう考えるかもしれない。だが実際は、借地農業者のあいだで土地を借りるための競争が起こるので、結局、利益を得るのは大土地所有者なのだ。肥沃な土地を借りたおかげで高利益を得る借地農業者がいれば、ほかの借地農業者は、その土地を借りるために、さらに高い地代を払おうとする。よって、穀物の値段が高くなれば、増えるのは、資本家的借地農業者が得る利益ではなく、大土地所有者が手にする地代のほうになる。都市で工場を所有する資本家の場合はどうだろうか。穀物の値段が上がれば、パンの値段も高くなり、工場の労働者が生きていけるように賃金を上げざるをえないので、資本家の利益も小さくなる。労働者も、穀物の値段が上がれば、食費が高くなり、出費が増える。そこで、リカードは「大土地所有者の利益は、つねに地域社会のほかのすべての階級の利益に相反する」と結論づけた。

大土地所有者の権力は経済を衰弱させる、とリカードは述べている。資本家が工場をつくり、製造や栽培のために労働者を雇用すれば、生産が拡大する。しかし利益が減れば、資本家が使える資金が少なくなり、富の創造が停滞する。大土地所有者が稼ぐ手段は、土地の賃貸料を徴収することだけだ。大土地所有者は、その収入を資本家のように投資するのではなく、メイドや執事に、屋敷の書斎に、そして、おそらく庭に植える植物を集めるために熱帯地方へ旅行するのに使う。どれも長期的な国家の富に貢献するものではない。
リカードの時代、イギリスには安価な外国産穀物の輸入を禁止する法律があったため、大土地所有者が有利であり、不均衡はさらに大きくなった。〝**穀物法**《コーン・ローズ》〟と呼ばれるその法律のせいで、イギリスは人口増によって穀物供給が不足する分を輸入で補えなかったのだ。その結果、穀物価格はさらに高騰した。リカードは、この法律によって、大土地所有者の地代が高くなり、資本家の利益が縮小し、労働者の貧困化が進むと論じた。１８１９年、マンチェスターのセント・ピーターズ・フィールドで、すべての人の参政権と穀物法廃止を求めたデモが行われた。兵士たちが群衆に向けて発砲し、抗議行動は、死者数人、負傷者数百人という流血の惨事となった。ワーテルロー〔英語の読みはウォータールー〕の戦いになぞらえて、この事件は〝ピータールーの虐殺〟として知られるようになった。

同年、下院議員になったリカードは、穀物法の廃止を提案し、それがイギリスを「世界一幸せな国」にするのに役立つはずだ、と主張した。だが、提案には耳を貸してもらえなかった。人々は厳密な経済分析にもとづく議論に慣れていなかったのだ。リカードの言うことは、多くの人には、むしろ現実離れしているように思えた。同僚の議員たちはリカードが「まるでほかの惑星から来た人のような主張をした」と言った（人々はいまでも経済学者について同じ理由で文句を言う）。最終的にリカードの主張がとおり、イギリスは穀物法を廃止した。しかし、それは19世紀も半ば、リカードの死後20年以上たってからだった。

穀物法がなくなったらどうなるのか。リカードの説明は次のようなものである。まず、安い外国産の穀物が大量に流入し、労働者は食料品の価格の高さに苦しむ必要がなくなる。労働者が食料品に多くの金を払わずにすむので、資本家が支払う賃金も下がる。資本家の利益が増え、投資がふたたびはじまる。その結果、富の創造は加速する。

穀物法がなければ、国は安い外国産穀物を輸入し、自国での穀物の生産を減らす。すべてを自国で育てるのが正しいとはかぎらない、とリカードは述べている。穀物と引き換えに、布や鉄といった工場でつくった製品を外国に売ることもできる。ロシアがイギリスより安く穀物をつくることができ、イギリスがロシアより安く鉄を生産できるなら、イギリスは鉄を生産し、ロシアは穀物をつくって、穀物と鉄を交換すれば、どちらの国にも有益であることがすぐにわかる。

リカードはこの議論をさらに洗練させた。たとえ、イギリスとロシアのどちらかが、穀物《コーン》と鉄《アイアン》の両方ともつくるのが得意だったとしても、貿易によって両国ともに利益を得られるということだ。この理論を理解するために、たとえば、あなたとあなたの友人が、重い箱をいくつか車庫から運び出す仕事と、床の掃き掃除をする仕事を与えられた状況を考えてみよう。あなたは友人よりも箱を速く運ぶことができるし、床掃除も速く終えられるとする。この場合、床の掃き掃除も、箱を運び出すのも、あなたがやるべきだろうか。そうとは言えない。あなたが床の掃き掃除をした場合、そのあいだに運べたはずの多くの箱が運べなくなる。一方、あなたの友人が床の掃き掃除をした場合は、そもそも運べたはずなのに運べなかった箱の数は、それほど多くない。友人は、1メートルの床を掃くのにかかる時間で〝2箱〟運べるかもしれないが、あなたは、1メートルの床を掃くのにかかる時間で〝5箱〟運べるかもしれない。相対的に言えば、友人は床掃除ではあなたより〝優位〟である。絶対的にはあなたより不得意だとしても、友人はあなたに対して「**比較優位**（comparative advantage）」にある。あなたが箱を運び、友人が床を掃けば、もっとも速く仕事を終えられる。

同じ論理を用いれば、次のようになる。もしイギリスが鉄の生産で比較優位にあり、ロシアが穀物の生産で比較優位にあるなら、イギリスは鉄をつくってロシアから穀物を輸入し、ロシアは穀物を育ててイギリスから鉄を輸入すればよいのだ。この考え方は重要である。なぜなら、すべての国が比較優位のものをもつことになるので、すべての国が、比較優位にある財やサービスの生産に特化し、貿易をすることによって、利益を得られる可能性があるからだ。よって、自給自足しようとするよりも、国境を越えて貿易をするほうがより良いということになる。現在までに何人かの経済学者が貿易理論に挑んでいるが（12章）、リカードの比較優位の概念は経済学者にもっとも好まれてきた理論である。

リカードは、経済学に〝論法の新基準〟を持ち込んだことで称賛された。19世紀のイギリスの作家である**トマス・ド・クインシー**は、アヘンの常用のせいで、これまでのようには数学書や哲学書が読めなくなったことがわかったとき、経済学に目を向けた。だが、経済学者の書いたものには、まったく感銘を受けなかった。少しでもまともな人間なら、愚かな経済学者を押さえつけて、「彼らのカビの生えた頭を貴婦人の扇子で粉々に打ち砕きたくなるだろう」と述べている。その後、人からリカードの本を借り、第1章を読み終わらないうちに言った。「汝《なんじ》こそ、その人なれ！」〔原著の"Thou art（= you are）the man!"を直訳すれば上のようになるが要するにクインシーはリカードのことを「すばらしい」とほめたのだ〕と。リカードは、まず単純な出発点（たとえば、それぞれの土地の生産力が異なること）から思考をはじめ、論理をはずれることなく、その結果がどうなるかを説く。ド・クインシーは、リカードが経済の法則を見つけだすのに論理を用いたことを称賛している。それは混沌とした歴史や事実に差し込む光だった。リカードの出発点の多くはのちの経済学者に切り捨てられたが、原因と結果の長い連鎖を築き上げるやり方は、経済学の方法となった。リカードの友人はしばしばこう言った。リカードは議論に勝つことではなく、たとえ自分の利益に反しても、真実を見いだすために理性を働かせることにこだわった、と。１８１４年、リカードは５０００エーカー〔約20平方キロメートル〕の地所を購入し、その土地から大きな収入を得られるようになった。大土地所有者になったリカードだったが、それでも自由貿易を求め、飽くことなく議論を続けた。それは、リカードが所有する土地から得た富を脅《おびや》かしかねないものであったが、それによってリカードの経済理論の正当性が証明された。

# Chapter 8 理想の世界

貧乏な人が貧乏なのには、それなりの理由がある、と言われることがある。すなわち、怠け者や悪人であるために貧しいのだ、と。しかし、19世紀の作家ヴィクトル・ユーゴーの有名な小説『レ・ミゼラブル（*Les Misérables*）』の登場人物であるファンティーヌは、工場を解雇されたのち、娘を養うために前歯を売るしかなくなった。ファンティーヌは怠け者でも悪人でもなかった。人間よりも利益を大事にする冷酷な経済の犠牲者だった。この頃になると、貧乏人はみずから不運を招いているという考え方に疑問がもたれはじめ、これ以上、貧乏であることに我慢する必要はないはずだ、と言う人も現れた。

産業革命によって金持ちになった人もいたが、多くは極貧のままだった。生活条件の厳しい都市に、多くの人々が住んでいた。何千何万というファンティーヌがいた。子供たちは長時間の工場労働によって身体機能を損ない、病気はあちこちにはびこった。イギリスでは、極貧の人々は「救貧院《ワーク・ハウス》」に行けば、食べ物とベッドを与えられたが、過酷な状況に耐えなければならなかった。

これまでに紹介したアダム・スミスとデヴィッド・リカードは、貿易と競争が繁栄をもたらすと述べた。ふたりは、金儲けが必ずしも善であるわけではないことを理解していたが、全体として資本主義は進歩をもたらすと信じていた。一方、社会に対して完全に失望した別の思想家グループがいた。彼らは、読み書きができない痩《や》せ細った子供たちや、憂《う》さをまぎらわすためにわずかばかりのあり金をはたいて酒に溺《おぼ》れる労働者など、社会の悲惨な現状を見て、資本主義の是正は不可能であり、まったく新しい社会だけが人間を救うと考えた。

そうした思想家のひとりが、フランス人の**シャルル・フーリエ**（1772〜1837）だ。フーリエは事務員として、孤独で刺激のない人生を送った。だがその一方で、**『四運動の理論および一般運命の理論**（*Théorie des quatre mouvements et des destinées générales*）**』**〔『四運動の理論』という短い題名で邦訳書が現代思潮新社から刊行されている〕という変わった書名の奇妙な著作によって、ヨーロッパ文明全体を批判した。工場と金儲けの社会は残忍で非人間的だと考えたのだ。アダム・スミスのピン工場を思い出そう。そこでは、おのおのが細分化された仕事のひとつだけを行う。多くのピンを生産することができたとしても、毎日、ピンの先端に鑢《やすり》をかけて過ごすのは、とても退屈だろう。また、商業社会は人々の対立をうむ。ガラス屋は、ガラスがもっと売れるように、みんなの家の窓が雹《ひょう》の嵐で割れるといいと思う。金持ちや権力者は、地位を守るためにはどんなことでもするので、結局は貧者を踏みつける。

フーリエは新しい社会を提唱した。彼はそれを〝調和の世界〟と呼び、「ファランステール」という小さな共同体で人々が暮らすことを想定した。ファランステールは、仕事場や図書館からオペラハウスまで備えた長方形の建物だ。そこは心ゆくまで情熱を追求できる場所である。フーリエに言わせると、情熱とは、友情や野望、食べ物や音楽への愛着などのことだ。多くの活動に次々と夢中になる「移り気な人」の情熱や、陰謀と策略を好む神秘主義に対する情熱もある。こうした情熱を組み合わせることで、８１０パターンもの性格タイプに分類できる、とフーリエは述べた。

ファランステールでは、情熱は注意深く組織化される。人々は毎日、遂行すべき仕事に役立つよう、異なる情熱をもったグループに分かれて仕事に出かける。バラを栽培する人たち、ニワトリを飼育する人たち、オペラを制作する人たちなどがいる。ひとりの人が多数のグループに所属する。毎日、ピンの先端を尖《とが》らせるのにうんざりするのではなく、好きなことをして、すべての情熱を満たすことができるのである。しかし、どうやってお金を稼ぐのだろうか。資本主義下とは異なり、賃金ではなく、ファランステールがうみだす利益の一部を与えられるのだ。

フーリエは毎日、正午になると、自宅にだれかが訪ねてきて、ファランステールを実現するための資金を提供してくれるのを待ち続けた。しかし、だれも来なかった。ファランステールは、驚くべき空想の世界にすぎなかったのだ。ファランステールができあがった暁《あかつき》には、人間には先端に目がある尻尾が生えてきて、空には月が6個も現れ、海がレモネードに変わる、とされている。人間は野生動物と仲が良く、移動するときは、見た目は獰猛《どうもう》だが友好的な獣《けもの》の背中に乗って運んでもらう。こうした記述は、フーリエを狂人だと言う人々にとっては格好の材料となった。それでもフーリエは、伝統的な経済学がほとんど触れなかった〝仕事〟についての疑問を提起している。すなわち、人間は、いったん食料と住まいを得たあとで、自分たちの個性のすべてを活かせるような仕事をどうしたら見つけることができるか、ということだ。こんにちよく行われているように、学生がそれぞれの技能と関心に合った仕事をさがすのにキャリアアドバイザーが手助けするのは、このような問いかけに答えるひとつの試みと言えるだろう。

ウェールズ出身の**ロバート・オーウェン**（1771〜1858）もまた、フーリエと同様に、新しい共同体の創設が人類を救うと考えた。しかし、オーウェンはフーリエとはまったく違っていた。若く伸び盛りのイギリスの産業経済において、みずからが所有する紡績工場の機械を、新式の蒸気機関を使って動かす幸運に恵まれたのだ。店員から産業資本家に転身して名を知られるようになったため、工場労働者から侯爵まで、あらゆる人たちとつきあいがあった。多様な人たちと交流があるのが自慢で、それが彼の著作『**新社会観**（*A New View of Society*）』の着想につながった。オーウェンは、人々の性格が環境によってうまれることを信じた。悪い環境にいれば悪人になる。良い社会にしたければ、正しい環境をつくらなければならない。資本主義の非情な競争がない環境であれば、貧しくても善良で幸福な人間になれるだろう。オーウェンには完璧な環境をうみだす計画があった。

オーウェンは充分な資金をつくり、「モデル」となる村を建設した。大都市の、危険で汚い工場にかわるものを創出する実験である。実験は、スコットランドのニューラナークの紡績工場を買収して行われた。

オーウェンは、そのような場所が世界にたくさんできることを想像したのだ。結局のところ、そういうことは起こらなかったが、当時にしては驚くべきものだったので、重要人物が次から次へと、この小さな共同体を視察に来た。ここに開設された〝性格形成学院〟(the Institute for the Formation of Character)は、イギリス最古の幼児学校のひとつである。オーウェンはまた、労働時間を短縮し、労働者に身体と住居を清潔にして、大酒を飲まないよう奨励した。良い労働習慣を促進するために、木製の立方体の各面を異なる色で塗った「無言の監視員《サイレント・モニター》」と称するものを、それぞれの労働者の前に吊《つる》した。色は労働者の働きぶりを表した。白は優《エクセレント》で、黄色は良《グッド》、青は可《ソーソー》で、黒は不可《バッド》である。監督者は、労働者のその日の成果に応じて立方体をまわして、その色を「性格ノート(book of Character)」に記録する。労働者が怠ければ、監督者は労働者を叱りつけるかわりに、立方体をまわして黒の面にする。最初は、労働者の大半の仕事ぶりは黒と青だった。ときがたつにつれて黒が減り、黄色と白が増えた。

後年オーウェンは、アメリカのインディアナ州にニューハーモニー村を設立した。それはニューラナークよりさらに野心的な、農場、作業所、学校がある共同体であり、資本主義に完全にとってかわるものを提供するつもりだった。より良い生活があることを信じて、科学者、教師、芸術家がアメリカやヨーロッパから集まってきた(ならず者や変わり者も多くやってきた)。ところが残念ながら、作家や思想家たちは執筆や思索には秀《ひい》でていたが、溝を掘ったり、薪を割ったりすることはあまり得意でなかった。ならず者たちは働こうとしなかった。まもなく人々は言い争いをするようになり、実験は失敗に終わった。

年老いたオーウェンは、ヴィクトリア時代に流行した、死者と交信する「降霊術《スピリチュアリズム》」に救いを求めるようになる。ウィリアム・シェイクスピアやウェリントン公爵〔もちろん、いずれも当時すでに過去の人すなわち故人であった〕と話し、過去の偉大な人物の霊の助けによって、新しい社会が実現できる、と思うようになった。究極的には、オーウェンやフーリエのような人は、実現方法はわからなかったものの、物質的な状況ではなく、人々の精神状態を向上させる経済を望んだのである。

そうした社会にとくに強い憧《あこが》れを抱いたのが、フランスの貴族、**アンリ・ド・サン＝シモン**（1760〜1825）だった。サン＝シモンは若い頃から野心家で、自身をほかならぬソクラテスの生まれ変わりだと信じていた。少年時代には毎朝、使用人に大声で次のように言わせた。「起きてください、伯爵様。きょうはやるべき大事なことがあります」。その最初の研究は「人間性」についてだった。サン＝シモンはアメリカ独立戦争に志願し、フランス革命のあいだの1年を獄中で過ごした。釈放後、教会の土地を買い上げて築いた財を、数年のうちにすべて使い果たした。その後、自分の思想が認めてもらえないことを苦にして自殺を図りさえした。

社会は、王子や公爵たちではなく、有能な人々によって統治されるべきだ、というのがサン＝シモンの考えだった。仲間が活躍し、成長するのを、すべての人が受け入れるべきである。個人差があるとすれば、出自ではなく、能力の違いによるものであるべきだ。互いを利用するのではなく、ともに自然を活用し、科学原理を用いて社会を豊かにする。社会の頂点にいる科学者と実業家は、経済を国全体のひとつの作業場として指揮する。彼らのもとで、労働者は協力の精神にもとづいて、ともに行動する。このようにして国は、貧困のない人道的な産業社会をつくりあげていくのだ、と。

晩年、サン＝シモンは『**新キリスト教**（*Nouveau christianisme*）』を著し、みずからの構想を産業化時代の宗教とした。彼の死後、弟子たちは教会を建てた。弟子たちが着用したのは、白いズボン、赤いベスト、青いチュニックで、白は愛を、赤は労働を、青は信仰を表した。ほかの人の手を借りなければ着ることができないベストも考案されている。それは仲間との連帯感を象徴するものだった。当然ながら、好奇心の強いパリの人々は、サン＝シモン主義者たちの隠遁所を見物に訪れた。

フーリエ、オーウェン、サン＝シモンは、市場と競争は良い社会にはつながらないと信じた。そのため、ときとして、資本主義にとってかわる**社会主義**の発明者だとみなされる。のちの世紀において、いくつかの国で試された社会主義のもとでは、私有財産は認められず、すべての人が同じ水準の暮らしができるよう、資源は人々に分配されるようになった。しかし実際には、3人の思想家はさまざまなことを考えたので、現在では、彼らの考えのすべてが社会主義の要素であるとはみなされていない。たとえば、彼らのなかには、大きな格差をうまないのであれば、私有財産は認めてもよいという考えもあったのだ。

だが3人は、人々の理性と善意に訴えることによって、理想郷《ユートピア》を創出できると信じた。革命や、富者と貧者の対立といったものは好まなかった。しかし、彼らが抱いた平和的な変革への望みは、19世紀半ばにヨーロッパで起こった一連の革命によってかき消された。そればかりでなく、**カール・マルクス**（10章）の画期的な著作の数々が発表されてからは、彼らの構想は〝愚直〟だとさえ思われた。マルクスは史上もっとも有名な資本主義批判者である。その彼がフーリエ、オーウェン、サン＝シモンに影響を受けながらも、彼らについて〝新しい世界を夢みたが、実現する方法を知らなかった〟と言っている。より良い世界は、人々の善意に訴えたところで、うまれはしないのだ。労働者と雇用者との対立は激化し、過激な革命によって資本主義は崩壊せざるをえない。新しい社会は調和ではなく、大いなる喧騒《けんそう》と激突によってうまれる。マルクスはそう述べたのだった。

Chapter
9
# 養う口が多すぎる

チャールズ・ディケンズの小説『クリスマス・キャロル（*A Christmas Carol*）』には陰気な守銭奴、エベネーザ・スクルージが登場する。スクルージは、クリスマスの前夜《イヴ》に事務所でお金を数えながら、〝あすは自宅で家族とともに過ごしたい〟と言った事務員への不満をつぶやいている。そこへ、ふたりの紳士がやってきてスクルージに、貧しい人たちへの肉と飲み物を買うための寄付として数ペニーを求める。スクルージはふたりをにらみつけ、シッシッと追い払い、ふたりの背中に向けてこう言い放つ。「やつらが死にたいなら、そうすればいい。よけいな人口が減って助かる」。

さきの章〔7章〕で、金融の天才であり、イギリスの偉大な経済学者のひとりである**デヴィッド・リカード**と、リカードの友人である**トマス・マルサス**牧師を紹介した。マルサス（1766～1834）は、リカードほどは金儲けに長《た》けてはいなかったが、人々に強い関心を抱かせるような経済学の理論を思いつく才能があった。マルサスは、史上初の経済学教授であり、1805年、イギリスの有名な貿易会社である東インド会社（the East India Company）の幹部役員《オフィサー》たちを訓練する、東インド・カレッジ（the East India College）でその職に就いた。持論が世に広く知られる前に亡くなってしまう思想家もいるが、マルサスは違った。ディケンズが『クリスマス・キャロル』を執筆する少し前にマルサスは、ある経済理論で有名になったが、人々は彼のことを〝経済学のスクルージ〟すなわち真の意味でつまらないことにこだわり、けちでしみったれた理論をもたらした〝行商人《ペドラー》のようなもの〟ととらえたのだ。マルサスは、増え続ける人口を不安視し、人が増えれば貧困も拡大する、と主張した。人口増加は悲惨な状況の人々を増やすだけであり、貧しい人の救済は無意味で、むしろ状況を悪くするだけだ、と。

初期の経済学者はマルサスとは異なり、人口増加の影響を悲観してはいなかった。重商主義者は人口が増えるのは良いことだと思っていた。人口が多ければ、他国に勝つチャンスが大きくなる。安い賃金で多くの労働者を働かせれば、海外に安価な製品を輸出することも可能だし、陸軍と海軍を拡大すれば、交易路を守ることもできるからだ。

重商主義者のあとに現れた、シャルル・フーリエ、ロバート・オーウェン、アンリ・ド・サン＝シモンといった空想的社会主義者は、貧困に陥《おちい》ることが人間の宿命ではないとして、なによりも〝進歩〟を信じた。人々が助けあえば、みじめな貧困はなくなるはずだ、と主張した。トマス・マルサスの父、ダニエル・マルサスは、空想的社会主義者の考え方を、より良い社会への手がかりになると信じて称賛した。これに対してトマスは、父に強く異議を唱え、親子で何時間も議論した。最終的にトマス・マルサスが、みずからの考えを小冊子にまとめて1798年に出版すると、それが評判になった。その小冊子のタイトル「人口の原理に関する一論、将来の社会改善に及ぼす影響を、ゴドウィン氏、コンドルセ侯爵、その他の議論に触れて論じる（*An Essay on the principle of population, as it affects the future improvement of society with remarks on the speculations of Mr. Godwin, M. Condorcet, and other writers*）」〔一般的には『人口論』と呼ばれることが多い〕には、進化を主張する予言者としてイギリスとフランスの思想家の名前をあげ、彼らに異議を示している。そのひとり、コンドルセ侯爵は、民衆が力を有する〝より良き社会〟の建設をめざして国王を打倒すべく人々が蜂起《ほうき》した1789年のフランス革命（the French Revolution）のリーダーだった。革命は彗星《すいせい》のように煌《きら》めきを放ったが、人類が貧困を克服するのにつながるのだろうか。コンドルセは〝つながる〟と考えた。人類は理想に向かって前進している。文明はすでに改善の9段目にある。10段目、すなわち、すべての民と国家の平等の達成も、まもなくだ、と。

マルサスはこの主張に〝冷や水〟をあびせた。最初は〝あたりさわりのないところ〟から論じはじめた。まず、人間が生きるには食糧が必要である、と。その次に、人口の再生産〔要するに子供をつくること〕には、性行為をしなくてはならない。さらに、人は性行為を好み、実行し続ける。20年もすれば、こんにちの子供ひとりが子をふたり産み、その子供たちがさらに、ふたりずつ産む。時間がたつほどに人口が増える。放っておけば、人口は1世代で倍増して、1000人の人口は、2世代で4000人に、6世代のちには6万4000人になる。増加した人々を食べさせていくにはどうするのか。もちろん、食糧生産を若干増やすことは可能だが、人口倍増のスピードには追いつかない。まずもって、土地を倍増させることはできない。マルサスによると、1世代のあいだに増加する食糧生産高は、人口の増加に比べて小さいのだ。供給があっというまに人口に追いつかなくなり、やがて人々はわずかな食糧を取りあうようになる。

　すると、どうなるだろうか。人口増加にブレーキがかかり、食糧の供給量に合うように減少する。まず、飢餓と病気によって人が死ぬ。次に、子供の数が減る。問題は、罪をおかすことによって子供が減らされるということだ。最悪の場合、うまれてすぐの子供が殺される。また、当時は広く罪深いこととされた、中絶や避妊によっても、子供の数は減らされる。そうなると、不幸と悪習がはびこることになる。病気と飢えによって死者が増え、人間の罪によって、産まれる子供の数が減るのである。

　国が新たな富の源泉を得たとする。たとえば戦争によって他国の土地を占領すれば、より多くの人に食糧を供給できる。最初は人々に行き渡る食糧が増え、人々がより豊かになる。すると子供が増え、より健康になれば、死亡率が下がる。だが、人口が増えるにつれ、食糧を求める人が増えるので、各人が得られる量が減る。最終的に、社会は〝もとの状態〟に戻る。新たな土地を占領する以前の〝低い生活水準〟に逆戻りするだけだ。デヴィッド・リカードなど、ほかの19世紀の経済学者も同様に、人間は生きていくのに精いっぱいという最低限の暮らしから抜け出せないものだ、と考えていた。労働者は〝必要最低限の生活〟を維持する程度しか稼げないという、いわゆる「**賃金の鉄則**（the iron law of wages）」である。食糧と人口の配分から、マルサスは冷徹な理論を示した。

マルサスの計算では、ほかにも気がかりな予測がされた。何世紀ものあいだ、イギリスの各地域では貧困層と病人を支援してきた。マルサスの時代、貧困層には、食べ物を買うための〝補助金〟が支給されていた。マルサスはこれを批判した。怠けた見返りに補助金がもらえるのだ。補助金がなければ〝自助努力〟が起こりやすいだろう。マルサスの〝人口論〟によると、貧困層の支援は、新たな土地を探すようなものだという。人口は増加しても、多くの不幸や罪がうまれ、食糧生産量に見合う水準に戻るだけである。〝慈善《チャリティ》〟は貧困層にとっても社会全体にとっても有益ではなく、不道徳でみじめな物乞いを増やすだけだ。結婚と性行為は人生の大きな喜びだが、最終的には不幸を招く。理想的社会主義者が大切にする〝人間の進歩〟もそれまでである。しかしながら〝希望の光〟もある。男女が性衝動を抑制すれば、人口増加による負担を軽減できるのだ。マルサスは〝晩婚〟を推奨し、みずからも30代後半になってから、ようやく結婚した。だがこれは、人によってはいちども結婚しないという意味にもなった〔当時はいまよりずっと寿命が短いことに留意〕。

マルサスの著作は、案の定、非難の怒号を巻き起こした。〝無愛想で、つまらない〟と言われ、あるいは、少なくとも世界じゅうの貧困層を非難する〝冷淡（cold-hearted）な男だ〟と批判された。カール・マルクスは、マルサスの思想を「人類に対する反逆」と呼んだ。ヴィクトリア時代の哲学者で歴史家の**トマス・カーライル**は、悲しげで陰気な主張と呼び、経済学に「陰鬱《いんうつ》な科学（the dismal science）」という異名をつけた。

こうしたマルサスの主張の多くは、後年、歴史によって〝反証〟された。人口が急増しはじめた一方で、病気や飢餓による人口抑制は〝緩和〟したのである。これはすなわち、19世紀の医療の〝進歩〟によって、都市の衛生状態が向上した結果、寿命が延び、飢餓や病気で多くの人が死ぬことがなくなったからだ。マルサスは、人々が豊かになると、より多くの子供をもつようになると考えたが、19世紀と20世紀には〝逆の現象〟が起こった。多くの国で人口増加が鈍化《どんか》したのだ。より信頼性の高い避妊具が開発され、しかも入手しやすくなり、避妊は悪いことだと信じる人も減った。マルサスが非難した貧困層でさえ、子供の数が減っている。畑仕事よりも工場や事務所で働くほうが、収入が良かったからだ。食べさせるべき子供の数が減ると、子供たちがそういう仕事につけるよう、学校教育に資金が投じられるようになった。

19世紀には、マルサスも、また進歩主義の提唱者でさえも〝予想しなかったこと〟が起こった。新たに発明された技術で生活水準が上がったことにより、人々が〝生存に必要な最低限〟以上の収入を恒久的に得られるようになったのだ。

イギリスは、農業の生産性を向上させて、より多くの人口を養えるようになった最初の国のひとつである。後年、蒸気機関や、鉄と鉄道の発達によって**産業革命**（the Industrial Revolution）が起こると、ほかの生活必需品も、より安価に製造され、さらに多くの人々に行き渡るようになった。本書で取り上げた最初の時代から現代までのヨーロッパの人口と平均収入のグラフをつくると、何世紀ものあいだ、どちらの線もわずかに上下はするものの、多くの期間は横ばいになる。ところが、18世紀以降は急上昇し続ける。人口は拡大し、収入はこれまでにないほど増えていった。１７００年のイギリスでは、人々はくず野菜やくず肉を食べ、どこかに行くときは何時間もかけて、ぬかるみのなかを歩かなくてはならなかった。ところが20世紀半ばには、充分な食糧と衣服、さらには車までもつことができるようになった。人口も6倍にまで増えた。ヨーロッパとアメリカの〝経済〟が、はじめて〝大都市〟と、拡大し続ける〝人口〟を支えられるようになったのである。これは人類史上において、とてつもなく大きな変化であり、経済史上においても、めざましい出来事だった。人類は〝欠乏〟と長きにわたり格闘し続け、その結果として〝物質的進歩〟を劇的に加速させたのだ。

しかし、こうした飛躍的な変化が起こる前においては、経済はマルサスが唱えたように低迷していた。収入はそれほど伸びず、小作人は生きるだけで精いっぱいだった。困ったときには親戚や教会が助けの手を差し伸べてくれることもあったが、不作や疫病は、飢餓や死に直結した。多くの女性が出産によって亡くなり、幼児期に亡くなる子供も珍しくなかった。マルサスの思想が暗澹《あんたん》としているのは、人々の暮らしが悲惨だったからである。マルサスは、当時の社会に生きる人々が直面する〝苛酷な状況〟を〝残酷なまでに〟はっきりと描き出した。現在でも、最貧国に住む人々は同じ運命に立ち向かっている。

こんにちの「人口爆発」の議論は、ほとんどがマルサスの主張を借りたものである。人口が多すぎて、地球が過密になっている、と考える人も多い。しかし、見過ごされがちではあるがマルサスは、人口増加に反対をしているのではなく、社会が人々を養う方法があるならば、人口が多いのは良いことだ、と述べている。マルサスは、むしろスクルージとは似ていなかったのかもしれない。友人たちからは、意地悪で陰気なところなどまったくなく、やさしく親しみやすい、と思われていた。こんにち、長期的な経済成長を研究する経済学者の多くは、人口増加の裏には〝健全な経済〟がある、と考えている。たしかに人々は資源を使いきってしまう。だがその一方で、新たな資源をうみだしてもいるのだ。人口が増えれば、賢い人も増えるので、社会の富を築く方法も新たにつくりだされていくのである。

# Chapter 10
# 世界の労働者

「妖怪がヨーロッパに出没している。それは共産主義という妖怪である」。これは『**共産党宣言**（*Das Manifest der Kommunistischen Partei* あるいは *Das Kommunistische Manifest*）』の冒頭の一行である。19世紀半ばに書かれた同書は、おそらくもっとも有名な政治的小冊子《パンフレット》だろう。このやっかいで恐ろしい妖怪は、ヨーロッパに確立された資本主義体制にとって脅威となった。資本主義とはまた別の共産主義という体制から生じた脅威が、資本主義を追いやろうとしていたのだ。共産主義体制下では、財産の私有が許されず、すべての力は監督者ではなく労働者が有する。さきの言葉を書いたのは、哲学者で歴史家、経済学者であり、また史上もっとも有名な革命家でもある**カール・マルクス**（1818～1883）と、友人の**フリードリヒ・エンゲルス**（1820～1895）というふたりのドイツ人だった。マルクスを〝社会の未来を予見した偉大な思想家だ〟と言う人もいれば、〝経済学を危険な道に進ませた悪者だ〟と言う人もいる。

　1848年、ヨーロッパ各国がまさに断崖から転がり落ちそうになっていた頃、マルクスは資本主義の終焉《しゅうえん》について警告を発した。フランスでは、1789年の革命によって廃止されたはずの君主制が復活した。そのため、人々はふたたび国王に対する怒りを募《つの》らせていた。マルクスが宣言《マニフェスト》を発表した頃、パリでデモが勃発《ぼっぱつ》した。バリケードが築かれ、路上では兵士と民衆の戦いが起こった。マルクスも駆けつけたが、すでに国王は逃亡し、共和制が宣言されていた。歓声をあげる革命支持者らが広場を埋めつくした。

　マルクスが興奮したのは、『共産党宣言』の有名な冒頭の一行から少しあとにあるように、「こんにちまでのあらゆる社会の歴史が階級闘争の歴史」だからだ。すなわち歴史とは、富める者と貧しき者のあいだの、あるいは監督者と労働者のあいだの争いや対立である。マルクスは、パリで歴史的な闘いが起こったのだと確信した。資本家の監督者（「**ブルジョワジー**」）が労働者（「**プロレタリアート**」）によって倒されるであろうことは以前から予測していた。そのため、パリの暴動が革命の端緒となることを期待した。ところが、数か月でその勢いが衰えてしまった。資本主義の〝死〟は、長く、ゆっくりとしたものになりそうだと思われた。

　マルクスはイギリスに〝避難〟した。ヨーロッパの大国のなかで、著書を理由にマルクスを追放しなかった国のひとつがイギリスだったのだ。ロンドンでは、外国人革命家グループの指導者になった。ぎょっとさせるような目つき、長いあごひげ、毛むくじゃらの手をもつマルクスは、驚異的な勉学の成果をもとに、世の愚昧《ぐまい》を暴こうとした。しばしば、人前で仲間の革命家を叱りつけ、有名かつ影響力のある人物を嘲《あざけ》ることを好んだ。イギリスの哲学者ジェレミー・ベンサムのことを、あまりに無味乾燥でつまらない人間だから

〝舌が革《レザー》でできているにちがいない〟と言ったり、首相であるラッセル卿のことを「ゆがんだドワーフ」と呼んだりもした。

マルクスは経済学を真剣に学びはじめ、その結果、何年もかけて、資本主義の完全なる理論を示す大部の書を著した。とてつもない根気の持ち主だったが、先送りの癖があり、問題を起こすこともあった。小売店の店主がマルクスの家の戸を激しく叩いて、期日を過ぎた請求書の支払いを求める姿も、ひんぱんに見られた。妻子が病気がちで、まだ幼い娘が亡くなったときは、棺《ひつぎ》を買うために近所の人から2ポンドを借りなければならなかった。大英博物館の図書室に逃げ込んでは、歴史や経済学の難解な書物を貪(むさぼ)るように読みあさった。大量のメモとともに帰宅すると、子供のおもちゃと壊れた家具の破片が散らばる部屋で、タバコを絶えずふかし、夜を徹して執筆に取り組んだ。化膿性炎症を患《わずら》っていたため、ときにはひどい腫《は》れをヒ素で治そうとしながら、苦痛に耐えつつ文字を綴《つづ》った。ついに1860年代の後半に、執筆開始から20年ほどたって第1巻が完成したが、そのために健康と幸せと家族が犠牲になったと嘆いた。最後の数ページは、腫れがさらにひどくなったために、立ったまま机に向かった。書き終えたとき、マルクスは言った。「ブルジョワジーどもには、この腫れと痛みを、連中が滅びる日まで覚えていてもらいたい」。

さきの章で出てきた空想的社会主義者《ユートピアン》によると、資本主義は人間社会にとって〝毒〟だという。マルクスも、人々の真の繁栄のために新しい社会が必要だと考えたが、人間のやさしさが新しい社会をもたらすという彼らの主張は愚かであり、新しい社会の種はむしろ資本主義自体に含まれていると確信していた。マルクスいわく、歴史は一連の〝経済構造〟によって展開していく。資本主義以前において経済を支配していたのは、封建制度の伝統だった。社会はわずかな職人と、小作農、貴族によって構成され、工場を所有する資本家はいなかった。有力者が土地を収奪して工場を建て、小作農と職人が資本家から賃金をもらう労働者になったとき、資本主義がうまれた。いずれは、資本主義自体がほかのものにとってかわられるが、それは資本家が利益をあげる方法のせいである。

資本家は（生地、ボタン、糸といった）材料を購入して（シャツという）商品をつくり、販売して利益を得る。では、その利益はどこから生じるか。それを理解するには、経済的価値がどこから生じるかを考える必要がある。アダム・スミスやデヴィッド・リカードと同じように、マルクスも、商品の価値は生産に要した労働量だと述べた。これは「**労働価値説**（labour theory of value）」として知られている。1枚のシャツをつくるのに30分かかれば、シャツにはその労働量に相当する価値があるということだ。さらに、スミスやリカードと同じく、労働者は最低限の食物と衣服の代金支払いに必要なだけを稼いでいると考えた。たとえば、労働者が5時間の労働で、必要最低限の稼ぎを得るのに充分な枚数のシャツをつくるとする。資本家はこの労働に対して賃金を支払うべきである。ところが、労働時間が12時間ならば、労働者は必要最低限の賃金を稼ぐための5時間より7時間も長く働くことになる。この「**剰余価値**（surplus value）」すなわち超過分の7時間でつくられたシャツを売って得られる代金はどうなるだろうか。これが資本家の利益になるのだ。この余剰によって資本家は機械と資本を増やし、それにともなって経済が成長する。

資本家は労働者を長時間にわたって酷使し、できるだけ多くの剰余価値を搾《しぼ》り取《と》ろうとする。すなわち、労働者から「搾取《さくしゅ》する」。労働者にとって、労働時間は短いほうが、賃金は高いほうがいい。だが、賃金は低く抑えられる。なぜなら、労働者のあいだに、仕事をほかの人に奪われないようにするための競争が起こるからだ。したがって、プロレタリアートの先行きは暗い。資本主義は労働者の生活を過酷なものにし、「妻子を、資本という止めようのない巨大な車輪（Juggernaut）の下に引きずり込む」〔上で「巨大な車輪」と訳した原文のJuggernaut（ジャガーノート）はヒンドゥー教の神クリシュナ像のこと。この像をのせた巨大な山車（だし）の車輪に興奮した信者が身を投げたとされる〕。

マルクスにとって、ブルジョワジーとプロレタリアートの対立は、資本主義における深刻な矛盾を示していた。資本家は、労働者をこき使って、自分の利益を守ろうとする。労働者の取り分はどんどん減る。結局、労働者には工場で生産された商品をすべて買うお金などないので、資本家は商品を全部は売りさばくことができない。やがて労働者は、より不幸になり、不満を募らせる。結果として、資本主義体制全体が破綻《はたん》する。労働者は蜂起《ほうき》し、工場や畑を奪取して、共産主義社会を築く。こうして搾取が終わる。というのは、財産の私有が許されず、炉やクレーンは特定の資本家ではなく、共同体で所有することになるからだ。人々には、資本家である監督者が支払う報酬ではなく、生活に必要なものだけが与えられる。共産主義の体制なら、社会の分断による階級間の闘争が続くこともないだろう。

マルクスは、資本主義とは混乱と抑圧であり、利益の創出が調和をもたらすというアダム・スミスの「見えざる手」はその気配すらないと考えた。資本主義では、資本家が「**生産手段**（means of production）」すなわち商品の生産に必要な資本を所有する。労働者が所有するのは、みずからの労働力だけだ。封建社会で地主に縛《しば》られていた小作農とは異なり、労働者には〝仕える相手を選ぶ自由〟がある。しかし、みずからの労働力しか有していないため、資本家の下で働いて搾取されるしかない。資本家は資本を増やして裕福になる。なぜなら、資本家が資本を所有し、労働者がうみだした剰余価値を利益として自分のものとすることが、国家の法律と政治によって認められているからだ。従来の経済学では、資本主義には対立がほとんどなく、資本は単に、商品をうみだすモノの集まり（たとえば建物、ベルトコンベア、のこぎり、織機など）にすぎないと考えられている。だが、マルクスにとって、資本はそれ以上のものだった。資本とは〝権力〟だ。資本は、財産をもつ者ともたざる者に分ける社会の分断に依存している。資本主義がうまれると、財産をもつ者がすべての力を手にするようになる。資本主義の現実を見るには、このことを理解することが不可欠だった。だからこそ、マルクスは自著に『資本（*Das Kapital*）』〔日本では『資本論』という題名で定着している〕という簡潔な題名をつけた。

マルクスの考えはのちに**マルクス主義**という世界観に発展し、20世紀のとりわけ影響力が強い政治運動のひとつになった。マルクス没後しばらくして、ロシア、ハンガリー、ポーランド、中国などで共産主義体制が成立した。共産主義では国家が経済を担い、工場や農場になにを生産すべきかを指示する。はじめは急速に産業が発展した。しかし、共産主義国の人々は日々、苦難に遭《あ》うことが多い。もっとも不運な人は、強制労働収容所で過酷な労働を強《し》いられ、餓死することさえあった（16章）。やがて、数多くの工場を管理するという国家の仕事は、きわめて複雑になる。生産効率は落ちて、新製品や新たな手法はなかなか開発されない。ヨーロッパの共産主義国の多くで、経済が完全に破綻し、共産主義体制は崩壊した。

経済学者はマルクスの主張の多くに反対した。次章で紹介するように、労働価値説を否定し、別の理論にすげ替えたのである。共産主義社会が失敗に終わったことで、マルクスが間違っていたことが証明された、という意見もある。しかし、マルクスの理論は、共産主義者の未来についての詳しい説明よりも、資本主義がもたらす緊張に重きをおいたものだった。また、共産主義国がつくったのは、マルクスが思い描いた体制ではなかった、ということもよく指摘される。マルクスは、非情な共産主義指導者が国民の生活を単調な重労働に追いやり、疑問を抱く者をためらいもなく殺してしまうことを恐れていた。さらに、資本主義経済が充分に発達してからでないと、共産主義体制の確立は成功しない、と述べた。ところが、初めての共産主義革命が起こった20世紀初頭のロシアでは、農業経済が低迷していて、資本主義経済はさほど発達していなかった。

19世紀には、貧しい人の苦境を憂慮しながらも、体制の打倒が解決策にはならないと考える人が多くなった。資本主義ならもっと寛大な制度ができるとされたのである。多くの国で富裕層だけでなく労働者階級にも選挙権が認められ、その結果、労働者階級は社会のなかで新たな影響力をもつようになった。政府は、資本主義が貧困層にもたらした過酷な結果を軽減しようとした。20世紀の初めには、フランスやデンマークなどの国が失業者への補償をはじめた。ドイツ諸国は19世紀の初めに一般大衆に教育の機会を与える道を開き、アメリカ、フランス、イギリスもそれに続いた。さらに、各政府が子供の就労を違法とするようになり、子供たちが、教育も食べ物も与えられずに、採鉱地や工場へ送られることはほとんどなくなった。

平均的労働者の生活水準も、ようやく改善された。これでマルクスは不要になるだろうか。いや、そんなことはない。マルクスの主張によれば、たとえ人々が車やテレビを買えるようになったとしても、資本主義は人々に痛みを与えるのだ。その原因は、マルクスが「**疎外**《そがい》」〔ドイツ語のEntfremdung（エントフレムデュンク）。もとはヘーゲルが使いだしたもの〕と呼んだものにある。マルクスは、資本主義のもとでは労働者が巨大な機械の歯車になると考えた。労働者が商品をつくり、それを雇用主が販売して利益を得る。だが、労働者はその商品に対する現実的な結びつきを失っているのだ。雇用主は他者を、人間としてではなく、生産手段として見るようになる。その結果、他者との結びつきをうむ〝人間らしさ〟から遠くなる。たとえ賃金が上がったとしても、疎外という重苦しい〝鎖〟を断ち切ることにはつながらない。

疎外は財産の私有から生じる。私有財産によって社会が資本をもつ者ともたざる者に分断されるのなら、労働者が革命を起こして私有財産がなくなれば、人々は人間らしさを十二分に尊重できるようになる。このように考えて、『共産党宣言』は最後に闘いを呼びかけている。「プロレタリアートが失うのは鎖だけである。勝ち取るべき世界がある。万国の労働者よ、団結せよ！」

Chapter 11

# 完全なる均衡

シャンパン1本に、なぜこんなにも〝価値〟があるのだろうか。アダム・スミスとカール・マルクスは、価値とはモノを生産するときの費用《コスト》、とくにそれを生産する労働から生じる、と考えた。だが、300ポンドのシャンパンは、生産にそれほど多くの費用を要したわけではない。そのシャンパンをどうしても欲しがる人がいるために、それだけの価値がうまれるのだ。シャンパンは、彼らに大きな幸福感や満足感を与えるのだろう。本書ではここまで、裕福な資本家や、工場で酷使される労働者について多くを語ってきた。では、製品〔前出のとおり経済用語では財という〕を買う人々はどうだろう。人々はシャンパンを含め、鍋や釜、帽子やコートから満足感を得る。経済について考えるうえで、それはたしかに大切なことではないだろうか。

イギリスの経済学者**ウィリアム・ジェヴォンズ**（1835〜1882）もそう考えた。彼はラテンや古代ギリシャの経済思想家の道を踏襲《とうしゅう》するのではなく、経済における〝程度の問題〟を研究した最初の経済学者で、「**限界効用**（marginal utility）」という考えを発展させた。タフィ〔砂糖とバターを煮詰めたお菓子〕をひと粒食べることを思い浮かべてみよう。あなたはそのお菓子が大好きなので、満足感、すなわち、経済学者が「**効用**（utility）」と呼ぶものを多く得られる。だが、もうひと粒食べると、最初のときほど嬉しくはない。10粒めもおいしいが、ひと粒めのときほどではない。15粒めになると飽きてくるし、20粒めになるとまったく嬉しくなくなる。限界効用とは、追加で食べたタフィから得られる喜びだ。「**限界**（margin）」とは、刃《エッジ》のような「ぎりぎりの変化分」のことで、すなわち、タフィの効用のぎりぎりの変化分は、あなたが最後に食べたタフィの効用である。ひとつ多く食べれば、そのぶん限界効用は小さくなる。これは「**限界効用逓減《ていげん》の法則**（principle of diminishing marginal utility）」として知られている。

限界効用は、経済学におけるもっとも大事な概念のひとつだ。ジェヴォンズはこれを〝わたしたちがどのようにお金を使うか〟を説明するのに利用した。あなたに所持金が10ポンドあり、カフェでホットドッグとコーラを買おうとしているとする。所持金はいっぺんに全部使う。ホットドッグとコーラをそれぞれ、いくつ買えばいいだろうか。空腹なので、トレーにホットドッグ10個を積み重ねる。だがすぐに、いくら空腹でも、ホットドッグだけ10個も買うのは馬鹿げていると気づく。10個も食べれば、10個めの限界効用はとても小さくなる（これは〝10個も食べたら気持ち悪くなる〟というのを経済学的にしゃれた言い方にしたものだ）。一方、トレーにコーラが1本もないときにコーラを1本買えば、その限界効用は大きい。10個めのホットドッグよりも、コーラ1本のほうが効用が大きいから、そちらを買うべきだろう。そこでホットドッグ1個をトレーから降ろして、コーラを1本トレーに載せる。だが、レジに行く前にもういちど考えてみよう。9個めのホットドッグより、もう1本コーラを買うほうが、さらに効用を大きくできそうだ。ホットドッグを1個降ろして、2本めのコーラを載せる。

このようにホットドッグを減らしてコーラを増やしていくと、コーラの限界効用は小さくなり、ホットドッグの限界効用は大きくなる。どこまでこれを続ければいいのだろうか。ホットドッグ1個とコーラ1本の限界効用が同じになったときだ。空腹で、ホットドッグが大好きなら、ホットドッグ7個にコーラ3本かもしれない（わたしはのどが渇くほうなので、コーラ7本とホットドッグ3個だろう）。大事なのは、双方の限界効用が完全に〝ちょうどのバランス〟になることだ。ちょうどよい組み合わせがわかったら、レジへ行こう。

いま、あなたはこう考えているかもしれない。買い物をするときは、そんなことは気にしないし、いまのいままで限界効用なんて知らなかった。カフェでこんな考え方でホットドッグとコーラを買っているのを見かけたら、おかしな人だと思う、と。経済学者も、人々がこのような行動をするとは思っていない。これは、世界を単純化した経済モデルだ。たとえば、1回の買い物で10ポンド全部をホットドッグとコーラに使うことにしたが、現実にはほかにも買うものは何百とある。モデルは説明しようとする点に〝的《まと》を絞《しぼ》って〟いるのだ。ここに**稀少性**の問題が出てくる。実生活では使えるお金は限られているし、買わなければいけないものも多い。すべては手に入らない。ロボットのように計算をし続けるわけにはいかないが、限られたお金で満足感を得られるように配分しなければならないのは確かだ。それを限界効用によって、わたしたちの行動を充分に説明できるモデルに落とし込むのである。

19世紀後半、こうした**限界原理**を用いた理論が経済学の〝新しい基本〟となった。限界原理はこんにちでも経済学者がつねに用いる手法のひとつである。ジェヴォンズはこの着想を充分に発展させる前に亡くなってしまったが、イギリスの経済学者**アルフレッド・マーシャル**（1842〜1924）がこれをさらに進めた。マーシャルは、本を詰め込んだリュックを背負って、アルプスの山を何日も歩いているうちに、独自の理論を思いついた。氷河のわきで本を片手に休憩をしながら、現在、経済学を学ぶ学生が最初の授業で教わる多くの理論を発展させた。

そのひとつは**需要の法則**だ。ホットドッグの例は〝価格〟が考慮されていないが、需要の法則は、価格がいかに意思決定に影響するかを示している。価格が高ければ商品の需要は小さくなり、価格が低ければ需要は大きくなる。この法則は、限界効用逓減の法則によって導き出される。これはあらゆる場面で当てはまる。たとえば、ある店が閉店セールを行い、買い物客にスプーンを全部買ってもらおうとする。もし、あなたがスプーンを1本も持っていなければ、1本を買って得られる効用は大きい。スプーン1本に4ポンド払ってもいいかもしれない。2本めのスプーンの効用は1本めほど大きくないので、3ポンドしか払わない。10本めはどうだろうか。おそらく1ポンドしか払いたくないだろう。価格が安ければたくさん買うし、高ければ1本か2本しか買わない。限界効用を支払う価格と比較しているのだ。

限界原理は、わたしたちがどのようにお金を使うかだけでなく、企業の行動をも説明する。企業はもう1本スプーンを売ることによって得られる追加の収入（**限界収入**）が、それをつくる費用（**限界費用**）よりも大きければスプーンをつくる。さらに多くのスプーンをつくれば、追加の1本をつくる費用は大きくなる。なぜなら、企業が労働者を増やすために、新たに増えた労働者による生産量の増加が、直前の労働者よりも小さくなるからだ（労働者がたった1名の企業を考えてみるといい。労働者をもう1名雇えば、生産量は飛躍的に伸びる。だが、1000名の労働者がいれば、1名だけ多く雇っても、生産量はそれほど変わらない）。スプーンをつくる費用を埋め合わせられるほどの価格でスプーンが売れるなら、企業は多くのスプーンをつくる。価格が高ければ企業からの供給は増え、価格が安ければ供給は減る。

マーシャルは、消費者と企業を**需給理論**によって結びつけた。これは経済学でもっともよく知られた理論だ。「**需要曲線**《デマンド・カーヴ》」は、価格と消費者が〝必要〟とする量との関係を示している。X軸（横軸）にスプーンの数を、Y軸（縦軸）がスプーンの価格をとったグラフを作成すると、需要曲線は右下がりになる。すなわち、価格が下がれば、消費者はより多くを欲しがるのだ。「**供給曲線**《サプライ・カーヴ》」は、価格と企業が〝生産〟する量との関係を示している。供給曲線は右上がりになる。つまり、価格が上がれば、生産費用の増加を埋め合わせることができるので、企業はスプーンをもっと多く生産しようとする。スプーンの価格を決定するのは需要だろうか、それとも供給だろうか。この質問は、鋏《はさみ》のどちらの刃《は》が紙を切っているかを聞くようなものだ。価格は需要と供給の両方で決まる。市場は、スプーンに対する需要と供給が同じになったときに「**均衡**（equilibrium）」し、需要と供給の曲線が交差する。需給が均衡すると、市場が安定しやすい。これは、価格がある水準になったときに、つまり、消費者が買おうとするのと同じ数のスプーンを企業がつくるときに起こる。

均衡点はときに変わる。美しい彫り模様があるスプーンが流行したとする。このスプーンに対する需要は増え、**均衡価格**（equilibrium price）も同様に上がる。企業がさらに多くを供給するには、増えた生産費用を埋め合わせるために価格を高く設定する必要があるからだ。やがて、価格が高いおかげで、企業は新しい工場をつくろうとするかもしれない。すると供給は増加し、価格は下がる。需要と供給の関係は、小麦、ダイヤモンド、家などあらゆる市場に当てはまる。経済学のもっとも基本的なツールだ。

経済学者がつねに用いるもうひとつの概念が〝**競争**（competition）〟だ。アダム・スミスはこの概念に魅了された。マーシャルは共同研究者らとともに、これをモデルに仕上げた。何十人もの漁師が、港でサバを売るとしよう。サバ1尾の値段（たとえば2ポンド）は需要と供給によって決まる。競争の重要な特徴は、市場において売り手も買い手も力をもたないことだ。ある漁師が同じサバを3ポンドで売ろうとするなら、買い手はほかの売り手から買えばいい。逆に、買い手が1ポンドしか払うつもりがなければ、売り手はほかの買い手を探す。売り手も買い手も価格を変えられない。経済学ではこれを「**完全競争**（perfect competition）」と呼ぶ。競争によって価格が下がるので、だれも大きな利益を得ない。消費者は、安い価格で望みのものが買える。

ジェヴォンズやマーシャル以前、経済学では、人間はさまざまだと考えられていた。アダム・スミスの競争理論では、商人は最良の取引をするために値切ったり、相手をだましたりするし、マルサスの考えでは、貧しい人はウサギのように子供をたくさん産んだ。こんにち、経済学者が舞台の中央に立たせようとするのは「**合理的な経済人**」すなわち、限界費用や限界便益を検討して意思決定をする、たとえばスプーンの価格と効用を比較するような人だ。こういった計算を完璧に行う冷静な頭脳をもった人が多くなるにつれて、こうした経済が見られるようになる。

これは初期の経済学者が見たものとは大きく異なり、平穏で調和がとれた状態だ。マルクスにとって資本主義とは、資本家が労働者を〝搾取〟することにほかならなかった。労働者がつくりだした経済的価値のほとんどが、資本家が得る利益となった。「合理的な経済人」の世界では、モノを売り買いする人が、単に数多くいるだけだ。搾取などというものは起こらない。どのくらい働くかも、限界原理によって決まる。まずは、余暇（フットボールや、映画鑑賞など）を増やす限界効用と、もらえる賃金とが比較される。1時間サッカーをすることで多くの効用が得られるならば、もらえる賃金が相当高くない限り、労働者は仕事をせずにサッカーをするだろう。冷酷な資本家に、時間の使い方をあれこれと命令されることはない。

マーシャルの経済学は、スミスやリカードの「古典派」経済学の改訂版で、「**新古典派**《ネオクラシカル》（neoclassical）」**経済学**〔あとの章でニュー・クラシカル（new classical economics）という一派も出てくるので要注意〕として知られるようになった。古典派経済学では、市場がどのように経済を動かし繁栄させるかが焦点となるが、新古典派経済学では、合理的な個人がどのように市場を動かすかに焦点が当てられている。新古典派経済学では、労働や金といった、価値の究極的な基準を求めてはいない。価値とは単に需要と供給によって決まる価格にすぎない。稀少なワインが高価なのは、供給が限られている一方で、需要が多いからだ。

19世紀の重圧が和らぐにつれて、新たな理論がうまれた。産業革命により、レースの帽子や陶器のティーカップが一般の人々の手に届くものとなり、マルクスが不安視していた、経済の表面下にある緊張も忘れ去られた。限界原理によって完全な均衡を保とうとする「合理的な経済人」は、人がどのように行動するかを見るうえで経済学者の中心理論となった。これは現実的ではない、と嘆く人もいる。経済学者は、現実の人間に会ったことがあるのか、という批判もある。理論はすべて単純化する必要があるが、問題は〝どこまでそうするのか〟だ。後章で見ていくように、経済学者のなかには、「合理的な経済人」は行きすぎだと考える者もいるのである。

Chapter 12

# 太陽を締め出す

1840年代に、ある経済学者がフランス議会にろうそく製造業者からだと言って、ジョークを書いた手紙を出した。手紙には、破格値で光源を市場に大量供給しているライバルとの競争によって破産しそうだ、という不満が記されていた。彼らを廃業に追い込もうとしている恐ろしい競争相手とは、だれなのだろうか。太陽だ。ろうそく製造業者は、窓とカーテンを全部閉め、太陽光が入ってくる穴をすべてふさぐことを義務づける法案を議会で可決することを要求した。その法律はろうそく工場を救い、フランスを豊かにしてくれるはずだ、という主張だった。

手紙の主は、外国製品との競争についてつねに不満を言う経営者たちをからかったのだ。彼らは国全体の利益について論じているように見せかけているが、実際には、自社を有利にしようとしているだけだった。こんにちでも、外国製品について多くの不満が聞かれる。たとえば、アメリカやイギリスの鉄鋼メーカーは、自国で中国製の安い鉄鋼が販売されることが不満である。

アダム・スミス以降、経済学者は**自由貿易**の重要性に気づいた。自由貿易とは、どこで生産された財であっても、等しく扱われることを意味する。安いインド製の布地をイギリスで販売禁止にしたり、どんな制限もかけたりしないことである。イギリスの消費者はどんな布地でも好きなものを自由に買える。もしインドの布地のほうが安ければ、イギリスの布地ではなく、そちらを買うだろう。自由貿易に賛成する経済学上の論拠を完成させたのは、イギリスの経済学者デヴィッド・リカードだった。リカードは、各国が相対的に安くつくることができる商品の生産に特化し、他国と貿易をすべきだ、と主張した。そうすればどの国も利益を得られるからだ。

しかし19世紀になって、太陽の光を遮断しようとは思わないまでも、ろうそく製造業者に同情する立場の経済学者が現れた。彼らは、自由貿易が国を豊かにする、というのはつねに正しいわけではなく、ときには逆のこともあると考えた。そうした経済学者のひとりが、ドイツ人の**フリードリヒ・リスト**（1789〜1846）である。リストは初めは自由貿易論者だった。彼は1820年代にアメリカを訪れた。当時、アメリカでは、多くの人が自由貿易を支持するイギリス古典派経済学者の意見に異論を唱えていた。アメリカの新しい社会には、イギリスの社会とは違う新しい経済学が必要だ、と言うのである。アメリカ独立宣言の起草者である**トーマス・ジェファーソン**は、アメリカでリカードの著作を出版させないようにしようとさえした。アメリカ建国のもうひとりの父である**アレクサンダー・ハミルトン**が提唱した貿易論は、イギリス経済学者の見解とはまったく違うものだった。ハミルトンは、アメリカ独立後に刊行され、新しい国がどうしたらうまくいくかを説いた論文集『ザ・フェデラリスト（*the Federalist Papers*）』の執筆者のひとりだ。ハミルトンが述べたのは、アメリカ固有の経済システムを確立し、政府がアメリカの産業を築き上げる支援をすべきだということだった。他国は、アメリカ企業の製品を自国内では簡単に売れないようにして、自国の産業を守ろうとしていた。ハミルトンは、アメリカも自国の産業のために同じことをやればいいと主張した。リカードの自由貿易という考えは、アメリカの目的にはかなわなかったのだ。

リストは、著書『**政治経済学の国民的体系**（*Das nationale System der politischen Ökonomie*）』においてハミルトンの考えを発展させ、イギリスの経済学者と一線を画した。アダム・スミスやリカードは、現代の経済学者の多くと同じように、国家間の貿易は個人間の取引と大きな違いはなく、個人間の売買がたまたま国境で隔てられただけだ、と信じていた。わたしたちが地元の野菜生産者からたまねぎを買えば、わたしたちにも野菜生産者にも益がある。では、海外から買う問題はどこにあるのだろうか。リストは国家間の貿易と個人のあいだの取引を同じだと考えるのは間違っていると言う。なぜなら、国が違うということは違うパスポートをもつ人々がいる、ということだけではないからだ。国には独自の歴史や文化、統治の形態がある。国々の発展段階は異なり、先進工業国もあれば、いまだ農業が中心の国もある。リストの時代には、イギリスは産業革命を経て飛躍のときを迎え、経済的にはアメリカ、フランス、ドイツよりも進んでいた。それらの国がイギリスと同じように成功するチャンスを手にするには、自由貿易を取り入れる以外のことをやらなければならない、とリストは述べている。

リストは、経済発展とは農業よりも工業や工場をもとにして経済を構築することだ、と考えた。初めのうちは、新しい産業は子供のようなものだ。子供は大切に育てられる。お金を稼ぐために仕事を奪い合うこともない。子供の頃はそのような重圧から守られ、大人になったら独力で世界と対峙《たいじ》できるように、技術を習得する時期が与えられる。リストによれば、「**幼稚産業**」を成長させるには、大事に育成しなければならないということである。たとえばドイツが、鉄鋼や化学など新たな産業を発展させようとした場合のことを考えてみよう（実際、ドイツでは19世紀に鉄鋼・化学産業が発展した）。成功の障害となるのは、イギリスなどの経済的に進んだ国が生産する鉄鋼や化学製品だ。先進国の生産者は、経験によって、他国よりも安く製品を生産する方法を学んでいる。製造上の不備は解決され、労働者たちは効率的に働く。ゆえに、海外のそうした競争相手に負けず、自国でどうやって新しい産業を確立していくかが問題になる。だが、ドイツの消費者はつねに安価なイギリス製品を望むため、新しい産業には勝ち目がなさそうに思える。

　リストの提案は、新しい産業を海外との競争から守ることだった。ひとつの方法は外国製品に税金、つまり「**関税**」を課すことである。ドイツがイギリスの鉄鋼製品に関税をかければ、イギリス製品はドイツでは少し高く売られるようになる。関税率が高ければ、イギリスの鉄鋼製品はドイツのものより高価になる。そうなれば人々はドイツ製の鉄鋼製品を買うので、ドイツの成長しはじめの鉄鋼産業は生き残る。経済学者はこれを「**保護貿易政策**」と呼んでいる。子供が大工仕事を学ぶときは、木の箱や棚をつくる理論を知ることよりも、のこぎりや金槌を繰り返し使うことからはじめる。新しい産業は、事業が継続できるよう支援を受けながら、製品についてよく知り、海外の生産者と競うことができるようになるまで訓練を積む。そのような段階になれば、関税を撤廃し、自由貿易が可能になる。いったん新しい産業セクターをつくることができれば、ほかのセクターでも同じことを繰り返して、すべての分野で産業化を達成できる。外国製品に関税を課すことには犠牲がともなう。モノの購入により多くの代金を支払わなければならなくなるからだ。しかし、リストはその犠牲には価値があると考えた。幼稚産業が成熟すれば、経済は前進する。親がするように、子供が将来、役に立つ技術（たとえば大工仕事）を習得するのを助ければいい。

リストにとって自由貿易の原理は〝いつでもどこでも有効なもの〟ではなかった。たとえば19世紀、ドイツの各地域で行われていたように、自由貿易は同じ発展段階にある国や地域のあいだでは有益だったが、発展段階の異なる国同士では得策ではなかった。より進んだ国の産業が相手国の産業を潰《つぶ》してしまうだけだったからだ。リストはイギリスの経済学者の「**世界主義**《コスモポリタニズム》」を批判した。世界主義では、イギリス経済に適用される理論がすべてフランス、ドイツ、ロシアの経済にも適用されるとされている。自由貿易がイギリスにとって良いものなら、他国にとっても良いもののはずだ、というのがリストの主張だった。ところが実際には、自由貿易とはイギリスが他国の経済を支配する自由という意味だったのだ。

19世紀はしばしば〝自由貿易の世紀〟と呼ばれ、古典派経済学者の正しさが証明された時代だった。

１８４０年代、イギリスは、海外との競争から自国の農業を守るために外国産穀物の輸入を禁止してきた穀物法《コーン・ローズ》を廃止した。穀物法撤廃は自由貿易への一歩であった。一世紀にわたって国家間のつながりは拡大し、小麦や綿、茶など、あらゆるモノが日常的に国境を越えて売買されるグローバル経済が形成された。しかし、無理やり押しつけられた自由貿易は、「自由」とはほど遠いものだった。19世紀半ばにイギリスとフランスが中国〔当時は清国〕との戦争〔アヘン戦争とアロー戦争〕に突入したのも、イギリスの貿易業者が中国でアヘンを売るのを中国が防ごうとしたのが理由のひとつだった。中国は負け、イギリスは自国製品を売るために、中国人の市場を無理やり開放させた。これは、国家間の自発的な財の交換という、リカードが唱える自由貿易の世界とはかけ離れていた。また、19世紀は自由貿易に向けた前進があったものの、依然として多くの保護政策が見られた。リストは、保護政策はイギリスを含めヨーロッパの主要国の発展に欠かせないものだ、と主張した。

それでも、こんにちの経済学者の大半はアダム・スミスとリカードに賛同し、新興産業の保護というリストの主張に反対する。保護政策では、無能力と無駄が得をするからだ。企業間の競争は、質の悪い製品をつくる事業が倒産するために有益である。倒産した企業の従業員や建物は、もっと良い製品をつくるために、ほかの人が使う。保護政策下では、効率の悪い企業の存続が支援されるために、そうしたことは起こらない、と経済学者は危惧する。20世紀に、アフリカやアジアの多くの国は海外の競争相手から自国の産業を守った。その結果、効率が悪く儲からない企業があちこちに残ることになってしまった。

リストは、どのような疑問を抱き、それにどう答えるかという経済学の基本的な方法についても、古典派とは異なる見解をもっていた。経済学者は、貿易が国を豊かにするとか、人口の増加は食糧不足を招くとか、さまざまな主張をする。また、他者の主張にしばしば異議を唱える。彼らは経済がどう機能するかについて、どのようにして独自の**理論**を見いだすのだろうか。このことは重要だ。なぜなら、経済学者が自分の主張の正しさを他者に納得させる方法に、それはかかわってくるからだ。リストは、経済学は事実と歴史からはじめなければならない、と言った。国にはどんな産業が存在したのか。生産のために、どれだけの労働者を働かせ、どのような技術を使ったのか。そうした情報があればこそ、経済がどう機能するのか、それを発展させるためにどのような政策が必要となるのかを推断できる。もうひとつの方法は、デヴィッド・リカードのように、抽象的な論法を使うことだ。リカードは基本原理からはじめ、結論に向かって論理的に考えを進めた。その主張は、歴史や事実よりも、論理にもとづいたものだったようである。一方、リストは、論理だけで経済原理をつくりだすことはできないと考えた。論理のみからつくりだされた経済原理が、先進国イギリスや後進国ロシアといった別々の国で、本当に機能するかが、どのようにしたらわかるのだろうか。

1880年代、ドイツ語圏の経済学者のあいだでは、そうした議論が経済学とはなにかを求める闘いに転じ、「**方法論争**」と呼ばれるようになった。リストのように経済学は〝なによりも歴史と具体的な事実にもとづくべきだ〟と考えるグループと、経済学は〝抽象的な理論の追求であるべきだ〟と考えるグループが対立した。結局、はっきりしたのは、どちらにも一理あるということだった。理論は歴史的経験を背景に検証されなければならない。その一方で、事実を整理するための理論がなければ、大量の事実は無意味になる。これ以降、経済学は〝事実〟と〝理論〟の両方を受け入れるようになった。とはいえ、経済学が発展するにつれ、歴史的文献や統計をくまなく調べた者よりも、新たな理論を提唱した者に大きな名誉が与えられるようにもなる。経済学者は数学を好み、経済上の具体的事実よりも、一般的な概念にもとづいた、あらゆる種類の精巧な理論を考えだした。しかし、すべての人がこうした傾向に賛同しているわけではなかった。現在でも、研究テーマが現実から離れすぎていて、経済上の事実、すなわち現実の人々の生活に影響を及ぼす事実の研究ではなく、数学ゲームと化している、といった批判があるほどだ。

Chapter 13

# 戦争の利益

1914年に第一次世界大戦が勃発したとき、ロシアの革命家**ウラジーミル・イリイチ・レーニン**（1870〜1924）は、ポーランドのタトラ山脈にある、人里離れた山小屋に隠れていた。本国ロシアからは追放され〔正確にはシベリア送りになったのちスイスに亡命〕、偽名と偽造パスポートを使って警官や政府の工作員から巧みに逃げまわり、ヨーロッパを転々とした挙句のことだった。ロシアでは機関紙『スパーク』を通して革命を煽《あお》り立てた。その機関誌は同志たちが劇場の通路から裕福な人々の頭上へとばらまいた。獄中にあっては、パンでつくったインク壺を用いて秘密の通信文を書いたこともある。パンのインク壺なら、たとえ見張りをつけられても、いざというときすぐに食べてしまえる。1日で6個を飲み込んだこともあった。

レーニンにとって戦争は、敵対する国家の支配階級同士が労働者を送りだして互いに殺しあいをさせることを意味した。しかし、労働者が団結して戦うべき真の共通の敵は、ヨーロッパの資本家であるべきだった。社会主義者は、戦争のようなものにけっして同意できなかったし、レーニンもヨーロッパの革命家たちも、戦争反対で一致していた。

ドイツがロシアに対して宣戦布告した数日後の8月5日、レーニンは大きなショックを受けた。山小屋に一緒にいる地元の運動家がもってきたポーランドの新聞に、ドイツ議会内の社会主義者が戦争に賛成したと報じられていたのだ。最初はポーランド人の同志が誤訳したと考えたものの、そうではなかった。社会主義者の政治的信念が、母国に対する忠誠心に負けたのである。イギリスとフランスの社会主義者も同様だった。レーニンは激怒した。

レーニンが戦争に反対する理由は、大量殺人の恐ろしさだけではなかった。資本主義の論理のなかにも問題があったのだ。レーニンは、現実的な革命家であると同時に、思想家でもあった。資本主義は矛盾を孕《はら》んでいるため、いつか崩壊すると述べたマルクスの継承者だった。マルクスの思想を進め、資本主義体制自体が国家間の対立を呼び、最終的に戦争を起こすと述べた。

レーニンは、以下の3点を大きな動向として指摘した。まずマルクスは主として、ひとつの国家のなかでなにが起こっているかに目を向けたが、20世紀初頭には〝国家同士のつながり〟がより強くなっていたことだ。貿易高も拡大し、投資家は海外事業に多くの投資をしていた。次に、大企業と大手銀行の登場だ。企業規模も小さく、通常、事業主の資金で経営される初期の資本主義は変貌を遂げた。いまは大銀行が大企業に融資をしている。レーニンはそれを大企業が市場全体を支配する「**独占資本主義**」と呼んだ。

さらに、**帝国主義**である。ヨーロッパ諸国は外国の領土を支配し、世界じゅうに帝国を拡大しつつあった。これは軍事的侵略によって行われた。侵略後の領土に自国の政府を樹立し、植民地化したのだ。帝国主義は何百年も前にはじまり、15世紀にはスペインとポルトガルが南アメリカを征服した。ヨーロッパの強国が外国の領土を支配しようとして戦ったのは、そうした土地に、金《きん》や多くの貴重な財とともに、奴隷として使うことができる人々がいたからだ。19世紀後半、帝国主義国家間の対立がふたたび激化し、ヨーロッパの強国は、世界でまだ侵略されていない地域をめぐって争った。残された地域の多くは、アフリカの未開の地だった。1914年に第一次世界大戦がはじまるまでに、ヨーロッパの帝国は広大な地球上の土地の3分の1を支配していた。

レーニンは〝他国経済とのつながり〟〝独占資本主義〟〝帝国主義〟の動向は関連していると考えた。当時、帝国主義とは英雄的な努力であり、冒険的精神とすぐれた指導者の勇敢さの現れとされた。さらに、帝国主義の国は貧困国に文明を持ち込み、アフリカやアジアの国の人々を近代世界に引き込んだ。レーニンの考えも、この見方からさほど遠くなかったはずだ。レーニンにとって、帝国主義は金儲けそのものだった。レーニンに影響を与えたのは、イギリスの経済学者**ジョン・ホブソン**（1858〜1940）である。

ホブソンは謙虚な読書家で、秘密会議や刑務所内での陰謀といったレーニンの世界とはかけ離れた人物だった。マルクス主義者ではなかったが、伝統的な考え方に反抗する異端者だった（実際、多くの著書のひとつに『**異端の経済学者の告白**（*Confessions of an Economic Heretic*）』がある）。ホブソンの著書の1冊を読んだ経済学教授は、ホブソンがロンドン大学で講義するのを禁止した。ホブソンの考えは、多くの人にとってまったく馬鹿げたことに思えた。しかし、それがレーニンの議論の基礎となった。

ホブソンの理論は、その当時の経済学者によって絶対的な真実として受けとめられていた〝**貯蓄は善である**〟という考え方に異を唱えるものだった。ホブソンは、国家はときとして過剰貯蓄の状態になると考えた。労働者と資本家は、財の生産から所得を得る。その所得を、きょう使ってもいいし、節約し貯蓄してもいい。ささやかな所得を得ている人々は、食糧や衣類といった必需品に所得の大半を使う。しかし、金持ちは、すべてを使いきれないほど稼ぐ。ささやかな所得を得ている労働者の50倍を稼ぐ人は、必需品を50倍買うわけではない。骨董品の花瓶をいくつか買うかもしれないが、余った分は結局、貯蓄することになる。ホブソンとレーニンは、独占資本主義のもとでは経済がうみだす収益の多くは、少数の金持ちと強大な力をもつ金融業者のものになる、と述べた。それは、国全体での所得が消費よりも貯蓄に多くまわされるということだ。貯蓄は新しい機械や工場に使われ、それによってさらに多くを生産することが可能になる。経済学ではこうした支出を「**投資**（investment）」と呼ぶ。実業家が新しいソーセージ製造機を買うのは投資であり、将来さらに多くのソーセージを生産することができる（これに対して、ソーセージを食べるのは、投資ではなく消費にあたる）。

問題となるのは、さらに投資を増やしても、生産される商品を買おうとする人や、買える人が少ないときである。金持ちは巨額の収入で、すでに欲しいだけ購入しているので買わない。だからこそ、余ったお金を貯蓄している。一方、労働者は買うお金がない。そのため、貯蓄を使って建設された工場がその所有者のためにうみだす利益はどんどん小さくなる。つまり、貯蓄が増大するにつれて、有利な投資対象が少なくなる。だが、貯蓄が充分にない他国には、有利な投資案件がある。貯蓄が海外に流れていくようにするため、帝国列強は外国を侵略し、植民地を建設する。すると、ヨーロッパの資本家は、植民地に工場を建て、本国で売れない商品を植民地の人々に売る。侵略国の軍隊は、地元民から奪われないよう植民地の工場を守る。ホブソンは、それを19世紀の終わりに、新聞記者としてイギリスと南アフリカの戦争を取材しているときに見ている。1880年代半ばに南アフリカで金《きん》が発見され、1899年にイギリスと南アフリカが戦争に突入した〔第二次ボーア戦争のこと〕。ホブソンは、この戦争は資本家が南アフリカの金鉱を支配するためのものだと確信した。そのために何千人もの男女と子供が死んだ。多くは恐ろしい強制収容所で。このように、帝国主義は強欲によって引き起こされ、軍隊が地元住民を制圧するのに使われて、資本家がいっそう豊かになるのを助ける。新しい市場を得ようとする資本主義国は、競争相手となる国の妨害をする。その結果、19世紀が終わりに近づくと領土争いが起こり、数年後に第一次世界大戦が勃発した。

ホブソンは、貯蓄超過を帝国主義の「経済的な主根《しゅこん》（economic taproot）」と呼んだ。すなわち、帝国主義の根底にある経済的な要因のことである。それは、マルクスの予言にもかかわらず、なぜ資本主義が崩壊しなかったかという疑問の解明に役立った。つまり、帝国主義の拡大によって新しい活力が与えられたのだ。19世紀、多くの人が、帝国主義を貿易促進の方策として歓迎した。ホブソンは、帝国主義が貯蓄の重要な〝はけ口〟になると考えていたのだろうか。そうは考えていなかった。過剰貯蓄は、所得がきわめて少数の者の手に集中するために起こる。解決策は所得の再分配であり、軍隊を外国に送ることではない。所得がより公平に分配されるようになれば、国内消費が増えるだろう。そうすれば帝国主義の動機がすべてなくなる。結局のところ、帝国主義は独占的金融企業や銀行などの少数を利するだけだ。概して国家全体には貢献しないうえに、新領土獲得の戦争や領土防衛のため、国家は軍隊に資金を投じなくてはならない。そればかりか、植民地化され、外国の軍隊と政府の支配下に置かれた人々に損害を与える。

一方、レーニンにとっては、富の不公平な分配よりもさらに深刻な問題があった。何百万人もの労働者階級の人々が戦場で互いに殺し合いをした1916年、レーニンは小冊子『**帝国主義論——資本主義の最高の段階としての帝国主義**』を発行した。マルクスは、労働者の搾取につながる資本主義と私有財産を非難したが、レーニンにはさらなる不満があった。それは、資本主義と私有財産が戦争を不可避なものにすることだった。レーニンは「帝国主義戦争を内戦に転じる」という急進的な解決策を提案した。各国の労働者階級は戦争で戦うのをやめ、かわりに蜂起して自国の資本家を倒すべきである。そうしてこそ、国家間の戦争が終わる、と。

しかし、ヨーロッパの労働者階級は、革命を起こすどころか、戦争に熱狂的に協力した。理由は帝国主義の理論によって説明できる、とレーニンは述べた。独占と帝国主義によって企業が多額の利益を得れば、労働者に高賃金を支払えるからだ。労働者は、資本主義と戦争を受け入れる「**労働貴族**」になる。賃金で手に入れられる慰みや楽しみに満足し、革命を起こすよりも仕事を失わずにいたいと望む。

レーニンとホブソンは、帝国主義は資本主義が終わる兆候だと考えた。振り返ってみると、これは的外れだった。20世紀を迎える頃、ヨーロッパの主要国の経済は拡大し、資本主義はより健全になった。イギリスの資金が外国へ流れるのは、商品が売れない落ち目の国から資本家が逃げているせいではなく、経済が順調だったからだった。新しい技術によって、起業家が世界じゅうに投資できる富がうみだされた。たとえば、イギリスにおける鉄道の成長は、鉄道起業家が海外に投資する利益を創出した。さらに、戦争や植民地主義は、たしかに経済と密接な関係があるが、貿易や原材料をめぐって、権力や地位といったほかの欲望とも結びつく。

20世紀には、「帝国主義」という言葉は、腐敗した資本家の行動を社会主義者が糾弾するときの侮蔑の言葉に変わった。経済学者は資本主義を擁護することが多かったので、帝国主義は受け入れがたい禁句になった。その後、通説にとらわれない経済学者のグループが、帝国主義の考え方を新しい資本主義論としてよみがえらせた（26章）。

戦争開始から数年後、レーニンは変装してロシアに戻り、カール・マルクスの考えに刺激されて革命を指導し、世界最初の共産主義国家を建設した。新国家ソビエト連邦は世界一の大国で、帝国主義の大敵だと言われた。20世紀後半になると、アフリカとアジア各地の植民地で、人々が帝国主義者による統治に抵抗を示した。彼らは反乱や暴動を企《くわだ》て、政治的支配を取り戻した。そうした国々は、経済を確立する初期の段階にあったので「**開発途上国**（developing countries）」と呼ばれるようになった（22章）。支配権を取り戻した国々は、外国の資本家にとってではなく、自国民の利益となる経済を構築しようとした。

Chapter 14

# 騒々しいトランペット吹き

第二次世界大戦がはじまってまもなくのある夜、ケンブリッジ大学キングス・カレッジの教授たちはドイツの爆撃から身を守るため、防空壕《ごう》に集まった。夜明けに空襲警報が解除され、無事に防空壕から出たが、みな目がしょぼしょぼで疲れきっていた。ところが驚いたことに、目の前の芝生で同僚のひとりがデッキチェアに悠然と座り、新聞を読んでいたのだ。この教授がイギリスの経済学者**アーサー・セシル・ピグー**（1877〜1959）である。とても風変わりな学者で、よれよれの古い背広を着て、思考をとぎすますことになによりも情熱を注いだ。ピグーの師はヴィクトリア時代の偉大な経済学者**アルフレッド・マーシャル**である。マーシャルはこんにちの経済学者がいまでも活用している、市場に関する基礎的な理論をつくりあげた。そのマーシャルが天才と呼んだのが、弟子のピグーだ。

ピグーは師の理論をさらに発展させた。とくに、市場が必ずしも完全ではないことを示した。経済学者の大半は、たとえ資本主義を最大限に信奉している者であったとしても、**市場は失敗する**ことがある、すなわち、経済資源を最大限に活用できないことがある、と考えている。「失敗」とは必ずしも大惨事や経済危機のことではない。たとえ経済全体は崩壊しないとしても、魚やガソリンといった、特定の市場が失敗することもある。ピグーは、市場の失敗とは具体的になにを意味するかを明確に示して、その過程で「**厚生経済学**（welfare economics）」という経済学の一分野の先駆者となった。厚生経済学では、個人が行う売買や労働に関する決定、企業が行う生産や雇用に関する決定など、あらゆる意思決定が社会に与える利益について研究する。それは「**規範的経済学**」〔前出1章〕という、市場がうまくいっているかどうかを判断する経済学の一派だ。

ピグーは論じた。市場は人々に、本人の利益にはなるが、他者には有害な副作用をもたらす選択をさせることがよくある。たとえば、あなたの隣人がトランペットの練習をはじめたとしよう。うるさくてたまらない。とくに何時間もぶっ通しでやられたらイライラする。隣人の趣味には、あなたをイライラさせるという意図せぬ副作用がある。隣人の楽しさと、あなたのイライラのバランスをどうとるべきだろうか。それを判断するには、ひとりの人間にとってではなく、社会全体にとってなにが最善かを考慮すべきだろう。この例では「社会全体」とは、あなたと隣人だ。あなたも最初のうちはトランペットの音をそれほど気にしないだろう。演奏の利益、つまり隣人の楽しさは、あなたが少しイライラするという費用よりも大きい。よって、社会全体にとっては、隣人が演奏することが最善である。しかし、3時間後には、トランペットの音であなたは頭がおかしくなりそうになる。もし3時間めのトランペット練習であなたが感じるイライラが、隣人の楽しみよりも大きいとすれば、社会全体として見た場合、2時間たったらトランペットをしまってもらったほうがいい、ということになる。問題は、隣人がしばしば、あなたのことを気にせずに演奏し続けることだ。この場合、隣人は練習時間を決めるにあたって、自分に直接影響のある利益と費用（「私的」利益と費用）しか考慮していない。てんびんにかけるのは、演奏の楽しさと、トランペットを吹き続けるくちびるの痛みだけで、あなたの頭痛という、より広範な費用（「社会的」費用）は気にかけない。

同じような問題が市場でもつねに起こる。こちらは利益と費用を金額で考えることができるので、よりわかりやすいかもしれない。たとえば、ペンキ工場と、その近隣にある魚の養殖場の利益について考えてみよう。工場は、ペンキを製造する費用と売り値を考えて、利益を最大化できる量を生産する。生産工程では化学物質が発生する。化学物質は工場の利益そのものには影響を及ぼさない。廃棄物として近くの川に放出すればいいだけだ。しかし、川の下流にある魚の養殖場では、化学物質が流れてくると、魚の一部が死んでしまう。それによって、養殖場の利益は減る。隣人の大音量のトランペットが、あなたに頭痛を引き起こすのと同じような例だ。工場が大量のペンキを生産すると、大量の化学物質が川に排出され、多くの魚が死に、養殖場の損失が大きくなる。工場がペンキの生産量をさらに増やすと、ある時点で養殖場の損失が、工場がペンキの生産・販売を増やして得られる利益よりも大きくなる。社会全体、つまり工場と養殖場を合わせて考えると、この増加分のペンキは生産しないほうがいい。しかし、トランペットを練習している人と同じように、工場は生産費用、すなわちペンキの製造に必要な顔料の価格といった、自分たちに直接的に影響があるものしか気にせず、より広範な社会的費用である養殖場への化学物質の影響は無視する。社会全体の視点に立つとき、市場がペンキの「過剰な」生産を導いていることになる。

一方で、これとは反対に、意図せぬ副作用が利益になることもある。ある包装資材製造会社が新種のプラスチックを発明し、食品用容器を安価に生産できるようになると、製造会社自体が利益を得るだけでなく、その知識を使ってダッシュボードを製造した自動車メーカーも利益を得られるようになる。包装資材製造会社が行った新しいプラスチックの研究は、自社が得る利益よりも、より多くの利益を社会全体に与えるかもしれない。しかし、研究予算を決めるときには、他社への影響といった広範な社会的利益は考慮されない。よって、研究予算は社会全体にとって最善であるよりも少なくなる。これはペンキ工場の問題とは逆の例だ。市場が社会の利益を「過少」へと導いている。

経済学では、ペンキ工場の汚染や、包装資材製造会社の研究を「**外部性**（externality）」と呼ぶ。つくりだした人や会社ではなく、「外部」の人や会社が影響されるからだ。「社会的」効果（全員に対しての影響）と「私的」効果（外部性をうみだす個人のみへの影響）が異なる場合に、市場の失敗が起こる、とピグーは示した。私的費用と利益は金銭で支払われる。ペンキ工場は顔料の代金を支払い、消費者はペンキの代金を支払う。私的費用と利益以外に影響がない場合、市場はうまく機能する。その場合は、社会的なものと私的なものに違いがなく、社会的影響は消費者が支払う代金にすべて含まれる。外部性が発生するのは〝私的費用／利益〟と〝社会的費用／利益〟が一致しないときだ。外部性は、ペンキ工場が発生させる汚染と同様に、個人が支払う代金には含まれていない。このような場合、私的影響は社会的影響とは異なる。よって、工場は

「過剰に」ペンキを生産していると言える。工場は、汚染の費用を支払わないために、社会全体にとって最善の量よりも多くのペンキを生産してしまう。包装資材製造会社は、自社の開発研究が及ぼす影響のすべてに見合うだけの支払いを受けないので、最善の水準を下回る研究しかできない。

費用を負担しない人でさえ利益を享受できる極端な例として、経済学者が「**公共財**（public goods）」と呼ぶものがある。たとえば、街灯だ。わたしが夜に街灯の明かりによって進む方向を見定めることができたとしても、それはあなたが進む方向を見る妨《さまた》げにはならない。あなたが利益を受けられないようにすることはできないのだ。これはほかの財とは異なる。サンドイッチの場合は、わたしが食べると、あなたは食べられないし、あなたに食べられないようにするには、わたしがあなたにサンドイッチをあげなければよい。では、あなたは街灯の費用を払う気になるだろうか。設置されるときはそんなことは気にせず、ほかの人に費用を払わせて、街灯で明るくなった道を使おうとするかもしれない。だが、みんながそんなことをすれば、結局のところ、わたしたちは暗い道でつまずくことになる。これは経済学では「**ただ乗り**《フリー・ライディング》」と呼ばれ、多くの重要な財やサービスにあてはまる。たとえば、あなたは国の安全を守る軍隊の設置費用を負担する気にはならないかもしれない。だが、軍が国境の安全を確保すれば、だれもが利益を受けられるようになるのだ。一方、市場では、ただ乗りできる財については過少供給、もしくは、まったく供給しなくなる。

よって、外部性がうまれたり、公共財を求めたりすると、アダム・スミスの見えざる手がうまく働かなくなる。市場は社会に存在する資源を最大限には活用できず、悪いモノが過剰につくられ、良いモノが過少になる。このような場合、政府が市場を正しい方向に導く必要がある、とピグーは主張した。政府は「プラス」の外部性を促進し、「マイナス」の外部性を抑制しなければならない。たとえば、政府が企業に研究費用（「補助金」）を支払えば、包装資材製造会社が役に立つ技術をより多く開発するのを促進できる。ペンキの生産に税金を課せば、工場の生産が社会全体にとって最善の量まで減る。ピグーが著作を執筆していた頃にはすでに、政府は酒やガソリンといった、それを消費する人たち以外にも影響を及ぼすあらゆる財に課税をしていた（酔っ払いは素面《しらふ》の人たちの邪魔になるし、自動車はみんなが使う道路をすり減らす）。

公共財については、より強力な働きかけが必要だ。政府が税金を徴収し、それを使って提供しなければならない。だから、街灯や軍隊はほとんどの場合、政府によって提供される。まがりなりにも政府が必要なのは、政府なしでは公共財を提供できないからというのが、経済学のおもな論点のひとつである。

ピグーが著作を執筆していた頃には、ごく少数の企業や単独企業によって市場が支配（**寡占**《オリゴポリー》／**独占**《モノポリー》）されることで、**市場の失敗**が起こるということも、経済学ではわかっていた。20世紀初頭、巨大企業であるスタンダード・オイルがアメリカの石油市場のほとんどを支配し、USスチール（United States Steel Corporation）が鉄鋼市場のほとんどを支配した。独占企業は競合相手がいないため、商品の価格を決定する「**市場支配力**」を有する。そのため、利益を増やそうと価格を高く設定する傾向がある。価格が上がれば、消費者は購入量を減らすので、企業も生産量を減らす。消費者はより多くのものをより安く手に入れることを好むため、社会全体にとっては損害となる。しかし、独占企業は自社の利益だけをもとに生産量を決定する。多くの企業が存在する競争市場では、商品が大量に生産され、安価で販売される。そのため、競争市場のほうが独占市場よりも社会にとっては良いと考える経済学者は多い。

政府による「**独占禁止**《アンチ・トラスト》」**政策**は、独占状態を禁じたり、独占企業を分割したりすることで市場をより競争的なものにしようとする。20世紀初頭にアメリカ政府は、スタンダード・オイルを何十社にも分割した。こんにちでも政府は独占企業の経済的な影響を案じている。20世紀末、マイクロソフトが独占状態をつくりだそうとしているという判決が出た。競争を促進するため、裁判所は同社の製品の販売方法に制限をかけた。

ピグーの著作は、しばらくのあいだ、影が薄くなった。ピグーがちょうど論文を執筆していた１９２０年代から１９３０年代にかけては、資本主義と共産主義のどちらの経済システムが最善かという激しい論争が起こっていたのだ（16章）。それに対してピグーは、個別の市場がいかに機能するかということに論題を絞り込んだ。第二次世界大戦後、少なくとも経済学者のあいだでは大きな議論はおおむね落ち着いて、〝資本主義が最善のシステムだが、健全性を保つには政府の強い介入が必要だ〟と多くが考えるようになった。ピグーの著作は、ペンキ、漁業、石油など特定の市場の仕組みを改善するために使える政策をいくつか示した。こんにちでも、経済学者たちはピグーの理論にもとづいて、社会的資源をよりよく活用するために、政府がどのように税金や補助金を用いるべきか、考えをめぐらせている。

# Chapter 15
# コークか、ペプシか

のどが渇いて飲み物を買いにスーパーマーケットに入ると、多様な商品が並んでいる。炭酸飲料が好きな人にとっては、コーク〔以下ではコカ・コーラと記す〕やペプシ、ファンタ、セブンアップなど、いくつもの選択肢がある。ポテトチップスや練り歯磨きについても同じだ。さきに〔11章〕需要と供給の理論を完成させたイギリスの経済学者**アルフレッド・マーシャル**を紹介した。そこでは財を帽子、パン、石炭といった大きなカテゴリーにまとめたうえで、需要と供給について分析した。しかし、経済が発展するにつれて、そうした基本的な製品でも多くの種類がつくられるようになり、さまざまな型の帽子、多くの種類のパン、何十ものブランドの食器用洗剤がうまれる。20世紀の初めには企業も高度化し、消費者の欲求に応えるために、あらゆる種類の商品が開発されるようになった。経済学者は、新たな現実に追いつくための、市場と企業の理論を考えなければならなかった。

進展は1930年代に思いも寄らぬところから起こった。女性として経済学の世界では〝アウトサイダー〟であった経済学者**ジョーン・ロビンソン**（1903～

1983）である。ロビンソンが学んでいた1920年代、ケンブリッジ大学は、たとえ試験に通ったとしても、女性には学位を与えようとしなかった。そのためロビンソンは、この分野に入り込む機会をつかむには、人々の注目を集めるような理論を考え出す必要があると考えた。それを実践したのが初めての著書『**不完全競争の経済学**（*The Economics of Imperfect Competition*）』であり、それによって企業の行動に関する新たな解釈を提示した。著書についてロビンソンは、アルフレッド・マーシャルの未亡人から、ガーデンパーティの折りに祝福の言葉を与えられた。9年前に亡くなった夫が生きていれば、女性が経済学に対して画期的な貢献をすることはできないと言っていたのは間違いだったと言ってやれたのに、と。ロビンソンの著書は、女性にも画期的な貢献が可能であることを証明したのだ。

ロビンソンの『不完全競争の経済学』は、同様の問題を扱ったアメリカの経済学者**エドワード・チェンバリン**（1899～1967）の著書『**独占的競争の理論**（*The Theory of Monopolistic Competition*）』の刊行から数か月後に刊行された。この2冊の本は、イギリスのケンブリッジ大学のロビンソンと、アメリカのハーバード大学があるマサチューセッツ州ケンブリッジのチェンバリンという、ふたつのケンブリッジを代表する者同士の競争心を焚《た》きつけた。チェンバリンは、自分の理論がロビンソンの理論とは異なることを主張するのにキャリアの大半を費《つい》やした。ところが実際は、両者の理論はかなり近いものだった。どちらも、ある基本的な財にさまざまな種類が存在するような市場に注目していたのである。

ロビンソンとチェンバリンの時代の経済学者の頭には、すでに紹介した完全競争の理論しかなかった。この理論は、多くの買い手と多くの企業が存在することが前提だ。どの企業も同じ商品を売る。互いがライバルであり、各社の規模は市場全体に比べてかなり小さい。利益を最大化したくても、単に価格を上げるわけにはいかない。値上げをすれば、顧客をすべて他社に奪われる。産業革命当初、企業は概して小さく、家族で、あるいは、ひとりで経営される場合が多かったのだ。しかし、企業が高度化するにつれ、世界は完全競争モデルからはかけ離れていった。

完全競争理論にとってかわったのが、その正反対の**独占理論**だった。これは供給企業が1社だけの場合に、市場がどのように機能するかを考察する。しかし、極端な理論でもあった。たとえば、競合する企業がなく、1社だけがケチャップをつくるという完全な独占状態はめったに起こらないからだ。実際の市場は、白黒が明確に分かれていない。ロビンソンとチェンバリンは、そのあいだに存在する現実のグレーな部分を経済学に持ち込もうとした。では、より現実に近い設定で、企業はどのように行動するのだろうか。

ふたりは、独占と競争の両面を合わせた理論を示した。1930年代のドラッグストアには、こんにちと同じように数々のブランドの石鹸《せっけん》があった。どのブランドのものでも肌の汚れは落ちるが、少しずつ違いがあった。ペアーズ（Pears）の〝透明石鹸〟。ロシアの王宮の香りを思わせるカッソンズ（Cussons）の〝インペリアルレザー〟。プロクター・アンド・ギャンブル（P&G）の〝アイボリー〟は「水に浮く！」ことが**広告**で謳《うた》われ、ほかの石鹸にはない特徴（入浴中、浴槽に落としても探しまわる必要がなくて便利）を消費者に知らせた。プロクター・アンド・ギャンブルは水に浮くアイボリーを、カッソンズは甘い香りのするインペリアルレザーを独占している。もしカッソンズが値上げしても、完全競争市場の売り手とは違い、すべての顧客を失うわけではない。インペリアルレザーの買い手は、ほかの石鹸よりもインペリアルレザーが気に入っているため、少しくらいの値上げなら必ずしも購入をやめるわけではない。

しかし、カッソンズは全種類の石鹸を独占してはいない。仮に同社が大幅に値上げをしたとしよう。すると、顧客はインペリアルレザーをやめ、ペアーズの石鹸を購入しようと決めるかもしれない。ほかの石鹸企業は競合相手となり、カッソンズの完全な独占状態が生じるのを阻止する。また、さながら完全競争市場のように、新しい企業が現れて既存の企業と競争し、その結果、価格が抑えられるということも起こりうる。

チェンバリンは、広告が類似の競合品との差別化に役立つ可能性がある、と述べた。ときとして広告は、消費者に商品の特徴を伝えるものではないこともある。1920年代のアメリカ企業ホイットマンズの広告は、チョコレートのおいしさには触れずに、ひとりのゴルファーと数人のおしゃれな若い女性がぴかぴかの新車のそばでチョコレートを楽しむ様子を描いた。この広告は、華やかなライフスタイルに結びつけることで、同社のチョコレートを魅力あるものにしたのだ。こんにちの香水や車の広告でも、香水の香りや車の信頼性にはほとんど触れないものがある。そうした広告では、「**ブランド・イメージ**」を創出することによって、競合商品とは違うことを買い手に見せる。その違いによって、企業はほかのブランドと競争しながら、ちょっとした独占力のようなものを得る。

ロビンソンとチェンバリンの理論は、競争と独占の組み合わせであることから、「**独占的競争**（monopolistic

competition)」として知られている。独占的競争は「**不完全競争**(imperfect competition)」の一例で、「不完全」なのは、企業間に競争があっても、完全な競争状態にはならないからだ。経済学者は、競争市場では人々が欲しがる商品を低価格で提供するために社会的資源が有効に活用されるが、独占市場では企業が生産量を減らして高い値段をつけるので、資源が有効に活用されないと言う。こうした事例は白黒がはっきりしているように見える。しかし、ロビンソンとチェンバリンは中間のグレーの部分を論じているため、判断がなかなか難しい。消費者は、独占的競争産業下ではさまざまな商品が提供されることを高く評価する。たとえば、コカ・コーラ、ペプシをはじめ、ソフトドリンク産業が提供する多種多様な飲み物から〝選べること〟を好む。一方、こうした産業には、新しい商品を売りだして競合他社の顧客を引き抜こうとする企業がひしめいている。それでもなお、ほかの商品より少しおしゃれな瓶に詰められ、高額な広告キャンペーンを行うような香水がさらに必要だろうか。おそらく必要ないという人もいるだろう。その場合、独占的競争産業は社会的資源を最大限に活用していることにならない。

のちにロビンソンは、かつて学んだ従来の経済学に批判的になり、「経済学を学ぶ目的は……経済学者にだまされない方法を知ることだ」と言ったこともある。アメリカの経済学者はとくに経済理論に複雑な数学を用いる傾向が強い。ロビンソンはそうした風潮をきらった。「わたしは数学を学ばなかったので、思考をしなければならなかった」と述べている(ロビンソンはこの点では立場が弱い。こんにちの経済学では、高等数学の利用は定石である)。

ロビンソンは、周知の考えを覆《くつがえ》すような〝厄介《やっかい》な〟問いが好きだった。たとえば、独占的競争というテーマから離れて、ひとつの企業が市場全体に商品を販売する独占の理論を逆にしたらどうなるかを考えた。すなわち、商品の〝売り手〟ではなく〝買い手〟に理論を当てはめたらどうなるか、ということだ。財の購買を独占する者は「**買い手独占者**（monopsonist）」と呼ばれる。たとえば、地元の漁師が釣った魚をすべて買い上げるレストランは、魚の買い手独占者だ。小さな町のそばにカーペットの卸売店があるとしよう。この店は地域で唯一の雇用者なので、労働力の購入、つまり、労働者の雇用を独占している。労働力を独占して買い上げているため、賃金をみずからが有利になるようにコントロールできる。よって、賃金を引き下げる。標準的な経済学では、労働者は生産にもたらした価値に等しい金額を得るのが重要な原則である。しかし、買い手独占の状態では、工場の経営者はそれよりもさらに少ない額を賃金として支払うことが可能になる。これは、労働者が雇用者に搾取されると言ったマルクスの主張と同じだ（ただし、マルクスの言う搾取は、資本家が1日の労働時間を長くして労働者をこき使うことだった）。ロビンソンは、経済学の従来の手法を用いながらも、むかしながらの経済学者にとっては厄介な発見をしている。それをもとに、最低賃金の設定や労働者の組織化（組合《ユニオン》）など、雇用者に高賃金を要求できる策を論じた。これに対しては、市場の機能を混乱させる恐れがあるとして、慎重な立場の経済学者は多い。

ロビンソンは年齢を重ねるにつれて、型にはまらない姿勢をいっそう強くした。共産主義国を称賛したように、資本主義の長所や、市場および利益を唱えるアルフレッド・マーシャルの理論をもとに育った経済学者としては珍しい姿勢を見せている。1975年、国際婦人年に、『ビジネスウィーク』誌はロビンソンがノーベル経済学賞を受賞すると予測した。しかし、そうはならなかった。おそらく、彼女の急進的な考え方が選考委員に二の足を踏ませたのだろう（結局、女性の経済学賞受賞は2009年までなかった〔エリノア・オストロムが受賞した〕）。

ロビンソンとチェンバリン以降、経済学者の関心は、少数の大企業が商品を供給する「**寡占**《オリゴポリー》」の仕組みに集中した。20世紀初めにはすでに、巨大企業が市場の全クラスターを支配するようになった。たとえば、ドイツの重工業は5社が占有した。そのひとつのクルップ社は石炭や鉄鋼の事業に数千人を雇用し、第一次世界大戦中はドイツ軍に兵器を供給した。13の企業の合併によってうまれたイギリスのインペリアル・タバコ社も、そうした企業のひとつだった。クルップ社やインペリアル・タバコ社のような企業は完全競争や独占のモデルと異なるが、ロビンソンの理論にもやはり合わない。巨大企業は利益追求のために、独占的競争企業のような、競争力がある商品を売り出すだけでなく、企業連合を形成し、各社間で市場を分割することによって増益を図るよう協力し合うこともある。一方で、相手を市場から追い出すために、値引きによる「価格競争」も繰り広げる。こうした類いの戦術を、ロビンソンの理論は対象としていなかった。

同じような企業が多数存在する完全競争のような極端な例や、企業が1社しか存在しない独占についての理論を構築することのほうが容易である。その中間の事例のほうが厄介だ。市場が完全競争か独占になる状況はひとつしかない。しかし、中間の不完全競争になる状況はさまざまなので、あらゆる可能性を網羅する理論を見つけだすのは難しい。こんにち経済学者は、多種多様な企業の行動を分析できるゲーム理論を利用している。20章で紹介するように、**ゲーム理論**とは、ひとりの人間の行動が別の人間の行動の結果に影響を及ぼす状況を研究するものだ。とりわけ寡占の行動研究に有用で、現在では経済学者はつねにこの理論を用いて、市場を支配しようと熾烈《しれつ》な競争を繰り広げる企業のあいだで生じる複雑な相互作用を分析している。

# Chapter 16 計画する人

ソビエト連邦が共産主義体制にあったとき、ある掘削機の工場が、機械を急いで必要としている炭鉱への納品を中止した。工場を訪れた調査官は、製造途中の機械が何台も並んでいるのを見て困惑した。工場長は、機械を〝赤〟で塗るよう命令されたと説明した。問題は、その工場には〝緑〟の塗料しかなかったことだ。違う色の機械を納品したら投獄されるかもしれない。そんな危険をおかすくらいなら、機械をほうっておいたほうがましだ、と工場長は言った。調査官は省に電報を打ち、工場が機械を〝緑〟で塗装する許可を求めた。製造が再開され、機械が納品されて、炭鉱は操業を再開した。

１９３０年代、ソビエト連邦は歴史上最大の経済実験を行った。共産主義社会の建設だ。資本主義とはまったく異なる、カール・マルクスが待ち望んだ社会である。掘削機工場の話からは、通常の経済ルールが根底から覆《くつがえ》されたことを垣間見ることができる。イギリスやアメリカの工場長には、政府の役人から何色の塗料を使うかまで指示を受けるなど、馬鹿馬鹿しいとしか思えないだろう。イギリスの工場なら、機械をピンクの水玉で塗りたいと思えばそうするし、ピンクの水玉なら売れると思えば、そのように仕上げるだろう。たとえピンクの水玉にして売れなかったとしても、その報《むく》いとして投獄されることはなく、工場が倒産するだけだ。

ソビエト連邦政府は、経済上の決定（なにをつくるか、どうつくるか、つくったものをだれが手にするか）の責任を詳細にいたるまで担った。トラクターを何台つくるか、どのサイズの靴を何足つくるかを工場に指示する計画を立てた。資源をどう使うかを決めるこの方法は「**中央計画経済**」と呼ばれる。工場は、市場の需要を見るのではなく、政府の指令に従った。一般市民も計画の下に置かれた。引越しをしたければ、政府に申請をする。パンや石鹸が欲しければ、市場の需要と供給の動向ではなく、役人によって決められた価格の商品を公営の店で買った。

資本主義とのもうひとつの違いは、収入の決め方だ。資本主義では、懸命に働き、仕事に熟練すれば、高収入が得られる。必要以上にもらい、ぜいたくができることもある。共産主義ではそうはいかない。生産性に関係なく、全員が政府から同じ額をもらう。自分が生産したものの収益ではなく、「必要なだけ」を受け取る。身体が頑丈だったり、頭が良かったりして、ほかの人より生産性が高くても、収入は同じだ。

ソビエトの指導者は、共産主義が物質的なすばらしい豊かさを招く、と約束した。共産主義は邪悪な資本主義よりも合理的で人道的であると考え、資本主義は労働者を犠牲にし、経営者を裕福にさせるとして敵視した。ロシアには、広げると豪華なご馳走が並ぶ魔法のテーブルクロスの民話がある。ソビエト政府の**五か**

**年計画**はこの話を現実にするはずだった。だが、そうはいかなかった。食糧、電気、石油の生産目標は達成できなかった。国民は食べ物を買うために、凍えるような寒さのなかを一日じゅう列に並んだ。工場の壁には「ようこそ、空腹の五か年計画」という落書きもあった。１９３０年代初め、五か年計画が終わる頃には何百万人もが餓死した。

ソビエト経済はなぜ、このような大きな問題を起こしたのだろうか。おそらく共産主義の仕組み自体に欠陥があるのだろう。共産主義体制では、国民はみな政府から同じ所得を与えられるので、報酬は自分の仕事とは結びつかない。となれば、だれがあえて豚小屋の掃除をするだろうか。腕が疲れたり、頭が痛くなったりするような仕事を、だれがわざわざやるだろうか。それどころか、だれもなにもしたくなくなるのではないか。共産主義は間違った誘因を与えるために、うまく機能しないと言われている。共産主義の擁護者はそれに反論する。共産主義のもとでは、人々は資本主義下とは違った行動をする、と。従順で、非利己的で、自分のためでなく、国家のために懸命に働くというのだ。

**ルードヴィヒ・フォン・ミーゼス**（１８８１〜１９７３）がこの議論に一石を投じた。すぐれた経済学者であるミーゼスは、ユダヤ系オーストリア人だったため、ナチズムの台頭に悩まされ、１９４０年にアメリカに移住した。１９２０年に「社会主義共同体に於《お》ける経済計算」という論文を発表している。「経済計算」とは、経済の基本的な問題のひとつ、すなわち〝だれがなにを得るかをどう計算するか〟を意味した。彼は「社会主義共同体」という、ソビエト連邦とそっくりな社会主義体制の社会について語っている。社会主義は本来、共産主義とは異なるが、ときには同じ意味で使われることもある。カギとなるのは、経済がもはや資本主義のように私的利益によっては支配されず、たいていはある種の中央計画経済のもとにあることだ。共産主義はさらに厳格で、すべての資産が個人でなく、共同体によって所有される。ミーゼスは、市場経済から中央計画経済への移行はうまくいくのか、それを社会主義あるいは厳しい共産主義のもとでなし得るのかを論じた。人々が利己的か否かは問題ではない。たとえ国民が政府の命令によって、ほんのわずかな報酬で国のトイレを喜んで掃除したとしても、ソ連（ソビエト連邦）のような共産主義経済は失敗に向かうと信じた。

　ほんの小さな国であっても、日々、とてつもない数の経済上の決定を下されなければならないことを考えてみてほしい。何千もの財が売られ、さまざまな労働賃金が決められ、新しい事業がうまれる一方で、傾きかけた事業は倒産する。孤島のロビンソン・クルーソーなら、ことは簡単だ。自分は豚より魚が好みだとわかっているし、午後は網を張るか、槍を尖らせるかのどちらをするかを選ぶこともできる。しかし、もうひとり、フライデー〔クルーソーの従僕の名。出会ったのがたまたま金曜日だったため、この名がつけられた〕が現れると、事態は複雑になる。フライデーの要求を考慮しなければならなくなるからだ。何百万人もがいる国では、とんでもないことになるだろう。

　資本主義では、価格によって人々の欲求が調整される。人々が急に鳩時計を欲しくなったら、鳩時計の価格は急上昇する。高価格に引かれて、時計メーカーは生産を増やす。家具メーカーも時計づくりに乗りだす。すると価格は下がって、もとに戻る。消費者の時計への欲求は満たされる。どうすれば原材料を最適に利用できるかも、市場によって決まる。時計メーカーは、椅子の製造業者のような従来の木材の利用者から木材を奪い取る。木材があれば、より多くの儲けを得られるため、さらに高い価格でも木材を買おうとするのだ。ゆえに、価格によって、もっとも利益の出るところ、すなわち人々がもっとも欲しがる商品の生産ができるように資源が分配される。

中央計画経済では、こうしたことのすべてを政府が決めなければならない。ソ連では、多くの決定がトップに立つ**ヨシフ・スターリン**に一任された。スターリンは命令を下すための会議に明け暮れた。命令の多くは、新しい省庁の設置、外国との協定の承認といった国の指導者が対処すべきことだった（スターリンは無慈悲な独裁者だったため、気にくわない人間を処刑する命令もしばしば行った）。しかし、経済上の些細なことも決めなければならなかった。新しい橋は1車線にするのか2車線にするのか、野菜はモスクワのどの地域で栽培すべきかといったことだ。役人との会議では議論すべきことが何百もあった。ストレスのせいでおかしくなっても当然である。スターリンは部下に向かって怒鳴った。「次から次へともってくるせいで、書類が胸の高さまで積み上がっているぞ！」

だが、ミーゼスは、情報の多さよりも根深い問題を指摘した。市場経済では、価格によって木材はどこで消費されるのが最適かが示される。価格がなければ、木材をどう使うか、靴やパンをどれだけつくるかを適切に決めることはできない。パンや石鹸にいくらの値段をつければいいかもわからない。基準がなにもないのだ。政府が価格を決めても、けっしてうまくいかない。パンや石鹸の価格はたいていい大幅に低く設定されるため、人々は生産されたよりも多くを買いたがった。だから店の外に長い列ができたのだ。ミーゼスは、スターリンの価格と生産についての命令は、「暗闇を手さぐり」で進むようなものだとし、「社会主義は合理的経済を捨てること」だとも言った。ソ連の経済問題の原因は、社会主義のシステムそのものが〝非合理的だった〟ということだ。

ミーゼスの論文は、資本主義と共産主義のどちらがすぐれているかという熱い議論を引き起こした。共産主義が非合理的なら、すぐれているのは資本主義である。結論が急がれた。1950年代には共産主義が世界の人口の3分の1を占めるまでに広がっていたからだ。一方、こうした議論にもかかわらず、ソ連は飛躍的に発展した。新しい街が次々とつくられ、工業化が急速に進んだ。労働者が搾取されない平等な社会の建設という共産主義の目標に、相当数の経済学者を含む多くの思想家が共感を示した。彼らは、共産主義は資本主義の進歩したものであり、ソ連の経済がアメリカを追い抜くのは時間の問題だ、と考えた。

共産主義の擁護者は、経済はとても複雑なので、すべてを市場に委《ゆだ》ねるのは賢明ではないとした。ポーランドの経済学者で、第二次世界大戦後、共産主義ポーランドの最初の駐米大使となった**オスカー・ランゲ**（1904〜1965）がそのひとりだ。また、東欧からイギリスへ移ったユダヤ系移民**アバ・ラーナー**（1903〜1982）もそうである。ラーナーは、10代のときに、ロンドンの貧しいイーストエンドの仕立て屋で、その後、ヘブライ語を教えながら、植字工として働いた。ラーナーの印刷工場は、ヨーロッパとアメリカの経済が深刻に落ち込んだ1930年代の大恐慌のときに倒産してしまった。ラーナーは、その原因を知るために、ロンドン・スクール・オブ・エコノミクス〔LSE〕の夜間コースで経済学を学び、やがて研究者となり、そこで教えるようにもなった。

ランゲとラーナーは、社会主義は非合理的だとしたミーゼスとは意見が異なるが、経済には価格を決める〝ものさし〟が必要であるという点では一致した。そして、中央計画経済の計画策定者が独自のものさしをつくり、経済を合理的に操ることは可能だと考えた。計画策定者がすべきは、**数学的な問題**を解決することだった。需要と供給は方程式で考えることができる。靴の価格が適正なときは、靴の供給は需要と等しい。経済は、何千もの市場が互いに影響しあうものである。19世紀フランスの経済学者**レオン・ワルラス**は、すべての市場について、個々の市場が**均衡状態**にあることを示す方程式を用いて分析した。ワルラスとその後継者は、すべての市場がいかにしてともに均衡するかを示した（25章）。さらに、市場が経済的な資源をもっとも有効に活用できる条件も発見した。

ランゲとラーナーは言った。ワルラスの方程式を解いてみようじゃないか。その解は、中央計画経済の計画策定者にとって、資源を合理的に活用できる価格を意味する。社会主義下にも合理的な価格はあったが、市場から導かれるものではなかった。方程式の解によって、計画策定者は市場をより良いものにすることができる。そうでなければ、なんの意味があるというのだ。これができれば、最適な価格を算出し、あちこち調整することで、資本主義下より公正な経済を築くことができるだろう。

しかし、ミーゼスはそうは考えなかった。モノポリーのゲームでもやるかのように、ひじかけ椅子にふんぞり返った役人が計算した価格が現実的なはずがない。人々がこれは自分たちのお金の問題だと思うからこそ、市場は機能する。真に意味がある価格は、経済学者が弄《もてあそ》ぶ方程式からではなく、事業者が利益を得ようとする行動から生まれる。ゆえに資本主義こそが唯一の合理的な経済体制だ、とミーゼスは述べている。

Chapter
17
# お金を見せびらかす

ウィスコンシン州の小さな農場で育った少年は、アメリカでもっとも型破りな経済思想家となった。もっとも近いのは、カール・マルクスだろう。ただし、**ソースティン・ヴェブレン**（1857〜1929）は、マルクスとは異なり、革命家グループを魅了することはなかった。だが、マルクスと同じように、アウトサイダーであり、変化の激しい社会を批判的に観察した。ユダヤ系ドイツ人であったマルクスは、ヴィクトリア時代のロンドンから産業革命の進行について意見を述べた。マルクスの著作は〝火焔の石〟となって金持ちの邸宅に投げ込まれた。一方、ヴェブレンはノルウェーからの開拓農民による小さなコミュニティの出身で、周囲のけばけばしいアメリカ文化とはほど遠い生活をしていた。著書では、権力をもつアメリカ富裕層の虚栄心を笑いものにしている。

ヴェブレンは、1865年の南北戦争（the Civil War）終結後にはじまったアメリカの**工業化**のさなかに成長した。鉄道は大平原を行き来し、工場は鉄鋼や材木や長靴を大量生産した。豊富な石炭、石油、土地、巨大な消費者市場、そして富を求めて外国から流れ込んでくる何百万もの移民労働者によって、アメリカ経済は勢いを増した。19世紀の終わりには、アメリカの経済力がイギリスの主導権を奪った。

アメリカは、初めは小さな農場やささやかな商売を営む移住者の国で、貴族、裕福な実業家、貧しい大衆に分断されたヨーロッパの古い社会とはまったく異なっていた。産業が発展するにつれ、アメリカの小企業は巨大企業へと成長した。実業家の富も同様だった。富はごく一部の人に、一般の人々にはとても手が届かない贅沢な暮らしをもたらした。作家のマーク・トウェインは同時代を「金ピカ時代（Gilded Age）」と呼んでいる。新たな富は黄金の輝きを放ったが、それはほんの表面だけで、その下にあるのは浪費と不道徳の社会だった。

そうしたアメリカ社会を疑いの目で見たのがヴェブレンだ。ヴェブレンは、若い頃から固定観念を破る主張をして、人々を動揺させた。少年の頃は、口論のさなかに近所の人の飼い犬を撃ち、塀にギリシャ語で無礼な言葉を落書きしたことがある。学生時代には「共食いの懇願（A Plea for Cannibalism）」と題する演説をして、上品な先生たちに衝撃を与えた。イェール大学で博士号取得後、両親のいる農場に戻った。そこでは肉体労働を避け、かわりに生物学から古代神話まであらゆる書物を多くの言語で読みふけるという生活を何年か送った。そうして得た幅広い知識が、中年にさしかかる頃から世に出はじめた型破りな著作にも表れている。執筆は次々と〝仮の宿〟を見つけて行われた。友人の家の地下室もそのひとつだった。窓から出入りするその部屋で、手づくりのペンに紫色のインクを使って本を書いた。

従来の経済理論では、アメリカの新しい富裕層の誕生についてはあまり語られていなかった。結局、この世界は思慮深い「合理的経済人」ばかりで、彼らはすべてにおいて費用と便益を正確に測って経済上の意思決定を行い、それにもとづいて行動する。実用性または自分の幸福を最大化しようとするので、もしそれが自分の富を使って金の時計や大理石の像を買うということなら、それはそれでかまわない。

ヴェブレンは、著書『**有閑階級の理論**（*The Theory of the Leisure Class*）』のなかで、経済行為についての従来の考え方に反論している。合理的な経済人は自分の欲求を評価し、気に入ったものを買う。しかし、彼らの欲望はどこから来るのだろうか。個人の歴史や文化など、経済理論の大半がとりあげない領域から来るのだ。ヴェブレンの見解によれば、人はなにを買うか、自分の時間をどのように使うかを決めるときは、合理的な計算をしない。人々の選択を本当に理解するには、直感や習慣など育った社会によって形成されるものに目を向けなければならないのである。

資本主義は、表面上は、雨乞いのダンスをしたり、神々に生贄《いけにえ》の動物をささげたり、近隣の村に貝殻の贈り物をするような部族の民による古代社会とは、共通するものがないように見える。資本主義社会の合理的な人々が行うのは売ったり、買ったり、儲けたりすることだ。しかし、まわりをよく見れば、原始的な習慣が近代経済に生き続けているのに気づくはずだ、とヴェブレンは言う。わたしたちは、完璧な合理的人間のように自分自身の欲望を満足させるためではなく、他人に認めてもらうために買い物をすることがある。最近買ったTシャツについて考えてみよう。あなたはそれが気に入ったから買ったのかもしれないが、友だちにも気に入られるかどうかを考えたのではないだろうか。自分は気に入ったとしても、友だちに笑われるのがわかっているようなTシャツを選んだだろうか。

以前の社会では、働かなくてもすむだけの権力をもつことで、他者の称賛を得られた。歴史上のある時点で、栽培や生産技術が進歩したおかげで生産余剰が発生した。それによって聖職者、王、兵士はなにもせずに生きていけるようになった。銀のゴブレット、精緻をきわめた頭飾り、宝石をちりばめた刀剣などの財宝が名誉をもたらした。彼らにとって働くのは品位を落とすことだった。ヴェブレンの話では、あるポリネシアの首長たちは、召し使いにどんなことでもやらせるのが習慣になったあまり、食べ物を皿から口へ自分で運ぶのを他人に見られるくらいなら餓死したほうがましだと思うようになったという。

ヴェブレンは、これと同じ傾向が当時のアメリカ経済に見られると考えた。新しい富裕層はさほど働くこともなく、株の配当や相続した財産で暮らしている。ポリネシアの首長たちのように余暇を楽しんだり、高級品を買ったりして、働かなくてもいいのを示すことで社会的な称賛を得ている。ヴェブレンは、富裕層が邸宅や毛皮のコート、あるいはフレンチ・リヴィエラ〔フランス名「コート・ダジュール」〕への旅に散財することを「**顕示的消費**(conspicuous consumption)」と呼んだ。自己顕示欲を満たすための買い物である。また、少数の特権階級を「**有閑階級**《レジャー・クラス》(leisure class)」と名づけた。

有閑階級の男性は、燕尾服を着て、首に絹のクラヴァット〔ネクタイの原形で、いまのネクタイとは異なりスカーフ状〕を巻くことによって、自分が田畑を掘り起こしたり、バスを運転したりするような生産的な仕事をしていないことを強調した。そのため、彼らの衣服は農民の質素な麻のシャツより美しいと考えられるようになった。しかし、ヴェブレンには、金持ちが履《は》くエナメル革の靴の光沢が、貧乏人の上着の袖が擦《す》りきれて光っているのよりも美しいとは思えなかった。

女性の衣服は、芋をごしごし洗ったり、窓を磨いたりしなくてもよいということを示すために、とりわけ実用性に欠けている必要があった。「わたしたちがスカートに対して根強い愛着を抱くのは、スカートは値段が高く、なにかにつけて、はいている人の邪魔をするし、女性が有用な仕事をできないようにする」。金持ちの妻は、男性の富を誇示するための存在だった。極端な場合には、好印象を与えたいという願望のせいで、絹のドレスの値段が上がると、需要は減るどころか増えた。値段が高ければごく少数の人しか買えなくなるので、ドレスは身分の高さを見せびらかすのにより効果的な方法となり、買いたいと思う富裕層の人々が増えるのである。

顕示的消費は、金持ちの真似をしたいと思う、より下層の人々にもゆっくりと浸透する、とヴェブレンは述べている。中産階級の人々は象牙の柄《え》のついたスプーンを買う。そういったスプーンのほうが使いやすいわけではないが、友人に立派な人間だと思ってもらいたいからだ。最貧困層の人々でさえ、花瓶やネックレスをすべて売り払うよりは、食事を抜くだろう。

顕示的消費は浪費である、とヴェブレンは考えた。人々が本当に必要とするものから、見せびらかすモノの生産へと、経済の活力を転換させてしまう。その結果、あくなき欲求の踏み車《トレッドミル》を踏み続けることになる。

人々はより多くを消費することで金持ちの真似をし、金持ちはそれに負けじとさらに高いものを買う。だれもが置いていかれないように懸命に走る。ヴェブレンはなるべく消費をしないことで、みずからの批判を実践していたようだ。まるでパジャマのようにぶかぶかの服を着て、時計は無造作に安全ピンでベストに留めた。絹やツイードをすっかりやめて、かわりに紙で服をつくろうと提案したこともあった。

近代アメリカの首長は、コーネリアス・ヴァンダービルトのような人々だった。ヴァンダービルトは19世紀に鉄道王と呼ばれた。フェリーで働いていた無学な少年が、たいへん裕福になり、現在の価値にして数十億ドル相当の資産を残した。ヴァンダービルト一族は大邸宅や別荘をいくつも建てた。そのなかに、一族のひとりが妻の誕生日にプレゼントしたロードアイランドのマーブルハウスがある。50万立方フィートの白大理石でつくられた豪華な宮殿だ。

ヴァンダービルトのような人々の顕示的消費の裏には、ヴェブレンが「**捕食**（predation）」と呼んだ本能があった。蛮族の王は槍で互いを攻撃したが、近代の有閑階級は財政上の策略によって競争相手を打ち負かす。たとえば、**コーネリアス・ヴァンダービルト**と、もうひとりの実業家**ダニエル・ドリュー**がシカゴとニューヨーク間を走る鉄道の支配権をめぐって戦ったときもそうだった。ドリューはヴァンダービルトをだしぬこうと、自社の株価を動かすための策略を考えだした。株価は急騰させなければうまくいかない。そこで、株式仲買人が集まるニューヨークのバーに出向いて、何人かと雑談しながらハンカチを取りだして額をぬぐった。１枚の紙片が床に落ちたが、気づかないふりをした。ドリューが帰ったあと、仲買人たちが紙切れに飛びつくようにそれを拾い上げたところ、内部情報が書いてあった。ドリューが自社の株価の値上がりが間近であることを信じ込ませようとしたものだった。仲買人は、株価が上がれば儲かると期待し、すぐに株を買った。買いが殺到し、株価は急騰した。ドリューの計略は、試合の決定打のようなものだった（実際、ヴェブレンは富裕層に人気のスポーツも捕食本能に根ざしていると考えた）。鉄道の支配権争いはドリューに軍配が上がった。

ヴァンダービルトやドリューらは、新しいアメリカ経済の構築にひと役買ったが、それは生き馬の目を抜くような資本主義であった。儲けになるなら、いかさまも陰謀もいとわない。あまりに無慈悲なために、彼らは「**泥棒男爵**（robber barons）」として知られるようになった。ヴァンダービルトはこう言った。「法律なんかどうでもいい。わたしには権力がある」。

捕食本能は、人間が本当に必要とするものとはほとんど関係がない、とヴェブレンは考えた。だが、人間には別の本能もある。**モノづくりの本能**だ。地域社会全体のニーズに応えて、線路を修理したり、列車が時刻どおりに運行されているかを確認したりするような、生産的な仕事を行う本能である。ヴェブレンはマルクスのように革命を呼びかけはしなかったが、社会全体が捕食本能ではなく、モノづくりの本能に支配されれば、顕示欲による浪費はなくなると考えた。そうすれば、社会からは野蛮な社会の最後の名残《なごり》が消え、ただ隣人に遅れをとらないことだけのために買い物を続ける〝回転木馬《メリーゴーランド》〟を止めることができるだろう。モノづくりの本能をもった技師や職人は機械を発明し、改良した。人間が本当に必要とするものを満たせるように経済を導いていけば、より良い社会になる。

ヴェブレンの型破りな経済学はあまり人気がなかったものの、この変わり者のノルウェー人は仲間から認められ、1925年、70歳手前のとき、アメリカ経済学会（The American Economic Association）の会長の座が用意された。ヴェブレンはそれを断り、カリフォルニア州パロアルトの郊外にある、雑草に囲まれた丘の上の小屋にこもり、自分でつくった家具を備えた質素な部屋で暮らした。1929年10月、摩天楼が建ち並ぶ、遠く離れたニューヨーク市で、株が大暴落し、経済不況の嵐が吹き荒れ、アメリカ経済の回転木馬は輝きを失った。ヴェブレンはそれを見ることなく、ネズミやスカンクに囲まれ、最後まで世捨て人として小屋暮らしを続け、嵐の数か月前に亡くなった。

# Chapter 18 排水口のむこうへ

1932年のアメリカのヒットソングにこんな歌詞がある。

「かつてわたしは鉄道を敷いた。だが、すべてが終わった。おい、いくらか恵んでくれないか（Once I built a railroad; now it's done. Brother, can you spare a dime?)」

この歌〔右の歌詞にもある Brother, Can You Spare a Dime? がこの歌のタイトル〕はアメリカの富の源のひとつについて語っている。それは港や工場や都市のあいだを結んで、財と人々を何千マイルにもわたって運んだ**鉄道**である。1920年代の終わりには、食糧は豊富にあり、多くの人々は家を所有し、面倒な家事を引き受けてくれる洗濯機のような製品は、一般のアメリカ人の手の届くところにあった。だが、歌のとおり、わずか数年後には、富の構築に貢献した多くの労働者が物乞いに落ちぶれた。

1933年までに、全労働者の4分の1にあたる1300万のアメリカ人が職を失った。半数が失職した都市もあった。鉄道は新たな荷を運んだ。仕事を求め、貨車に詰め込まれて国じゅうを移動する何百万という人々だ。ジョン・スタインベックの小説『怒りの葡萄《ぶどう》（*The Grapes of Wrath*）』では、貧しい農民であるジョード一家が、より良い暮らしを求めて、オクラホマからカリフォルニアへ過酷な旅をする。都市では、家をなくした人々が、材木と空き缶で掘っ建て小屋をつくって住んだ。それまで世界でいちばん豊かだと知られていた国が、どうしてこのような状況に陥ったのだろうか。

アメリカが苦闘していた頃、イギリスの経済学者**ジョン・メイナード・ケインズ**（1883〜1946）は、その問いに答えようと試みた。ケインズは経済学者としてすでに世界的に知られていた。また、ロンドン中心部のブルームズベリーを拠点とする、型にはまらない作家や芸術家の一団であるブルームズベリー・グループの一員でもあった。グループのひとりである小説家のヴァージニア・ウルフは、ケインズを「目が小さく、二重あごで、赤い唇がでっぱった、太ったアザラシ」と表現する一方で、そのすぐれた知性を称賛した。ケインズは自分の能力に自信があり、空き時間に経済学を勉強した。だが、公務員採用試験を受けたとき、経済学の点数がもっとも低かったことに憤慨した。「わたしは明らかに、試験官よりも経済学のことをわかっていた」と言った。

ケインズは、19世紀の経済学者の研究から発展した従来の経済学では、1930年代の危機を説明できない、と考えた。豊かな国がなぜ破綻するのかを説明できないのだ。通常なら、アメリカのような国は、前年よりも多くの商品とサービスを生産して、より豊かになり続けるはずだ。このように時間がたつにつれ、人々の生活水準はさらに高くなる。だが、経済が減速し、生産が前年より減少することもある。経済学者はそれを**景気後退**《リセッション》（recession）と呼び、アメリカは1920年代の終わりに、そうした状況に陥《おちい》りはじめていた。景気後退が起これば企業は生産を減らし、労働者を解雇するので、多くの人が仕事にあぶれる。アメリカで起こった景気後退は長く深刻だったために、**大恐慌**（the Great Depression）と呼ばれるようになった。カナダ、ドイツ、イギリス、フランス、そのほかの国々も、その波をこうむった。資本主義自体が終わる、と信じる者さえいた。

ケインズは、景気後退は政府の失策のせいで起こるのではない、と述べた。事業家が労働者を冷遇し、路上に放り出したせいでもない。だれも「悪くない」のに、なんらかの理由で経済全体がうまくいかなくなる。景気は減速し、足踏み状態になる。ケインズはその理由を説明した。

伝統的な経済学は、稀少な資源（scarce resources）をどのように活用するかについて考えた。たとえば長靴は限られた数しかないので稀少だが、社会の欲求には際限がない。もし社会がもっと多くの長靴を求めるなら、ほかのなにか、たとえば帽子の生産を減らして生産しなければならない。問題は、市場がどのようにして長靴を増やして、帽子を減らすかである。伝統的な経済学の世界では、一国の所得は、単に工場と労働者がどれだけ生産できるかで決まった。工場は最大能力で稼働し、労働者は完全に雇用される、と想定されている。一国の経済において可能な限りの生産がなされるので、資源は稀少になる。長靴の生産を増やすには、帽子をつくる労働力を長靴の生産にまわさなければならない。

ケインズは、１９３０年代に世界は〝別次元〟（parallel universe）に移行した、と考えた。１９３３年までにアメリカの工業生産高は、１９２０年代終わりの半分になった。そのため、数百万人が失業したのだ。仕事のない労働者が多数いたので、経済は、そうした人々を使えば帽子の減産をせずに、もっと長靴を生産することができたかもしれない。だが、そういうことは起こらなかった。10年にわたって失われた生産価値の総額は、すべての4人家族が新築の家を建てられるほどだった。問題は資源の稀少性ではなく、すでにある資源をどのように活用するかだったのだ。依然として人々は長靴や帽子や車を欲しがり、それらをつくる労働者もいたし、工場もあった。だが、なぜか人々が欲しがるものと経済がつくるものとの関係が崩れた。

ケインズの理論では、一国の所得はその国の経済が生産できる額すべてではない。現実として、これだけ多くの工場と労働者が遊休状態にあり、経済は本来の能力を下まわる生産しかできずにいる。一国の所得は生産額ではなく、人々が支払いうる額、つまり「**需要**（demand）」に相当する。わたしがあなたの帽子を買うと、あなたは所得を得る。わたしたち全体が支出を減らせば、購買量が減り、生産が減少する。それによって一国の所得が減る。これを出発点として、ケインズは〝景気後退と失業についての新しい説〟を打ち立てた。

ケインズは、まず、伝統的な経済学において、一国の工場と労働者がつねに繁忙だと考えられた理由を正確に示す必要があった。それは、19世紀フランスの経済学者〔ジャン＝バティスト・セイ（1776～1832）〕の名にちなんで「**セイの法則**（Say's Law）」として知られる原理に由来する、と考えた。そして、ケインズはその法則を否定した。その理由を知る前に、まずその法則自体を理解しておこう。セイの法則では、つくられたモノはすべて売られる、と考える。なぜなら、有益な財を手に入れることに人々の関心があるからだ。長靴製造者は、長靴を売ってお金を手に入れ、衣服や帽子を買う。帽子製造者は、帽子を売って長靴や衣服を買う。生産されたモノから得られたお金は、ほかのモノを買うために使われる。会社が商品を売ることができず、そのせいで労働者を解雇したり、工場を閉鎖したりするような状況は生じない。したがって、景気後退や失業はありえないことになる。

次に、セイの法則によると、経済には工場がフル稼働し、労働者が完全雇用される消費の水準がある。消費の水準を浴槽の水位として想像してみよう。人々が全収入をモノの購入に使うときは、セイの法則が当てはまる。だが、もし人々がお金を全部使わずに一部を貯蓄したら、どうなるだろうか。たとえば、浴槽の排水口から漏れ出す水を考えてみよう（排水口に栓はないとする）。貯蓄は、消費の「漏れ」である。水位はどんどん下がる。よって消費は減る。そこで、企業は生産を減らして、労働者を解雇する。だが、それを防ぐ方法がある。ホースを排水口から蛇口へとつなぎ、ふたたび浴槽へ水を注ぎ入れるのだ。そうすれば、貯蓄は排水口から流れ出ていくのではなく、浴槽に戻り、新しい工場や事業へ投資したい人に貸し付けられる。建物や機械などを購入する設備投資は、経済に消費を「注ぎ入れる」。ここでは貯蓄が使われるので、排水した分が注入される。つまり、流入と流出が同量になる。よって、水位が維持され、すべての工場がフル稼働し、労働者が完全雇用され、経済は活動を続ける。

だが、投資家が新工場の建設に躊躇《ちゅうちょ》したら、どうだろうか。貯蓄がホースのなかに溜まり、浴槽に戻らない。この場合も、水位は下がる。だが、対策はある。蛇口をもっと開いて、ホース内の水が、より速く浴槽に戻るようにするのだ。蛇口を充分に開けると、ふたたび排水量が注水量と同じになり、水位、すなわち〝経済における消費量〟が保たれる。蛇口は**金利**（rate of interest）すなわち〝借金をする代価〟に相当する。蛇口を開けると、すなわち〝金利が下がると〟借金は安くつくので、より多くの人々が借金をしようとする。なぜ、こうしたことが起こるのだろうか。投資家が投資をやめるということは、人々の貯蓄を借り入れるのをやめるということだ。すなわち、貸し付け可能な貯蓄の供給量は多いが、需要がほとんどないということだ。どんなものでも供給が需要よりも多ければ、価格は下がる。この場合は、借金の代価、つまり金利が下がる。金利が下がれば、投資家は人々の貯蓄を借り、新しい機械や工場のために使おうとする。結果として、**貯蓄の超過**にあたる〝ホースに溜まった水〟は、つねに新しい投資の流れに変わる。そうなれば、水位はもとに戻る。

ケインズはセイの法則に切り込み、問いを投げた。なぜ、超過貯蓄が自動的に新しい工場建屋や機械への投資にまわると想定できるのだろうか。世界は不確実なので、貯蓄を建物や工場に使いたいと思うとは限らない。万一に備えて、現金をいくらかマットレスの下に用意しておきたいかもしれない。金利は、超過貯蓄を投資に向けるのに役立たない、とケインズは考えた。実際、それらを関連づけるものはない。ホースは浴槽に水を再注入する蛇口につながっているのではない。排水管に通じていて、貯蓄は浴槽に戻るのではなく、下へ、すなわちマットレスの下に消えてしまう。

ケインズは、景気後退は浴槽からの流出が浴槽への流入より多いときに起こると言った。つまり、実業家が将来に悲観的になりはじめ投資をやめると、投資として経済に流入する消費より、流出する貯蓄のほうが多くなる。すると、浴槽の水位が下がりはじめる。企業の生産が減り、労働者が解雇される。経済は不況に陥る。これが1930年代にアメリカで起こったことだ、とケインズは考えた。だれかが愚かだったわけでも無謀なことをしたわけでもないのに、こういうことが起こる。むしろ景気後退は〝消費〟ではなく、分別《ふんべつ》ある行為と言われる〝貯蓄〟によって、しばしば引き起こされる。そうなると、問題は、人々が分別がありすぎるせいだということになる。「あなたが5シリング貯金すると、ひとりが1日の仕事を失う」とケインズは言った。

ケインズの主張は、経済が景気後退に陥ると脱却の手段はない、ということだ。セイの法則に固執する経済学者は、実業家が投資をやめても問題は自然に解決される、と考えた。経済は底が丸い起き上がりこぼしのおもちゃのようなもので、倒れても必ず独力でもとの位置に戻る、と。だが、ケインズは、倒れたまま戻らない、と考えたのである。実際、不況は何年も続き、ケインズが正しいように思われた。経済が自力で立ち上がるおもちゃのようなものならば、これほど多くの人々が仕事を求めているはずはない。たしかに、仕事をしない人は、自分から仕事をしないことを選択した。当時の賃金では働く気になれなかったのだ。だが、カリフォルニアで仕事を見つけようとオクラホマを離れた人々は、みずからの選択で仕事を失ったのだろうか。伝統的な理論を攻撃することによって、ケインズは、そうではなかった理由を明らかにした。

ケインズの主張により、経済学者の意見は、ある一点で一致した。大恐慌やそれ以降の多くの景気後退で何百万もの失業者が生まれるのは、消費が排水口から流出してしまうせいである。さらに、ケインズの考えは、もうひとつの重要な結果をもたらした。ケインズ以降、経済学は「**マクロ経済学**」（雇用水準のような経済全体に関する研究で、ケインズがその発展に寄与した）と「**ミクロ経済学**」（個々の消費者や企業がどのように選択するかについての研究）に二分されたのである。

ケインズは、理論のための新しい理論を構築することを望んだわけではない。新しい理論を、世界を良くするために活用したかったのである。1930年代当時、それは失業という窮状に終止符を打つことだった。ここであげた水が流出する浴槽は、問題の原因分析にあたり、27章では解決策に触れる。要は、経済はひとりでは正常な状態に戻ることができないので、政府がやらなければならない、ということだ。政府は、大恐慌のような災難がふたたび起こらないよう、経済に対して、これまでになかったほど大きな役割を果たさなければならない。資本主義は嵐を生き延びたが、決定的に変わった。

Chapter 19

# 創造的破壊

オーストリアの経済学者**ヨーゼフ・シュンペーター**（1883〜1950）は、みずからのすばらしい知性と、するどいウィットを見せびらかすことが大好きだった。あるとき彼は、3つの野心があると言った。①世界一偉大な経済学者になること、②オーストリア一の乗馬の名手になること、③ウィーン一の色男になること。最近は馬の扱いがあまりうまくなく、このうち2つしか実現できなかった、と残念がった。

このジョークは、シュンペーターという男が抱える〝矛盾〟を示すものだ。シュンペーターは、最良の教育を受け、上流社会の人々と交流した。その結果、古めかしい礼儀を重んじ、勇猛な男たちが馬を乗りまわし、乙女に求愛した時代を懐かしがるようになった。一方で、哲学や数学のような古い学問ではなく、もっとも近代的な学問である経済学で偉大な学者になろうとした。

学生たちは、シュンペーターの〝古い世界を体現するはなやかさ〟と〝最先端の経済学への熱意〟に驚嘆した。オーストリア＝ハンガリー帝国の国境近くにある小さな町の大学で、シュンペーターは、経済学の新刊を学生が読めるようにするために、図書館司書と決闘した（シュンペーターが剣で司書の肩を切りつけて勝った）。後年、ハーバード大学では、芝居がかったやり方で授業にやって来る教授として有名になった。さっそうと入ってきたかと思うと、外套、帽子を脱ぎ、最後に手袋を指一本ずつ外し、学生たちのほうを向いて、ウィーン貴族の訛《なま》りで、経済学の詳細を論じて学生たちを圧倒した。

　古さと新しさの対比は、シュンペーターの著書『**資本主義、社会主義、民主主義**（*Capitalism, Socialism and Democracy*）』で述べた資本主義論にも見られる。シュンペーターは、近代資本主義の成果として提供されるさまざまな財や、その製造に利用された新技術は、向こう見ずな騎士の現代版とも言える英雄によってつくられた、と論じている。英雄とは、鉄道王コーネリアス・ヴァンダービルトや、アメリカの鉄鋼業界を発展させて莫大な富を築いたアンドリュー・カーネギーのような**起業家**である。ソースティン・ヴェブレンは、ヴァンダービルトのような人々を、古代社会の凶暴な野蛮人への〝先祖がえり〟であり、攻撃性によって富を得たものの社会全体には貢献しない「泥棒男爵」だとみなした。しかし、シュンペーターは、彼らが社会の富の創造者となりえたのは、自己のありあまるエネルギーを、決闘ではなく、産業に注ぎ込んだからだ、と主張した。

　豪胆さと意志の強さによって、経済発展に必要な**イノベーション**（innovation）を起こし、結果として生活水準を長期的に向上させたのは、起業家にほかならない、とシュンペーターは考えた。起業家は、発明を取り入れた新製品（例：電気の発見を活用した電球）を開発したり、新技術を用いて生産をより簡単にしたりする（例：掘削機のおかげで石炭が安価になった）。彼らのモチベーションは金銭だけではない。征服し、戦い、自分がよりすぐれた人間であることを示したいのだ。シュンペーターの一族にも起業家がいた。曾祖父がシュンペーターがうまれた町に蒸気機関をもたらし、その町で初めてできた繊維工場に動力を供給した。

起業家が、新しい種類の冷蔵庫やラジオを製造する工場を建てるといった構想を実現するには、煉瓦、鉄、労働者を確保しなければならない。ほかの経営者が資源を、消費者が欲しがっている製品をつくるために使っているというときに、消費者が欲しがるかどうかもわからない新しい製品をつくるために入手することができるだろうか。銀行が資金を貸してくれればできる。必要なものを買えるのだ。金銭は売買の手段であるだけでなく、経済の心臓であり、循環する血液である。それらを統《す》べるのが起業家という脳だ。シュンペーターは1920年代、オーストリアの銀行の頭取になったときにそれを実際に体験している。自分の立場を使って、ありとあらゆる事業企画に投資したのだ（シュンペーターの経験は起業家が負うリスクも示している。1924年に景気が悪化すると、多額の借金が残り、返済に何年もかかった）。

成功すれば、起業家は富を得る。人々が蓄音機やテレビを欲しがり、購入すれば、新製品がさざ波のように広まる。ヘンリー・フォードは大衆向けの安価な自動車を生産する方法を見つけたことで、そして、アンドリュー・カーネギーは鉄鋼生産の新手法を導入したことで、財をなした。

まもなく、そうした起業家をまねて同じ自動車、溶鉱炉、染料を製造する者が現れる。新製品は業界全体を改革し、経済は拡大する。最終的には、いくつかの企業が倒産し、次のイノベーションが起こるまで、経済は縮小する。拡大しては縮小するという資本主義経済の浮き沈みのサイクルは、イノベーションの波と起業家と模倣者の盛衰の積み重ねからうまれる。新しい技術は古い技術の息の根を止める。荷馬車は自動車に、ろうそくは電球にとってかわられる。カメラ用フィルムメーカーであるコダックのような企業が成長し、その後、衰退して、携帯電話にデジタルカメラを搭載した三星《サムスン》のような新しい市場のリーダーが現れる。シュンペーターはこれを「**創造的破壊**（creative destruction）」と呼んだ。資本主義は、起業家が休むことなくもたらす不断の変化だというのがシュンペーターの見方だった。

大多数の経済学者とは異なり、シュンペーターは、**独占**（monopolies）が経済の発展に役立つ、と考えた。経済学者は、一般的に、独占は価格を吊《つ》り上げ、生産を減少させるので非効率だとする。しかし、例外もある。業界によっては、生産開始にあたって巨額の投資が必要になる。たとえば、水道供給業者がサービスを開始するには、水道管を網の目のように引かなければならない。一企業が市場全体に水を供給すれば、水道管設置費用を多くの供給先に分散できるので、水道料金が安くなる。10社がそれぞれ市場の10分の1ずつに水を供給するために、独自に水道管を引けば、水道料金はもっと高額になるだろう。シュンペーターは、イノベーションを引き起こすには、独占がとくに重要だ、と信じていた。新しいモノをうみだすためにリスクを負った起業家が大きな見返りを得られるからだ。ある起業家が新しいエンジンバルブを発明すれば、そのバルブを供給するのは1社だけになる。つまり、新しいエンジンバルブの独占企業となり、大きな利益を得られる。大きな利益を得られる可能性があれば、起業家はいろいろな新製品をつくりたいと考える。独占がなければ、新技術を発明することさえ難しくなるだろう。経済を変え、最終的に生産を増やし、価格を下げることができる技術の進歩は、独占によって促進される。

　シュンペーターの資本主義に対する考え方も、これまでの章で紹介したマーシャルやジェヴォンズのような従来の説とは異なる。従来の説は経済を静止した状態、つまり〝写真〟のようなものとしてとらえた。シュンペーターは、経済を変化し続ける〝動画〟のようなものだと考えた。標準的な「写真」では、みんなが売買できる財を知っていて、需要と供給はおおむね等しい。消費者に財を供給しようと、多くの企業が競合するため、企業が得る利益はそれほど多くはなくなる。このような経済は「**均衡**」**状態**にある、とされる。従来の経済学では、資源は一定であるとみなし、いかに均衡するかを考える。新しいモノを発明する起業家は存在しないので、人々は効用を最大化するためには、前からある見なれたモノを売買するしかない。シュンペーターは、均衡を経済の〝静止画〟にすぎないと示した。「いつも均衡を必死で求める経済主体は気の毒だ」と述べている。「野心（ambition）もなければ、**起業家精神**（entrepreneurial spirit）もない。つまり、気力も活力もない」。資本主義においてもっとも大事なのは、起業家が池に岩を投げ込み続けることだ、というのがシュンペーターの意見だ。創造的破壊の波紋は、けっして消えることはない。マーシャルの経済学では、企業は灯油ランプの価格競争をする。しかし、シュンペーターの経済学では、起業家は電球を発明して、ライバルを蹴散《けち》らすのである。

実際のところ、資本主義とシュンペーターには少し似ているところがある。大胆で、活力があり、新しいアイデアに満ちていて、休むことを知らない。しかし、その活気とひらめきの裏には不安が隠されており、理解しようとした資本主義のなかに暗い面《ダーク・サイド》を見いだした。「資本主義は生き延びられるか？」シュンペーターは問いかける。「いや、無理だろう」。

資本主義の活力には、自己破壊につながる闇が含まれている。その理由を説明するためにシュンペーターは経済学者らしからぬことを実行した。〝経済〟ではなく、資本主義社会の〝政治〟と〝文化〟について論じたのだ。カール・マルクスは、資本主義が滅びる運命にある理由を経済的な側面から説明した。資本家が利益を増やせば増やすほど、労働者の取り分が減り続け、やがてシステム全体が崩壊するというのだ。しかし、シュンペーターの目には、資本主義の経済面にはなんの問題もないように見えた。問題になるのは、資本主義が人々の考え方にもたらす影響、とくに企業が大きくなったときの影響である。起業家が成功すると、企業も大きくなる。やがて巨大企業が出現し、新製品を市場に出すために最新技術を用いる。すると、イノベーションは、合理的な方法によって、すなわち多くの場合、専門企業の研究部門で起こるようになる。こんにちの大企業、たとえばアップル社を考えてみよう。同社には多様な研究チームがある。新しいソフトウェアをつくるチーム、高性能で軽いｉＰｈｏｎｅを開発するチーム、より強力なラップトップＰＣをつくるチームなどだ。かつては天才的な起業家のひらめきを具現化した製品が、いまでは手垢のついた手段でうみだされるようになった。経済発展は企業の方針や会議によって自動化されている。

経済学の観点では、こうしたことはすべて善であるとされる。新製品の創造は事前に計画され、予測可能なものになる。だが、それではつまらないのではないだろうか。企業は灰色のスーツ（アップル社の場合はおそろいのTシャツ）を着た人ばかりの巨大な組織になる。かつてはシュンペーターのいうような恐れを知らない英雄だった起業家が、学校をきらい、宿題を拒絶する退屈したティーンエイジャーのようになってしまう。ネクタイを締めて出勤し、つまらない会議に出ることに嫌気《いやけ》がさす。資本主義のせいで、退屈で陰鬱《いんうつ》な人生を送らなくてはならないことに辟易《へきえき》する。やがて、ビジネスや金儲けに不信感を抱くようになる。〝反《アンチ》〟資本主義の「知識人《インテリ》」として大学で教えたり、本を書いたりして、資本主義を批判するようになる者も出てくる。彼らは、経営者のかわりに政府が事業を行い、社会主義体制をつくるべきだと主張する。１９３０年代から１９４０年代には、こうした動きがはじまる、とシュンペーターは考えた。多くの知識人が資本主義を敵視し、国家が経済において、より大きな役割を果たしはじめた時期である（21章）。

しかし、シュンペーターの予想に反して、資本主義は終わらなかった。資本主義は、こんにちに至るまで「**混合経済**（mixed economy）」と呼ばれる形で、国家の大きな関与を受けながら終わることなく機能し続けている。それでも、経済はつねに動いているというシュンペーターの教えは重要である。それはマルクスと同じ考え方だ。また、シュンペーターは、マルクスと同じように、社会主義を避けられないものと考えた（城に住んでいた彼は、大金持ちを非難するのではなく称賛したので、**金持ちのためのマルクス**とも呼ばれた）。シュンペーターの論では、資本主義は、社会の上層の人々、すなわち知識人の不満によって終わる。一方、マルクスは、不幸な労働者がシステムを倒すだろうと論じ、社会主義は資本主義経済の失敗からうまれると主張した。シュンペーターは、企業が巨大化するという資本主義経済の成功によって、社会主義が誕生すると考えた。マルクスとは異なり、資本主義を強力に擁護して、社会主義への流れを歓迎しなかった。

シュンペーターは、政府が1930年代の大不況のような深刻な景気後退を阻止できるというケインズの新たな理論にも反対した。資本主義が変化であるとすれば、その変化に終わりはありえない。資本主義がなにを成し遂げたかは、馬に乗った伝令《でんれい》が歴史を経てスマートフォンに変わったように、長い目で見て、ようやくわかりはじめるものだ。政府に経済をなんとかしろと要求するのは、資本主義を短期的にしか見ておらず、その場しのぎの解決策を求めることである。そうした解決策は起業家を窒息させ、資本主義をしばらく延命させるだけで、やがては殺してしまうことになるとシュンペーターは考えたのだった。

Chapter
20
# 囚人のジレンマ

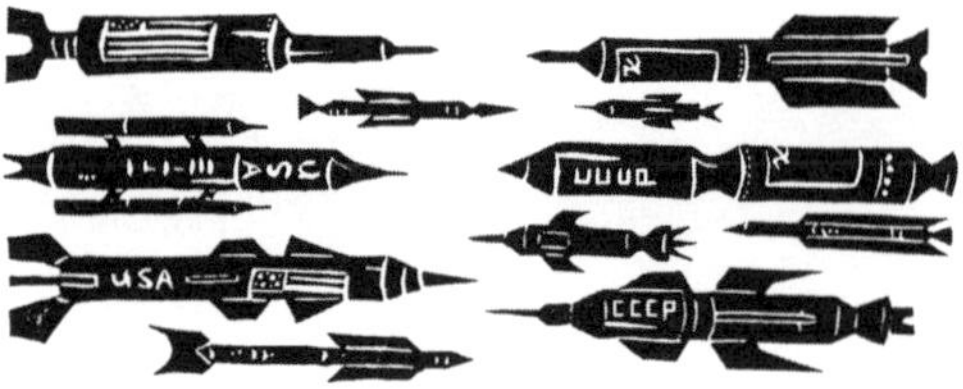

ふたつの国が互いに、相手を〝破滅させてやる〟と脅《おど》している状況を考えてみよう。一方が相手を標的にしてミサイルを装備すれば、それを理由に、もう一方も同じことをする。どちらも相手よりも優位に立とうと、武器を買う。その結果「軍拡競争」が起こり、両国ともミサイルを大量に保有することになる。これは、1940年代および1950年代に現れた、数学と経済学の一分野である「**ゲーム理論**(game theory)」の例である。ゲーム理論は、一方の行動がもう一方の結果に影響を及ぼす状況で、国、企業、人がどのように行動するかを考察する。相手国がミサイルを購入すれば、自国は不利になり、安全が脅《おびや》かされる。自国がミサイルを購入すれば、相手国を不利にし、相手国の安全を脅かす。どちらの国も、互いの行動を考慮しながら、みずからの行動を決める必要がある。ゲーム理論の論者はこれを「**戦略的相互作用**(strategic interaction)」と呼ぶ。すなわち、互いに影響を及ぼしあう(「相互に作用する」)ため、相手の行動をふまえて自分の行動を決める(それが「戦略的である」)ということだ。じゃんけんのような簡単なゲームから、企業による利

益の追求、さらには国家間の戦争まで、あらゆる場合に見られる戦略的相互作用がゲーム理論の研究対象となる。

第二次世界大戦後、アメリカと当時のソ連は対立関係に陥った。この時代は「冷戦《コールド・ウォー》」と呼ばれ、両国は大規模な軍拡競争にのめり込み、核兵器を保有して互いに脅威を与えた。この二か国間の競争を揶揄《やゆ》した1964年の映画『博士の異常な愛情（*Dr. Strangelove*）』は、人々を引きつける魅力的な物語でもあるので、ゲーム理論の時代とその基本的な考え方を知るのにうってつけだ。冷戦期間中、米軍は国の安全に役立つ分野の研究に投資をした。そのひとつがゲーム理論だった。ゲーム理論の論者の多くがランド研究所〔RANDはresearch and develop-ment の略〕という軍の研究機関で働いた。映画の登場人物であるストレンジラブ博士は、アメリカ大統領直属の兵器研究責任者で、サングラスをかけ、奇妙なアクセントで軍事戦術について助言する、かなり風変わりな天才であり、実在の天才、ハンガリー生まれの数学者である**ジョン・フォン・ノイマン**（1903～1957）に想を得たと言われている。ノイマンはゲーム理論の生みの親のひとりで、ランド研究所で働き、顧問としてアイゼンハワー大統領に国防戦略の助言をした。彼は8歳のときに8桁の割り算が暗算できるほど賢かった。大人になってからは、衝撃波、空気力学、天体の分布に関する科学論文を執筆した。余暇に、ゲーム理論という分野を切り開いた。

あなたが将官で、爆弾をもっと多く購入するかどうかを決めなければならないとする。あなたは、敵の将官も同じことをしなければならないのを知っている。なにをすべきかを実際にどのように決めたらいいか。

決断で重要なのは〝敵がなにをしそうか〟を理解することだ。自分がすること、敵がしようとすることを理解できれば、結果がどうなるかがわかる。すなわち、①どちらの国も爆弾を購入する、②どちらの国も購入しない、③それ以外、のいずれかだ。フォン・ノイマンは、ゲームの結果を知る方法を前進させた。しかし、その方法は、たとえば、参加者が交渉可能で、しっかりと合意ができる場合に限られた。敵対する国の将官同士はそうすることができない。そこで、プレーヤー同士が約束にとらわれる必要がない場合も考慮に入れた、別のタイプのゲームにも適用できる方法が必要になった。

1950年に、**ジョン・ナッシュ**（1928～2015）という数学者が解決法を思いついた。ナッシュはプリンストン大学の学生だったとき、当時、同大学の教授だったフォン・ノイマンを訪ねて、自分の考えを話してみることにした。フォン・ノイマンはすでに有名になっていたが、ナッシュは怯《ひる》まなかった（それより前に、宇宙の膨張について得た新たな考えを話しに、かのアインシュタインのもとを不意に訪ねたこともあった）。だが、偉大なるフォン・ノイマンに、取るに足らない思いつきだと言われ、追い払われた。

ところが、ナッシュのアイデアはゲーム理論でもっとも重要なものとなり、こんにちでもつねに用いられている。ナッシュは、ゲームの結果、すなわち「**均衡**（equilibrium）」は、ほかのプレーヤーの行動を考慮したうえで、各プレーヤーが自分にとってもっとも有利な行動をすることだ、とした。全員がそのように行動すれば、だれにも行動を変える理由がなくなり、ゲームが均衡する。ナッシュは、大半のゲームに均衡があることを示した（のちに「**ナッシュ均衡**」と呼ばれるようになる）。ここでは、わたしと、わたしの敵の例で考えよう。わたしの敵がミサイルを購入する場合、わたしにとって最善の反応は敵と同じ行動をすることであり、最悪なのは敵の脅威に直面しても武器をもたないことだ。これと同じ理屈が敵にも当てはまる。わたしが武装すれば、敵も必ず武装する。双方がミサイルの保有量を増やすことが、このゲームの均衡になる。

軍拡競争は、ランド研究所の数学者が考案した有名なゲーム「**囚人のジレンマ**（prisoners' dilemma）」の一例である。このゲームでは、2人組の悪党が銀行強盗のかどで逮捕される。警察にはあまり証拠がないが、少なくとも2人には脱税の罪があることがわかっている。悪党は1人ずつ取り調べを受ける。強盗を自白する可能性も否認する可能性もある。警察はそれぞれに言う。1人が自白し、もう1人が否認すれば、否認した者を首謀者、自白した者を首謀者に不利な証言をした者とする。この場合、否認した者には20年の拘禁刑が、自白した者には解放という報酬が与えられる。2人とも否認すれば、2人とも脱税の罪で4年間投獄、2人とも自白すれば、強盗の罪で2人とも10年間投獄される。

2人はどうすべきだろうか。まず、自分の相棒は自白するにちがいないと考えたとしよう。この場合、自分が強盗を否認すると20年の拘禁刑になってしまう。よって、自分は明らかに自白すべきである。では、相棒が否認すると信じたらどうだろうか。この場合は、自分が自白すれば解放されるのだから、やはり自白すべきである。2人とも同じように考えれば、2人とも自白するだろう。囚人のジレンマには明確な均衡がある。すなわち、2人とも強盗を自白することだ。

ただし、この均衡には奇妙な点がある。2人はそれぞれ自分にとって最善の行動をするものの、それが2

人にとって最善の結果にはならないのだ。2人とも否認したほうが2人にとって好ましいが、それでは均衡ではない。すなわち、どちらも自分が解放されることを願って相手を欺《あざむ》き、自白するという、自分に有利な行動をするからだ。合理的に行動すると、2人とも否認した場合よりも悪い結果が生じるのである。これは軍拡競争の場合でも同じだ。競争の結果、両国ともミサイルの保有量が増える。最終的に、どちらも優位に立てないのに、莫大な資金を軍備に投じている。両国ともミサイルを購入しなければ、両国にとってもっと良い結果になっただろう。

囚人のジレンマは、経済学でつねに用いられる。発電所で使われるタービン発電機などの大型設備を例に考えてみよう。1960年代にアメリカの大手メーカーのゼネラル・エレクトリックとウェスティングハウスの2社は、発電機を高く売りたいと望んだ。その方法のひとつが、両社が協力し、販売数を減らして、より高い価格をつけることだった。だが、価格が高ければ、企業は他社を裏切って少し安く、少し多く販売したくなる。すると、価格が急落し、両社とも利益が少なくなる恐れが生じる。これは、悪党2人が自白した場合と同じである。同様の問題に直面したのが石油産出国だ。1960年代、石油産出国は値上げのために販売量を減らすことに合意した。しかし、価格が上がったため、各国は生産量を少し増やして売ることを望んだのである。

ビジネスや政治や人生において、人はときに競争し、ときに協力する。その複雑さをどう考えるかを示すのがゲーム理論だ。人はどんなときに力を合わせようとし、どんなときに全力で戦おうとするのか。囚人のジレンマのような状況では、協力関係はつねに壊れる危険にさらされる。

ゲームのなかには、きわめて複雑な戦術を要するものがある。とくに次の行動を決めようとしている最中に他者の行動がわかったため、次々と決断をするときがそうだ。この場合、こちらの意に反するようなことをすれば報復するぞ、と相手に伝えるという手もありえよう。１９７０年代に、アメリカのコーヒー企業、マックスウェルハウスとフォルジャーズの2社は、国内市場の支配をめぐって争った。フォルジャーズはマックスウェルハウスが大きなシェアを占める東部へ市場を拡大して、顧客を奪い取ろうとした。マックスウェルハウスは値下げをし、フォルジャーズを市場から追い出すために価格競争をはじめた。すなわち、あなたがわたしの市場に入ってくるなら、わたしは価格を大幅に引き下げる。だから、あなたが最初から市場に参入しないでいることを期待する、という意味である。ただ、こうした脅しに効果があるとは限らない。値下げは大きな損失になるので、わたしがずっとそれを続けることはないと、あなたは思うかもしれないからだ。しかし結局のところ、マックスウェルハウスとフォルジャーズの場合は脅しが効いた。マックスウェルハウスは、フォルジャーズのニューヨーク市への進出を阻《はば》むことに成功したのだ。

一方、『博士の異常な愛情』の話は、脅威を効果的に与えることの難しさを示している。核攻撃を思いとどまらせるために、いざというときは必ず報復することを敵に伝える。ところが、敵はミサイルを撃っても、あなたが撃ち返すことはないとわかっている。そんなことをすれば、地球上の生命体を全滅させることになるからだ。映画では、ならず者のアメリカ人将官が、核爆弾をソ連に落とせと命じる。アメリカの大統領は攻撃を中止しようとするが、将官と連絡がとれない。ソ連大使を呼びつけると、爆発すればすべての生命を全滅させる大規模な爆弾「世界破滅装置」をソ連が仕掛けていたことが明らかになる。その装置は、ソ連が攻撃されれば自動的に発射され、止める方法はない。ストレンジラブ博士は大統領に装置の仕組みを説明する。装置は自動操縦で、不可逆的、停止不能なものにつくられているので、その威嚇に信憑性がうまれる。そのため、敵は攻撃を躊躇《ちゅうちょ》するにちがいない、と。だが、ぞっとするほど滑稽なのは、だれもそれを知らなければ威嚇が威嚇として働かないということだ。博士は大使を怒鳴りつける。「ナゼ世界ニ知ラセナカッタノダ?!」

世界破滅装置はゲーム理論の基本を示している。つまり、敵の考えに影響を与えることがなによりも重要なのだ。報復すると脅す企業は、弱さよりも強さを示す必要がある。経済の分野では、市場のニーズよりもはるかに大きな工場を建てることが、世界破滅装置を仕掛けることに相当する。工場が建ちさえすれば、建設費の一部を取り戻すために製品に安値をつけてでも、市場を占有して競合他社に報復すればいい。1940年代、アメリカのアルミニウム生産の9割を支配していたアルミニウム・カンパニー・オブ・アメリカは、この戦術を使って競合他社を市場から閉め出した。

ナッシュは、若い頃に書いたいくつかの数学の論文で自分の考えを提示し、その後、姿を消した。深刻な精神疾患に苦しみ、何十年にもわたって入退院を繰り返したが、姿を見せぬ間にナッシュの考えは経済学に革命をもたらした（2001年の映画『ビューティフル・マインド』はナッシュの驚くべき人生を描いている）。経済において戦略的相互作用はひんぱんに起こるが、ゲーム理論がうまれる以前は、経済学者はそれを見過ごしていた。戦略的相互作用がまったく起こらない完全競争が、市場に関する有力な理論だったのだ。完全競争では、大勢の買い手と売り手が存在し、だれひとりとして価格に影響を与えない。何千ものりんごの売り手が何千もの顧客に市場価格で売りたいだけ売る。ライバルの売り手がなにをして、なにを考えているかを案じることも、生き残るために相手を出し抜く必要もない。だが、ゲーム理論によって、人や企業が互いを出し抜かなければならないような、より複雑で現実的な状況を分析できるようになった。ナッシュの分析手法は、いまでは経済学のほぼすべての分野で用いられている。ナッシュは徐々に病から回復し、彼の真に革新的な考えが認められて1994年にノーベル経済学賞を受賞した。

# Chapter 21 政府の専制

第二次世界大戦中のある夜、ふたりの男性が、ケンブリッジ大学キングス・カレッジの古い礼拝堂の屋根に座っていた。ドイツの爆撃機から礼拝堂を守ろうとしたのだ。礼拝堂は、5人のイギリス国王によって、100年以上かけて造られた。ふたりはいま、スコップを使ってそれを敵の爆撃から守ろうとしている（屋根に落ちた爆弾をスコップで落とすつもりだった）。

この勇敢な2人組は、20世紀有数の経済学者である。しかし、どう見ても風変わりな組み合わせだった。ひとつには、経済に対する考え方が正反対だったからだ。年上のイギリス人で、別章〔18章〕にも登場した**ジョン・メイナード・ケインズ**は、すでに名声を確立し、賢く、弁が立ち、かなりの自信家だった。年下でオーストリア生まれの**フリードリヒ・ハイエク**（1899〜1992）は、礼儀正しく、正確に言葉を選ぶ、もの静かな男性だった。開戦後、教鞭をとっていたロンドン・スクール・オブ・エコノミクスがケンブリッジに疎開したため、ケインズと同じキングス・カレッジで暮らすことになった。ふたりは、世界的な大量失業や、大きな対立や、ふたりが屋根の上に登る原因となったドイツにおけるナチス台頭など、1930年代と1940年代の大惨事に対してまったく違う反応を示した。

ナチス政権は、よく知られているとおり、残虐な行為と殺人をおかした組織だ。ナチスが完全な悪で、それと対峙する国はまったく異なる善良で正しい社会だった、と考えるのは簡単だ。だが、それでいいのだろうか。ハイエクはそうは思わなかった。じつのところ、やや不快で、衝撃的でさえあることを述べている。たしかに、イギリスとアメリカはナチスを敵として戦い、打ち負かしたが、自覚しているよりもずっとナチスに近い。ドイツ経済は、ナチス政権によって厳しく統制されていた。イギリスでも、政府がすべてを取り仕切るべきだと多くの人が信じていた。そう考えることが、結果として、経済だけでなく暮らし全般にわたる、政府の完全な統制につながる可能性がある、とハイエクは言った。行き着く先は「**全体主義**(totalitarianism)」で、政府が全権を握り、すべての人が政府に従わなくてはならない社会である。従わなければ、刑務所か、悪くすると死が待っている。それはドイツで起こったことだ。だが、気をつけないと、イギリスもそうなるかもしれない。

ハイエクは、ナチス・ドイツと、イギリスやアメリカのように自由で民主的な国がなぜ同じだと考えたのだろうか。それは馬鹿げた考えなのだろうか。ハイエクの意図を理解するには、第二次世界大戦時とその後のヨーロッパ経済に起こったことに目を向けなければならない。戦争が勃発すると、政府は力をもった。イギリス政府は、軍のために銃や飛行機の生産を増やし、服や靴といった日用品の生産を減らすよう工場に命じた。つまり、人々にとって買えるものが少なくなったのだ。自分のお金で望むものを買うことができなくなり、バター、卵、砂糖などの必需品が決まった量だけ配給された。

政府が、好きなものをつくることを企業に許すとともに、好きなものを買い、好きな場所で働くことを人々に許すという、それまでは当たり前だった**自由市場**（free market）の制度は、大きく変わった。もっとも、特別な状況下だったために、経済活動を平常どおりに続けることができなかったのだ。戦時のポスターにはこうあった。「増やせ、イギリス製品。急げ、ナチス崩壊」。政府の経済統制はその役に立った。多くの人が、戦争が終わっても政府は経済において大きな役割を担い続けるべきだと考え、経済学者は、1940年代までに、戦時であろうとなかろうと、政府には重要な役割があるという結論に達した。ケインズは、経済活動だけでは、失業率が高止まりする状態から抜け出すことはできず、政府のみが問題を解決できる、と主張した。

一般の人の多くも、同じように考えはじめた。もし防空壕で時間を過ごすとしたら、現実逃避ができるおもしろい小説が好まれるだろうと、あなたは思うかもしれない。いちばん読みたくないのは、経済や財政に関するものではないのだろうか、と。だが、戦争の真っただなか、イギリスでベストセラーとなったのは、経済や財政に関する分厚い政府の報告書『**社会保険および関連サービス**（*Social Insurance and Allied Services*）』だった。発売前夜、通りには、その本を買い求めようとする人の列ができた。なぜこのようなややこしそうな本を読みたがったのだろうか。それは〝政府が経済に深く関わるべきだ〟という考えに人々が魅せられたからだ。ハイエクはこの考えに対して警鐘を鳴らしていた。その報告書は、有名な学者で著述家の**ウィリアム・ベヴァリッジ**によって記され、戦争終結後、政府がなにを行うつもりであるかを説明していた。若い頃、ロンドンのイーストエンドで貧しい人を助けるために働いたベヴァリッジは、この報告書によって国民的な英雄になり、報告書について話すときには多くの聴衆を集めた。戦前、貧しい人に対する政府の支援はあったものの、不完全だった。ベヴァリッジは、失業や、子供に満足に食べさせられないことなどの〝市場の不確実性〟から国民を適切に守ることを政府に求めたのだ。政府は窮乏、疾病、不潔、無知、怠惰の5つの「巨悪」と戦わなくてはならない。失業者や病人を支える「**社会保障**」**制度**（a system of 'social security'）をつくらなくてはならない。病院、学校、住居を供給し、雇用創出につながる経済政策を追求しなければならない、と述べた。

ハイエクはこうした経済には反対だった。ハイエクが師事したのは、16章で紹介したオーストリアの経済学者で、社会主義はけっしてうまくいかないと述べた**ルートヴィヒ・フォン・ミーゼス**である。しかし、ベヴァリッジとケインズは、社会主義経済を提案したわけではなかった。戦後の経済は資本主義と社会主義の中間である「**混合経済**」だった。政府は石炭や鉄道などの大きな産業を所有し、一部のモノの価格を統制し、学校や病院の費用を負担して、社会主義の色を加えた。だが、資本主義は色濃く残っていた。利益の追求に左右される民間企業も多かった。だが、ハイエクは妥協をきらった。国家による経済の管理は、混合経済という中間的なやり方であっても、人々から自由を奪うと主張した。

問題は、過去数世紀にわたって経済が大きく発展したことにより、人々は自分たちが力を手に入れたと感じたことにある、とハイエクは考えた。経済の発展は、ひとりの人間がもたらしたのではなく、経済をつくりあげる何千もの市場からうまれたものだ。だが、人々はもどかしさを感じ、より迅速な発展を求めるようになる。政府が、経済をより速く発展させようと、市場に干渉しはじめる。ベヴァリッジが望むように、政府が経済的苦難から人々を解放しようとしているのに、なぜこれが自由を奪うことになるのだろうか。それは、ハイエクの考えによれば、なにを望み、なにをもっとも重要とするかが人によって異なるからである。美術館を増やしてほしい人もいれば、プールを増やしてほしい人もいる。すべての人の願いをひとつの計画に反映するのは不可能だ。政府が経済を統制するなら、政府が人々の代わりにすべてを決めることになってしまう。人々は選択することができず、**個人の自由**はなくなる。

ハイエクは、自由が奪われれば、生命が犠牲になるかもしれないと主張した。「競争経済の最後の頼みは差し押さえを行う執行官」だが「計画経済の究極の制裁は絞首刑だ」とハイエクは述べた。これは、自由市場経済では、怠ければ（解雇されたり損失を出したりして）自分の財産を失うということである。最悪の事態に陥ったとしても、もっとも好ましくない結果は、法の執行官の命令によって債権者に財産を取られることだ。これに対して、国が統制する経済では、失敗すれば、自分の財産ではなく、国の財産を失うことになる。よって、社会全体が個人の失敗の報《むく》いを受ける。国がすべてを所有しているため、個人の財産で返済することができない。牢に入る、あるいは極端な場合、命をもって贖《あがな》うしかない。資本主義の不公平を取りのぞく試みとしてはじめたことが、結果として圧政に終わる。

ハイエクにとって、イギリスが、戦車や飛行機、あるいは2本のシャベルでナチスと戦うだけでは、不充分だった。思想においても戦う必要があった。勝利をおさめるべき思想、それは**経済的な自由**、すなわち政府が人々に対して自分自身の行動の決定権を与えることである。経済的な自由がなければ、政治的な自由もない。政治的な自由がなければ、人々は自分の考えをもてなくなる。政府に、ああしろ、こう考えろ、このように暮らせ、と命令される。ハイエクは、終戦が近づいた頃、著書『**隷属への道**（*The Road to Serfdom*）』〔『隷従への道』という邦題でも出版されている〕でそれを警告した。多くの人を苛立たせるのはわかっていたが、危険を知らせないわけにはいかなかった。政府に管理されれば、わたしたちはそのうち中世の農奴のようになる。領主に支配され、なんの決定権もなかった小作人だ。近代の西洋文明は、そもそも個人の自由が基本のはずだとハイエクは述べた。そのことを忘れれば、文明は崩壊するだろう。

その本は大評判となり（ベヴァリッジのよりも楽しく読めた）、ハイエクを有名にした。戦時のイギリスの首相で、保守党の党首だったウィンストン・チャーチルは、1945年の選挙期間中、ラジオ放送で同書に触れた。ヒトラーの冷酷な秘密警察と比べながら、対立する労働党の政策、すなわち、政府が経済を動かす政策を批判した。それは、**大きな政府**（big government）についてのハイエクの警告そのままだった。しかし、苛立つ人も多かった。なぜなら、この本は政府が経済を動かすことの重要性を、経済学者が固く信じるようになったちょうどそのときに現れたからだ。ハイエクの同僚であるロンドン・スクール・オブ・エコノミクスの**ハーマン・ファイナー**には、「悪意にまみれ」て「偏屈だ」と評された。世間の支持が得られなくなると、ハイエクは、経済の世界から身を引いた。数十年後、自由市場経済がふたたび支持されるようになったとき、ふたたび有名になった（29章）。

結局、西欧民主主義における〝大きな政府〟は、新しいヒトラーをうみださなかった（ハイエクは、必ずそうなると言ったのではなく、そういう状態に近づくと述べただけだ）。現在、ほとんどの経済は、民間企業と政府の活動を組み合わせたものだ。経済学者の議論の多くは、両者のあいだのどこで線引きすべきか、ということに関してである。ハイエクは、だれよりも自由市場の近くに線を引いた。しかし、そのハイエクでさえ、失業者の基本的な暮らしを保証したり、市場では供給できない財（こんにちの「公共財」がその例）を供給したりするために、政府支出は必要だ、と述べた。慎重に行われるなら、自由が脅かされることはないだろう。だが、ハイエクのこのような考え方は、それを不充分だと考える人々の嘲笑を誘った。自由市場を擁護した哲学者**アイン・ランド**は、所蔵していた『隷属への道』の余白に、「アホ（ass）」だ、「馬鹿（fool）」だ、などと激しく殴り書きをした。

こんにちの経済学者の多くは、政府の関与が大きいほど自由が奪われるというハイエクの基本的な立場に懐疑的だ。政府がすべての子供に学校教育を与えれば、人々はより自由になれるのではないだろうか。読み書きができれば、社会にも充分に参加できる。良い仕事を得たり、自分が投票した指導者の政策を理解したりできるようになるのだ。戦後、健康や教育に対する政府支出によって、女性や黒人など経済的・社会的に不利な立場に置かれた人たちが、かつては得られなかった支援を受けて、暮らしを築けるようになった。結局、自由とはなにかというのに尽きるのだろう。これは経済学者が他人に答えをゆだねることの多い難問である。ハイエクは、その問題と正面から向きあった。哲学者だけでなく、経済学者にとっても重要な問題だと考えたのだ。

Chapter 22
# ビッグ・プッシュ

1957年3月6日、真夜中少し前に、ガーナの大統領**クワメ・エンクルマ**は演壇に立ち、歓声を上げる大勢の国民を見渡した。過去80年間、ガーナは植民地（外国に支配される国）だった。だが、午前0時になると、エンクルマは宣言した。「ガーナは永遠の自由を得た」。その瞬間、ガーナはアフリカ植民地で初めて独立に成功した黒人国家となった。公式の祝典が行われた首都アクラのポロ競技場では、イギリスのユニオン・ジャック（ガーナを植民地支配してきた国の国旗）が降ろされ、赤、黄、緑の新しい国旗が掲げられた。国民は歌った。「ガーナの子供たちは立ち上がり、神の大義を守る」。ガーナは独立達成の先駆けとなった。数年後、イギリスの首相ハロルド・マクミランが「変化の風がこの大陸に吹いている」と述べた演説を行い、1960年代にはアフリカだけでなく、世界で何十か国もの植民地が独立を果たした。

エンクルマは地域や民族の寄せ集めから、単一の独立国家をつくった。首都アクラにある「AD《〔紀元後〕》1957　自由《フリーダム》と正義《ジャスティス》」の文字が彫られたアーチは、新しい時代の到来を告げるものだった。その言葉は、色鮮やかな国旗や新しい国歌以上に多くを意味していることをエンクルマは理解していた。自由と正義は、国民が食べるに足り、健康で、住む家をもち、読み書きができて初めて存在する。独立以前、ガーナはカカオを売ることで多くの収入を得た。その一部は道路や鉄道建設に使われた。それでも、多くの新生国家同様、ガーナは貧しかった。子供の4分の1近くは5歳まで生きられなかったし、国民の平均所得はヨーロッパの水準にはるかに及ばなかった。10年のうちにガーナを楽園に変える、とエンクルマは約束した。

独立祝賀会には、エンクルマの経済顧問である**アーサー・ルイス**（1915〜1991）も出席した。ルイスは大英帝国の辺境に位置するカリブ海の貧しい島、セントルシアで育った。10代の頃の夢はエンジニアになることだったが、まもなく白人が経営する砂糖のプランテーションは黒人のエンジニアを雇わない、という現実に気づいた。1930年代にロンドン大学を卒業したものの、取材相手のなかには黒人記者とは口もききたくないという人がいるという理由で、エコノミスト誌には就職できなかった。大成功を収めたのはその後である。1938年、アフリカ出身者として初めてロンドン・スクール・オブ・エコノミクスの講師に任命され、1979年にノーベル経済学賞を受賞した。こんにちに至るまで、黒人の受賞者はルイスだけである。

ルイスは、豊かな国とは異なり、貧しい国の経済には「近代的なもの」と「伝統的なもの」の大きな不一致があることに気づいた。たとえば、高級店と、その周囲の路上にいる物売りだ。利益を得るために労働者を雇い、製品をつくって売る資本主義的な農場や工場で構成される〝近代的部門〟と、利益を最大化するのではなく、親族や友人で利益を分けあう家族経営の農場や工場で構成される〝伝統的部門〟とが存在する。ルイスはこれを「**二重**」**経済**（'dual' economy）と呼び、「充分に開発された部分が……経済の闇に囲まれている」と述べた。

伝統的な経済には多数の労働者がいて、その多くは生産にほとんど貢献しない。家族代々の墓所で雑用をする女性たち、旅行者の荷物を運ぶ若者たち、オフィスの外でぶらぶらしては使い走りをする少年たちなどだ。伝統的部門には、労働者の数を半分に縮小しても生産に支障がないほど「無限」の労働力がある、とルイスは考えた。だが、ここに経済発展の根がある。近代的部門は、低賃金で多くの労働者を雇用し、高利益を得ることができる。その利益は機械や工場に投資される。近代的部門は拡大し、伝統的部門は縮小する。経済の闇は薄らぐ。

ルイスの議論により、「**開発経済学**（development economics）」の分野が築かれた。開発とは発展や成長を意味する。つまり、赤ん坊がよちよち歩きの幼児になり、意思疎通の方法を学び、やがて社会的に洗練された大人になることだ。19世紀、イギリスは農業社会から活気ある工業経済国へと成長した。いまや、アフリカやアジアの国々も同じことをやろうとしていた。開発経済学のもうひとりの創始者は、ポーランド生まれのイギリス人経済学者**ポール・ローゼンシュタイン＝ロダン**（1902〜1985）である。彼は第二次世界大戦のあいだ、前線から遠く離れた静穏なロンドン市街にある上品な屋敷に仲間を集め、新生国家の経済について考えた。戦後により良い世界を建設するには、アフリカやアジアの急成長が不可欠だ、と彼らは信じていた。

アダム・スミスやデヴィッド・リカードなど偉大な経済思想家は、経済がどのように成長するかに関心を抱いた。それなのに、なぜ「開発経済学」をとくに論じる必要があったのか。経済学はすべて成長に関係するのではないのか。ある意味ではそうだ。だが、ガーナ、インド、エジプトなどの新興独立国は、イギリスで初めてマンチェスターに鉄道が敷かれた19世紀とは異なる世界に誕生した。1950年代、欧米諸国は世界の他地域よりはるか先を進んでいた。電力を安く供給し、ラジオから角砂糖まですべてを工場の長い製造ラインによって生産するのに成功した。新興国家はすべてを新たに発明する必要はなかった。「他国が300年以上かけて成し遂げたことを、かつての属領（植民地）は1世代で行わなければならない」とエンクルマは述べた。

ローゼンシュタイン＝ロダンとルイスは、新生国家が充分な経済力を発揮できずにいると考え、「未開発（underdeveloped）」の、あるいは「開発途上（developing）」の国〔「発展途上国」とも。以下では単に「途上国」と記す〕と呼んだ。また、そうした国々をより豊かにするための政策があると確信していた。彼らも、途上国の指導者たちも、産業の振興が不可欠だと考えた。エンクルマは、工場の煙でボルタ川の向こう岸が見えなくなったとき、国民はようやく幸せになれるだろうと述べた。課題は、ガーナのような途上国、つまり小さな農場や点在する村で成り立つ社会を、車や化学製品を生産する工業社会に変えることだった。

1940年代まで、経済学者の大半は、市場は充分に機能していると信じていた。儲かる見込みがあれば、経営者は工場を建て、電話回線網を敷設するからだ。しかし、新しい開発経済学者は、貧困国では市場はうまく機能しないと考えた。ルイスは、発展途上国に必要なのは地方にいる多くの労働者を工場で働かせることだと示したが、ローゼンシュタイン＝ロダンは、それは自然には起こらないと述べた。

問題は、工場はほかの工場がなければ利益を得られないことだ。新しいイワシの缶詰工場が儲けを得るには、缶詰を売らなければならない。買うのはだれだろうか。伝統的な経済で働く人々は稼ぎが少なく、イワシの缶詰を買えない。缶詰工場の労働者は、賃金の一部で缶詰を買うだろうが、靴も買いたいと思うだろう。もし靴工場が同時にできれば、靴工場の労働者はイワシの缶詰を買い、缶詰工場の労働者は靴を買う。それぞれの工場が別の製品の市場を形成するのだ。つまり、工業化には、地方から労働者を集め、同時に多くの工場で働かせる必要がある。工場が一緒にできれば利益を上げられるが、単独ではそうはいかない。だから、イワシの缶詰工場をつくろうと考える経営者がいても、その土地にほかの工場がなければやめてしまう。港や金属工場や造船所は依存関係にあるので、同時に建設するべきだ。なにもたない発展途上国は、すべてをもたなければならないのである。飛躍の時を正確に決めることができるのは政府だけだ、とローゼンシュタイン＝ロダンは論じた。政府は経済の多くの分野に大規模な投資をする必要がある。ローゼンシュタイン＝ロダンはそれを「**ビッグ・プッシュ**」と呼んだ。

ガーナ政府はそれを試みた。発電所、病院、学校、近代的な港を建設した。工場や工業施設が次々にできた。もっとも大きなプロジェクトはボルタ川のダム建設だった。８万人の立ち退きが行われ、世界最大の人造湖ができあがった。富裕国はプロジェクトに必要な費用を「支援」した。ガーナ政府は、もうすぐ豊かな社会を築けるという強い期待を抱いた。

　しかし、ビッグ・プッシュは、経験の乏しい新しい政府にとって、あまりにも難しい要求である。ガーナ政府は国民に病院、電話、きれいな飲料水を提供できるようになったが、非効率的な企業もつくりだしてしまった。多くは完全な失敗だった。マンゴーの収穫が少ないにもかかわらず、マンゴー加工工場が建設された。国全体が使っても使いきれないほどのガラスを製造する巨大な工場もできた。そうした企業は離陸期の原動力にはならない。それどころか、エンジンは音を立てて止まり、経済は破綻した。アフリカ、ラテンアメリカ、アジアのほかの多くの国でも、ビッグ・プッシュはうまくいかなかった。政治と経済の癒着によって発展が妨げられたのが理由のひとつである。政府が新興産業に支出をすれば、経営者はそれが続くよう、どんなことでもした。機嫌をとるために、政府の意見に従った。工場の効率化よりも、役人を説得して支援金や有利な計らいを得るのに力を注ぐ者もいた。

　しかし、うまくいった国もある。たとえば韓国だ。朝鮮半島は、第二次世界大戦の終わりに共産主義の北部と資本主義の南部のふたつに分断され、１９５０年代初めに朝鮮戦争が勃発した。大韓民国（韓国）はそうした混乱を抜け出したのである。戦争によって、何百万もの命が奪われ、生き残った人々も貧しい暮らしを強いられた。多くは家もなく、食べ物を求めて野山をさまよった。だが、１９６１年に陸軍将官の**朴正熙**《パク・チョンヒ》

が権力を掌握し、韓国を産業大国へと変えるためにビッグ・プッシュを開始した。ビッグ・プッシュは政権と密接な関係にある大企業、すなわち「**財閥**《チェボル》」を通して行われた。財閥は政府の指導によって特定の産業に従事し、低金利の融資を受けた。そうした産業は初期には国際競争から保護された。しかし、競争力をつけ、製品輸出ができるようになる、と政府は主張した。

韓国経済は離陸期《テイクオフ》を迎えた。政府は繊維などの軽工業を発展させると、次に鉄鋼、車、造船などの重工業に移行した。1950年代には北朝鮮の経済のほうが進んでいたが、やがて韓国が追いつき、ほかの多くの途上国をも追い越した。朴政権が誕生して20年ほどたった頃には、同国の経済は10倍に成長した。二大財閥である三星《サムスン》電子と現代《ヒュンダイ》自動車の名は欧米でも知られるようになった。朴大統領の功績は「**漢江**《ハンガン》**の奇跡**(Miracle on the Han River)」と呼ばれ、こんにち、韓国の国民は富裕国と同水準の生活を送っている。韓国がほかの途上国と異なるのは、政府が新興産業を怠けさせなかったことだ。経営者に低金利の融資をするときは、企業の業績が良好なことを確かめたうえで行い、輸出可能な競争力がない企業からは融資を引き上げた。アジアには、ほかにもシンガポール、台湾、香港などが戦後に急成長を遂げ、その驚くべき成功から**アジアの虎**(the Asian Tigers)と呼ばれるようになった。

悲しいことに、政府が経済に関与したため、ビッグ・プッシュの行き詰まりよりも悪い事態に陥った国もある。ザイール(現在のコンゴ民主共和国)の指導者**モブツ・セセ・セコ**は、何百万ドルという国の金を盗み、自分のためにたくさんの宮殿を建造し、二枚貝の形をしたピンクのシルクのソファを備えた巨大なクルーザーに乗ってザイール川を旅した。一方、国民は困窮し、道路はぼろぼろになった。そのため、経済学者はビッグ・プッシュという考え方に背を向けた。１９８０年代には、富裕国であっても、貧困国であっても、政府は経済へ介入すべきではないと主張するようになった。貧困国の発展のために、国有企業を民間企業の経営者に売却する「**民営化**（privatisation）」のような新たな自由市場政策が立案された。それもうまくいかないことがわかると、政府が好きなときに押せる、経済的な離陸《テイクオフ》のための点火スイッチなどないことに経済学者は気づきはじめたのだ。

Chapter 23

# 経済学はすべてに通ず

店の経営者は、仕事中、絶えず計算をしている。卵は足りているか。飲み物用の冷蔵庫を増やすべきか。店員を新たにひとり雇う価値があるか。終日、売上げと費用を計算し、利益をできるだけ増やそうとする。閉店後に帰宅し、夕食をつくって、掃除をする。そうなれば計算はひと休み、と思うかもしれない。だが、料理、掃除、子供の相手といった家庭生活は、ビジネスや経済学と関係がないのだろうか。ほかの社会科学者は、生活の非経済的な側面、つまり「社会的」な面を研究する。人類学者は人々の習慣や文化を、社会学者は広い意味で社会の仕組みを考える。人類学者や社会学者は、結婚や家庭のほかに、犯罪や人種差別といったことを研究する。これに対して、経済学者はそうではないと思うかもしれない。産業と企業、価格と利益など経済学に関することだけを扱うのだろう、と。

1950年代、**ゲーリー・ベッカー**（1930～2014）は「経済」と「社会」の壁を壊した。ベッカーはシカゴ大学のすぐれた経済学者である。同大学の経済学部はとても有名なため、シカゴ学派《スクール》と呼ばれる。シカゴ学派は、市場と価格が社会の仕組みの基本だと考える。ベッカーはこれを大きく発展させた。店の経営者は、仕事中、利益を最大化するために費用《コスト》と便益《ベネフィット》を計算する。だが、家庭においても、費用と便益を絶えず計算している、とベッカーは考えた。彼らは子供たちが見ているテレビを消し、宿題をやらせる。なぜなら、宿題をする子供はたくさん稼ぐ大人になり、たくさん稼いでお金のある大人は、年老いた親の面倒をより良くみることができるからだ。そうした計算はあらゆるところで行われる、とベッカーは考えた。彼の講義のひとつは「人生を経済学的に見る」というものだ。ベッカーは、経済学が人生の多くを理解する助けになると考えた。

ある日の午後、ベッカーは大事な会議に遅刻しそうになった。駐車場まで行けば、会議の開始に、まず間違いなく間に合わない。違法だが、路上に駐めれば早く着く。気がつくと、一連の行動の費用と便益を比較していた。路上駐車をすれば会議になんとか間に合うが、駐車違反の罰金を支払うリスクを負うことになる。違法駐車の費用は、捕まる可能性によって調整した罰金の額だ。ベッカーは、会議に間に合う便益と比較して費用のほうが安いと判断し、路上駐車をする決心をした。ベッカーにとって違法行為は経済における計算の問題なのだ。

その経験からベッカーは〝**犯罪の経済理論**〟という着想を得た。ベッカーは、犯罪者は法を遵守《じゅんしゅ》する人々とは異なるとか、精神的に疾患があるとか、他人にひどい扱いを受けたせいで犯罪をおかすとか、ある意味で環境の犠牲者だといった主張を拒絶した。犯罪者はほかの人々とほとんど変わらず、必ずしも凶悪でも邪悪でも乱暴でもなく、頭のなかで論理的な計算をする人々だ、と考えた。もちろん、犯罪の原因は複雑だ。

だが、経営と同じように重要なのは、犯罪にも費用と便益があり、犯罪を防ぐにはそれらを考慮しなければならないと論じた。たとえば、駐車違反を取り締まるには、多額の費用をかけて交通監視員が違反者を捕まえるのではなく、単に罰金を高くするだけで費用を節約できる。運転者が論理的に計算すれば、捕まる可能性は小さいが罰金が高い場合と、罰金は低いが捕まる可能性が大きい場合とでは同じ結果になる。犯罪をなくす最善の方法は、犯罪が割に合わないようにすることだ。すなわち、違法駐車の罰金を高くし、押し込み強盗の服役期間を長くするのである。

ベッカーは、標準的な経済原則を用いて人間のあらゆる行動を分析した。原則のひとつは、人にはそれほど大きく変わることのない好みがあるということだ。きょう現在、ジャズよりロック音楽が好きな人は、おそらく来週もそうである。もうひとつの原則は、人間は合理的であり、みずからの好みを満足させる行動を算出するということだ。お金がいくらあり、費用がどのくらいかかるかを考えて、もっとも良いことをする。つまり、どんなことにもトレードオフがある。店の経営者は新しい店を開く便益と費用を、車泥棒は盗もうとするメルセデスの価値と投獄されるリスクを比較する。

ベッカーは学生時代、同じ経済原則を用いて人種差別を考えた。彼の仲間は驚いた。人種差別は、人間の態度や社会の不正の問題ではないか。社会学者が考えるべきテーマだ。経済学になんの関係があるのか。だが、ベッカーは、経済学で多くを説明できると信じた。

1950年代、アメリカの黒人は雇用と賃金においてひどい差別を受けた。ベッカーは、人種差別は、黒人が好きではないという嗜好の問題だと考えた。ジャズよりロックが好きな人は、ロックに比べてジャズがきらいであり、ロックのアルバムと同じ金額をジャズのアルバムに対して支払う気にはなれない。同様に、人種差別をする店の経営者は、白人と同じ賃金を黒人に支払う気になれない。たとえば、黒人が、白人より50ドル低い賃金であれば、人種差別をする店の経営者から仕事を得られると仮定する。ベッカーはその50ドルを「**差別係数**」と呼んだ。人種差別をする店の経営者は白人に50ドル多く払うのをいとわない。したがって、人種差別をしない雇用者と比べて従業員により多く支払うことになる。人種差別をしない雇用者は、少ない費用で同じ仕事をする従業員を雇用できる。白人による黒人差別は黒人を貧乏に、白人を金持ちにする、と考えられることが多い。だが、ベッカーは、人種差別主義者も損失をこうむることを明らかにした。

ユダヤ人も雇用における差別を受ける。だが人口比率が低いので、被害は小さい。人種差別をしない雇用者からの仕事だけを受けることができるからだ。アメリカでは、黒人の人口比率が高いので、全員が人種差別をしない雇用者から仕事を得ることはできない。多くが人種差別をする雇用者のもとで働くしかない。したがって、ベッカーの理論は、人種差別をする雇用者が黒人と同じくらいユダヤ人をきらっていても、黒人の賃金は平均してユダヤ人よりも低くなることを示した。被差別集団は大きくなるほど、低賃金を受け入れて人種差別をする雇用者のもとで働き、人種差別をする雇用者は、好ましいと思う人種集団から雇い入れるために、より多く支払わなければならない。黒人が人口の過半数を占める南アフリカで行われたアパルトヘイトが、倫理に反するだけでなく、経済的に無駄であるのはそのためだ、とベッカーは述べた。

ベッカーは、経済学を結婚、家族、子育てにも用いた。経済原理は、モノを金で売買しない家庭でも働くと考えたのだ。

家庭は小さな工場であり、小麦粉、野菜、料理の技術などを投入《インプット》して、家族の食事という産出《アウトプット》を食卓につくりだす。経済学者にとって小麦粉や野菜は、稀少なものである。たとえ店で簡単に見つけることができても、在庫は無限ではないし、各人が入手できる量には限度がある。家庭内生産において重要な投入資本は時間で、それも稀少である。家庭では、多くの時間を投入しなければできないこともある。ベッカーはそれを「**時間集約型**（time-intensive）」と呼んだ。家で『スター・ウォーズ』の映画を見るのは、何時間もかかるので時間集約型である。その行動のおもな費用は、電気やポップコーンに支払った費用ではない。映画を見なかった場合にできたかもしれないほかのこと（たとえば、友人の家を訪問するなど）、すなわち、機会費用（opportunity cost）だ。高賃金の人にとって、『スター・ウォーズ』を見る機会費用は大きい。その日、働かずに映画を見て過ごせば、多額の収入をあきらめることになるからだ。

子供をもつかどうかの決断にも、時間集約型という考え方が当てはめられる。子供は、買うことができる財に似ている、とベッカーは述べた。車を買うと、代金を支払ったあと、時間がたつにつれて次々に便益を得る。子供をつくることも同じだ（ベッカーが初めて会議でこの比較対照を行ったとき、聴衆は笑った）。子供は世話をするのに多くの時間を要するので、時間集約型の財である。次に、子供をもつ費用は、午後いっぱい映画を見て過ごす場合に収入を失うのと同様に、家にいて子供の世話をすることによって放棄する賃金収入だ。したがって、賃金が高い人ほど子供をもつ費用は大きくなる。放棄されるのは多くの場合、子育てのために仕事をやめる女性の所得である。20世紀を通して、外で働く女性が増えたため、子供をもつ費用は大きくなった。その結果、女性が産む子供の数が減少しはじめた。

19世紀、経済学者**アルフレッド・マーシャル**は、経済学を「具体的な真実の集合体ではなく、具体的な真実を発見するための原動力」だと表現した。この考え方によれば、経済学は分析手法であり、合理的な法則を適用することで、自分の望む状況を選択していくことである。ベッカーにとっても経済学は「モノ」というより「道具《ツール》」だった。「経済」、すなわち財を消費し生産する人々や企業に関することだけではなかった。経済とは無縁のように思える犯罪や子育てなど、人生のどんな分野にも関わることだった。

ベッカーの志を継ぐ経済学者は、法制度やテロ、歯ブラシから日本の相撲にいたるまで分析した。経済学者の多くはこれをすばらしい発展だと考えている。この手法の強みは、なんにでも適用できる汎用性があることだ。さまざまな人の行動を説明する、有力な方法である。

一方、経済学の範囲が広がりすぎた、と考える人もいる。経済学者が、方法論をいかに活用するかを学ぶのに精力を注ぎ、経済の研究、すなわち経済が日々、いかに機能し、長い時間をかけてどのように発展してきたかを学ぶのをなおざりにしているというのだ（もしあなたが経済学の学生なら、たとえばアメリカや日本の経済が現実にどのように機能するかよりも、合理性と選択の法則を適用する方法を学ぶのに多くの時間を費やすことになるだろう）。また、経済学的手法に実際、どのような力があるかは疑問だ。17章で紹介した**ソースティン・ヴェ**

**ブレン**は、合理性と選択という経済学の標準的な理論を受け入れなかった。ヴェブレンのような型にはまらない経済学者は、経済学は費用と便益の計算にとどまらない多彩な人間の行動モデルを組み込む必要がある、と言う。いまでは、家で料理をする人々は言うまでもなく、在庫品を扱う店の経営者も、じつはまったく合理的ではない、と信じている経済学者が多くいる（36章）。

それでもやはり、ベッカーの考え方の多くは大きな影響力をもつようになったため、かつては論争の的であったことが忘れられがちだ。こんにち、経済学者は「**人的資本**（human capital）」について、しばしば論じる。人間が機械のように生産に貢献すること、教育によって能力を磨けば人的資本と雇用の見通しを強化できるという考え方だ。ベッカーがその考えを提唱したとき、人々は憤慨した。こんにちでは、学生が大学に行くのは、卒業後、高収入の仕事に就くのに役立つスキルを身につけるためだ、という意見が疑問視されることはほとんどない。

# Chapter 24 成長

子供の頃、毎年、誕生日に親が壁に印をつけ、どのくらい背が伸びたかを記録した思い出のある人もいるだろう。印がより高いところにつくと誇らしく思う。成長して背が高くなると、小さかったときより多くのことができるようになる。弟や妹の印は、自分のよりもずっと下からはじまるが、徐々に近づいてくる。経済学者も経済について似たような考え方をする。

経済は、成長する人間に似ている。「若い」経済圏が、ときに急成長して〝年上の〟経済圏に追いつく。子供と同じように、経済も成長すると、より多くのことができるようになる。消費者向けの商品が増え、学校建設や病気治療に使える資源も増える。経済がどのように、なぜ成長するかは、経済学の重要な問いと言える。経済が成長すれば、人々に必要なものを提供しやすくなる。「**経済成長**（economic growth）」という現代用語を使わなくとも、これまでの章で紹介した思想家の多くは、この問題に関心を抱いた。社会が時間の経過とともにいかに豊かに、洗練されていくのかを思想家は知りたがった。この問題の大きな部分を占めるのは、経済がどのようにして大きくなるか、成長するかということである。

第二次世界大戦後、経済学者は経済成長を新しい視点でとらえはじめた。１９３０年代の大恐慌のさなか、経済は成長とは逆の方向、つまり縮小した。国の生産量が減り、会社は倒産し、何百万人もが失業した。大恐慌は危機であり、経済が正常な状態にはないことになる。正常な状態ならば、国はすべての資源を活用して財を生産し、失業や、遊休状態の工場が減る。時の流れとともに、経済も成長する。生産能力が向上し、社会はより豊かになる。経済危機の合間には、しばしばそうしたことが起こる。第一次世界大戦まで世界の先進国の多くは、大きな経済恐慌もなく、順調に成長した。第二次世界大戦後には、新しい成長の夜明けを迎えた。

アメリカの経済学者**ロバート・ソロー**（１９２４〜）は戦前の大恐慌と戦後の経済成長を体験した、こんにちでは数少ない経済学者のひとりである。戦争が終わり、陸軍を除隊すると、ソローは学業を再開すべく、社会学と人類学を学んでいたハーバード大学に戻った。だが、妻から〝あなたはこちらのほうがおもしろく感じるのでは〟と言われたこともあり、ふと気が向いて、経済学に転向した。妻の助言は正しかった。ソローは数学と統計学を使って、むかしながらの経済学の問いに現代的なひねりを加えた。経済が成長し、時とともに国民の生活水準が改善する原動力はなにか。なぜ、ほかの国よりも速く成長する国があるのか。

ソローと、いまでは忘れられかけているオーストラリアの経済学者**トレヴァー・スワン**（１９１８〜１９８９）は、すべての資源を活用して財を生産する正常時に、経済がどのように成長するかを説明する理論を同時期に考案した。ここで、財が資本（機械や工場）と労働力を使って生産される、単純化した世界を想像するといい。社会が財を生産するために使う資本と労働力には、多様な組み合わせがある。列車のトンネルを掘るには、ショベルカー数台とシャベルをもった労働者数百人でもいいし、ショベルカー多数と運転手数人でもいい。裕福な国は、人口に対して資本が多く、1人で多くを生産する。**1人当たりの生産量**は、社会の豊さを測る適切な指標である。10人で100ポンドの価値のある財を生産する社会は、20人で同じ価値を生産する社会よりも、2倍裕福である。10人の社会は、国民1人当たり平均しておよそ2倍の財の供給があり、20人で生産する社会よりも生活水準が高い。ソローの理論は、1人当たりの所得という重要な指標によって成長を説明した。

資本への投資を増やせば、たとえばパンを焼くオーブンをもう1台買えば、製造できるパンが増えるので経済の産出量を増やせる。ソローの理論によれば、労働者の数を維持したまま資本を増やせば、産出量の増加幅は徐々に小さくなる。これは「**資本の収穫逓減**（diminishing returns to capital）」と呼ばれる。パン焼きオーブンが数台しかない国を想像してみよう。投資をしてもう1台オーブンを増やすと、パン焼き職人の生産高は大きくなる。しかし、さらに多くのオーブンを増やすと、オーブンを使いこなせる人を確保するのが難しくなり、100台目のオーブンを増設したことによる生産高の伸びは、10台目のオーブンを増設したときよりもずっと小さい。

資本の収穫逓減とは、資本ストックを増やし、生産量を増やすと、成長率が徐々に小さくなるという意味である。最終的には、資本を増やして得られる利益がなくなってしまう。資本が唯一の経済成長の源だとすると、経済は**1人当たり所得**が成長しなくなる状態に行きつくことになる。だが、実際には、長期的に1人当たりの所得の成長をうみだす要素がある。それは**技術の進歩**だ。経済学では、技術とは布や糸、金属などの原料をジーンズなどに変えるレシピのようなものだ。ここでいうレシピは、布の裁断方法、縫製方法といった知識である。より効率の良い縫製技術が発明されれば、知識は進み、ジーンズがより簡単に製造できるようになる。経済は、より「**生産的**（productive）」になる。技術の進歩によって、国が保有する資本と労働力を用いて、さらに多くを製造できるようになる。まったく新しい財もうみだされる。〝石板《ストーン・タブレット》〟から〝羊皮紙《パーチメント》〟へ、羊皮紙から紙へ、紙から〝電子機器端末《デジタル・タブレット》〟へと進歩するにつれて、社会も進化する。技術の進歩によって**生産性**（productivity）が向上することが、成長の真の原動力だとソローは考えた。

ソローの理論は楽観的だ。子供が成長すると兄や姉の背丈に追いつくように、貧しい国の生活水準は、豊かな国に追いつくものだと述べている。資本をほとんどもたない貧しい国は、資本を多くもつがゆえにその利得をすでに使いきってしまった豊かな国よりも、速く成長する。貧しい国は成長が速いので、生活水準が豊かな国に追いつく。豊かな国も、貧しい国も、技術の進歩が唯一の成長源となる段階に近づく。遠くから開始するほど、この最終段階に向かって速く進むのである。

第二次世界大戦後、世界で経済的にもっとも発展した国はアメリカだった。だが、ソローの理論のとおり、ヨーロッパの国々はアメリカに近づいた。トランジスタやコンピュータのような新しい技術を使い、アメリカと同じように大きなオートメーション工場を建てた。第二次大戦が終わったときには、ヨーロッパの1人当たりの平均所得はアメリカの2分の1以下だったが、1970年代半ばには4分の3弱まで追いついた。ヨーロッパ以外では、日本が大きく伸びた。

　順調な経済成長が何十年も続き、大恐慌の再来もなかった。経済学者はこの時代を、成長と生活水準における「**黄金時代**《ゴールデン・エイジ》」としている。1950年代初頭、自動車を保有しているフランスの世帯は20パーセントにすぎなかったが、1970年代初頭には60パーセントに増えた。戦後のフランスでは珍しかった冷蔵庫とテレビも、すぐにありふれたものになった。消費は増えたが、労働は減った。ヨーロッパのほかの国に経済リーダーの座を奪われたイギリスでさえ、生活水準が向上した。休暇を取ったり、映画館に行ったりすることがふつうに行われるようになった。1963年のイギリスのヒット映画『太陽と遊ぼう！（原題：*Summer Holiday*）』では、昼休みにバスを借りた機械工のグループが南に向かい、最終的にギリシャのビーチにたどりつく。富裕層だけでなく、機械工やバスの運転手も、夏期休暇をとって日差しを浴びることを望む時代になった。1957年、イギリスの首相**ハロルド・マクミラン**は、当時の雰囲気をとらえてこう言った。「イギリス国民の多くは、これまでで最上のときを迎えた。国内をまわれば……これまでのわたしの人生でも、この国の歴史上でも、見たことのない繁栄を目にする」

　しかし、黄金時代が訪れたのは一部の人だけだった。ヨーロッパは好調だったが、世界の多くの国は貧しいままだった。韓国など、いくつかの国はソローの理論が予測したように追いつきはじめたが、アジアとアフリカの多くの国は後れを取った。ソロー以前の経済学者は、貧しい国でも多くの工場、道路、港を建設すれば、豊かになると考えた。本書でも途上国の努力を論じた〔22章〕。ソローは、工場や機械など資本を増やしても、せいぜい短期的な成長を促すだけだと示した。経済の長期的な成長には、技術の進歩が必要だ。しかし、ソローの理論では、どこから新しい技術がうまれるのかは説明されていない。技術は「**外生的**(exogenous)」なもの、すなわち経済の外側から入ってきてコントロールできない、ちょうど庭園の成長を助ける日光のようなものだとされた。そして技術は、マラウイであろうと、スイスであろうと、すべての地域の経済で平等に入手できるものと想定された。だからマラウイが新しい技術を活用すれば、スイスのようになる、と。だが、実際には、貧しい国が最新技術を導入するにはさまざまな障壁がある。国内に技術を適切に使うスキルがない場合もあれば、事業として費用対効果が良くない場合もある。

さらに、技術は外生的なものではない。その社会の発明家やエンジニアがつくりだすものだ。1990年代、アメリカの経済学者**ポール・ローマー**(1955〜)は、技術は「**内生的**(endogenous)」なもので、経済システムのなかでうみだされるものとする新しい成長理論を提案した。ローマーは、技術の進歩は日光のようなものではない、と指摘した。改良された自動車エンジンを発明する人がいるのは、改良されたエンジンを売れば利益になるからだ。技術が特別なのは、いちど発見されれば、なんどでも使えるという点だ。航空会社が金属の融解点〔固体が溶けて液体になるときの温度〕の研究に予算を割くのは、その専門知識を使って軽量の飛行機の翼を製造し、販売すれば利益を得られるからだ。同じ専門知識を、キッチン用品メーカーはオーブンの改良に使える。キッチン用品メーカーは同じ研究をするために予算を使わなくてよい。このように知識は人が売買する大多数のモノとは大きく異なるので、経済学では**非競合財**《ノン・ライバル・グッズ》（non-rival good）と呼ばれる。ハンドドリルと比べてみよう。あなたがハンドドリルを使っていたら、わたしはそれを使えないし、劣化すれば買い替えなくてはならない。しかし、金属の融解点はいちど発見されれば、それが永遠の知識となる。新しく発見されたことが加わることによって、わたしたちの知識の蓄積は限りなく増していくのだ。

技術は非競合的なものなので、蓄積が続けば、より大きな富につながる。しかし、問題もある。新しいアイデアの利益のいくらかは、それを発明した人以外の人々にも分配される。そのため、研究開発が、経済全体からみると最適な水準にはるかに及ばない小規模でしか行われない傾向があることだ（14章で紹介したピグー教授が論じた**市場の失敗**の一例）。ローマーの**技術・成長理論**は、政府が研究開発に資金を提供すれば、民間企業だけで行うよりも、もっと多くの新しいアイデアを創造できることを示した。

ソローの理論では成長は鈍化するものとされたが、ローマーの理論では、成長は、経済に新しいアイデアが浸透することによって続くとされた。つまり、新しいアイデアをうみだすことに長《た》けた、大きな経済圏の成長は、鈍化せずに続くということだ。小さな経済圏が、自動的に追いつくことはない。残念ながら、世界の最貧国の多くがこの運命をたどっている。結局、人々の食糧、教育、住宅を満たすのに利用できる資源が足りないのだ。だからこそ、成長がきわめて重要であり、アメリカの経済学者**ロバート・ルーカス**が、このことを考えはじめたら最後「ほかのことは考えられなくなる」と言ったのである。

# Chapter 25 美しい調和

授業がはじまると、数学を学ぶ生徒は15番教室で分数を1時間勉強し、地理を学ぶ生徒は12番教室に行く。授業が終わると、歴史を学ぶ生徒は12番教室に、英語を学ぶ生徒は3番教室に向かう。これが毎日、繰り返される。生徒はどのようにして自分の行くべき場所がわかるのだろうか。もちろん、だれかが時間割を決めたからだ。これがうまくいかなければ大混乱が起こる。教師が物理を学ぶ生徒にフランス語を教えようとしたり、違うクラスの生徒が教室で席を取りあったりすることになる。しかし、時間割がうまく機能すれば、一日が調和のとれた日になる。

時間割は、さまざまな科目を学ぶ生徒のように、異なる目的をもつ人々を調和(coordinate)させる。時間割を決める人は、教室と教員をうまく調和させなければならない。経済とは**調和**(coordination)に関わる大きな問題だ。いま、あなたは新しいヘッドホンが、あなたの友人はコンピューターゲームが、わたしはコーヒーが欲しいとしよう。また、肉団子味の風船ガム(本当に存在する)といった、たいていの人が欲しがらないような変わったものを欲しがる人もいる。あなたと友人が街へ出かければ、ヘッドホンやコンピューターゲームを買える店があるだろうし、わたしが執筆の手を止めて外出すれば、コーヒーを売ってくれる人が必ず見つかる。奇妙な風船ガムに執心する人も、しかるべき場所に行けば見つけられるはずだ。

経済では、しかるべき教室に来る生徒に相当するのは、人々が欲しがるさまざまな商品を過不足なく提供する企業だ。それは、人々が100万セットのヘッドホンを欲しがるなら、100万セットつくるヘッドホンのメーカーであり、また同様の行動をとる、コーヒーやコンピューターゲームのメーカーである。では、時間割はだれが決めるのだろうか。ヘッドホンメーカーに100万セットつくれと命じるのは、だれなのだろうか。資本主義経済では、それを命じる人はいない。わたしたちはそれに慣れているので、考えてみることもないかもしれない。コンピューターの部品メーカーが廃業して、欲しいノートパソコンが手に入らないなど、良くないことが起こったときに初めて、わたしたちは〝経済の調和〟という問題に気づくのだろう。わたしたちの身のまわりでは驚くべきことがつねに起こっているが、だれも時間割を決めないのに、経済はたいていうまく機能する。では、なぜ混乱が起こらないのだろうか。

1950年代、アメリカの**ケネス・アロー**（1921〜2017）と、フランス生まれの**ジェラール・ドブリュー**（1921〜2004）が率いる経済学者のグループがこの疑問に答えようとした。19世紀にアルフレッド・マーシャルが完成させた市場に関する基本理論は、単一市場における需要と供給を考えた。ヘッドホンの需要と供給はヘッドホンの価格に左右され、石油の需要と供給は石油の価格に左右される。石油の需要が供給より多いと、石油の価格が押し上げられるので、人々の需要が減り、一方で石油企業は供給を増やす。やがて、需要と供給のバランスが戻り、均衡する。均衡状態では、石油の価格は、石油企業が買い手の求める量を提供するときの価格になる。需要と供給がシーソーの両端だとすれば、均衡とはシーソーが完全にバランスを保ち、静止している状態だ。

問題は、石油の価格が石油市場だけに影響を及ぼすわけではないことだ。アローは、1930年代にテキサス州やペルシャ湾で新たに石油が発見された結果、石油価格が下がったことで起こったさまざまな影響を指摘した。家庭の暖房に石炭よりも石油が使われるようになり、炭坑の雇用が減った。石油精製所が大きくなり、鉄鋼の需要が増えた。石油が安くなったので自動車が売れるようになり、鉄道の衰退につながった。一市場の動きがほかの多くの市場に波及する。マーシャルの需要と供給の理論は「**部分的均衡**（partial equilibrium）」の理論であり、こうした波及効果を考慮していなかった。

波及効果をとらえるのは難しい。部分均衡理論では、石油市場のシーソーが傾くのは石油価格だけが原因だとされる。では、異なる市場間の相互作用をどう考えればいいだろうか。たとえば、石油市場の動きが自動車市場の動きと関係があるとしよう。一方のシーソーが傾けば、もう一方のシーソーも傾く。ひとつのシーソーの動きは、何十、何百というほかのシーソーと連動している。

こうした相互関係にあるシーソーの動きを分析するのが「**一般均衡**（general equilibrium）」である。フランスの経済学者**レオン・ワルラス**（1834〜1910）が19世紀にはじめたものだ。単一市場における均衡は、**供給＝需要**という簡単な式で表すことができる。ワルラスの理論では、石油の需要と供給は経済におけるすべての価格に左右される。ヘッドホンやコーヒーなど、あらゆるものの需要と供給についても同じだ。100万の財があれば、100万の関係式があり、それぞれが100万の価格に左右される。すべての単一市場で需要と供給が等しければ、どのシーソーも動かない。そうした状況は、すべての方程式が同時に解けたときに起こる、とワルラスは言う。ワルラスは数学的な問題の答えを出さなかったが、アローとドブリューは答えを出した。

1940年代にアローとドブリューが経済学を学んでいた頃、経済学はあまり数学を用いなかった。当時の経済学の本を見ると、大半は言葉で説明されている。アローとドブリューは、そもそも数学者として経済学の世界に入ったのだ。1950年代、ふたりが所属したシカゴ大学の研究機関であるコウルズ委員会（the Cowles Commission）が、**数理経済学**（mathematical economics）の重要な拠点となった。ふたりの論文には多くの数学記号（mathematical symbols）が使われている（まるでこんにちの経済学書のようだ）。アローが1950年代にある賞を受けたとき、同僚のひとりがアローに、受賞スピーチの冒頭で、感謝を表す「記号が見つからない」と言えばいい、と提案したほどだ。

アローとドブリューはまず、人の行動に関する前提を考え、次いで、その前提が経済にとってどのような意味があるかを、緻密《ちみつ》な数学的推論を用いて考察している。その前提には、人は合理的、あるいは整合性のある選択をする、というものがある。たとえば、梨よりバナナが好きで、桃より梨が好きな人は、桃よりバナナが好きということになる。アローとドブリューは、人の好みが合理的なら、すべての市場が安定する可能性があることに気づいた。経済用語を使えば、一般均衡が存在するということだ。これは重要な発見だった。なぜなら、均衡が存在しなければ、企業がすべての人の需要を満たすことができる価格も存在しないからである。数学的に表現すれば、経済に「整合性がない」ということになる。相互関係にある一連のシーソーは、けっして安定せず、地面に当たったり、互いにぶつかりあったり、絡みあったりしたあげく、混乱に陥るだろう。

しかし、市場が機能するかどうかを考えるには、市場の「整合性」だけでは足りない。経済が均衡状態にあるとしよう。経済学者は状況を説明し、さらに、その状況が社会全体のニーズをいかに満たしているかを考える。たとえば、わたしたちが地元の市場で朝の買い物をして、それぞれ果物を1袋、買って帰るとしよう。わたしがこんなにたくさんの梨を、あなたがそんなにたくさんのバナナを買うのは、はたしていいことだろうか。これを判断する方法を、20世紀の初め、イタリアの経済学者**ヴィルフレド・パレート**（1848～1923）が考えだした。パレートによると、たとえ、だれも損をすることなく、少なくとも1人の満足度がより大きくなるとしても、それだけでは経済的な結果は望ましいものではなく、「非効率的」だという。わたしが梨を4個、あなたがバナナを4本もっているとする。あなたは梨もバナナも同じくらい好きだが、わたしは梨よりバナナのほうが2倍好きだ。もしあなたのバナナとわたしの梨を交換したら、わたしの満足度は大きくなり、あなたの満足度は交換前と同じである。これを「**パレート改善**」（pareto improvement)」と呼ぶ。交換しなければ、資源が最適に使われていないことになる。つまり、バナナはわたしをより満足させるために使えるのに、そうしない。ある意味、無駄になっている。交換がすべて行われたとき、経済は「**パレート効率的**（pareto efficient）」になる。その状況になると、ほかの人の満足度を下げることなしに1人の満足度を上げることはできない。交換もせずに、あなたがもっているだけのバナナのような「無駄な」資源は、経済に存在していてはいけない、ということだ。

アローとドブリューは、一般均衡状態の経済がパレート効率的であるにちがいないことを証明した。これは経済学において重要な成果であり、「**厚生経済学の第一基本定理**（the First Welfare Theorem）」と呼ばれている。この定理は、経済が均衡状態にあるとき、あなたのバナナのような無駄な資源は存在しないことをいう。均衡をもたらした価格で、わたしは梨を売り、それによって得たお金であなたからバナナを買い、あなたはバナナを売ったお金でほかのものを買うことができる。同じことがあらゆる財に対して行われている。取引がいったん済んだら、もうなにも手に入れることはできない。無駄な資源がもう存在しないからだ。つまり、アローとドブリューが示したのは、調整役がいなくても、市場の経済は適切に運営されている学校と同じように機能するということだ。そこには調和がある。人々の欲求のバランスが保たれ、なにも無駄にならないのだ。

しかし、それに心服しないでほしい。第一に、パレート効率性は、社会にとってなにが善かという最低限の概念だからだ。これは資源が無駄にされる状況を除外しているにすぎない。だが、パレート効率的な状況はほかにも多くある。たとえば、ひとりの金持ちがすべてを所有し、ほかの人はなにももたないという状況だ。金持ちがもっているものを他者に譲れば、他者の満足度は上がるが、金持ちの満足度は下がる。望ましい方法に思えても、パレート改善にはならない。市場の結果は、たとえ効率的であっても、公平にはほど遠い場合がある。

第二に、アローとドブリューの理論の前提は、現実の市場の働きと大きく異なる。ふたりは、市場に競争があり、それゆえに買い手も売り手も価格に影響を及ぼさないことを前提としている。だが、現実には「**規模《スケール》の経済**（economies of scale）」によって、市場価格に影響を与える強力な企業が存在する。たとえば、航空機メーカーは、まず1機を生産する前に高額の設備に投資をしなければならない。生産台数が増えると、販売台数も増えるので、多額の初期コストが分散される。このような企業は、大きな市場シェアを獲得するまで規模を拡大することが多く、それが実現すれば、市場はもはや完全競争状態にはないので、厚生経済学の第一定理は当てはまらない。また、たとえば発電所のせいで環境が汚染されて、近隣の農場の収穫量が減ってしまうようなことがある。これは、ひとりの消費や生産が他者の消費や生産に影響を及ぼす例だが、それが価格に反映されるとはかぎらない場合〔公害などの外部不経済の場合〕、やはり第一基本定理は当てはまらなくなる。

アローとドブリューは経済学にむかしからある疑問に新たなひねりを加え、「多くの人が自分自身のことだけを考えて行動しているのに、経済が調和に至るのはなぜか」を考えた。アダム・スミスはそれを「見えざる手」と説明し、その証明として厚生経済学の第一基本定理を用いた経済学者もいる。しかし、その定理を証明するために必要な前提が現実とはあまりにもかけ離れているので、第一基本定理は、市場は実際には効率的ではないのかもしれないというメッセージである、と考えることもできる。この場合は、政府が経済に介入し、効率化を進める必要があるだろう。政府はときに、独占を排して市場の競争を促したり、きれいな空気を求める社会の意向が経済に確実に反映されるよう公害税を課したりする。だが、一般均衡理論の基本的で重要なメッセージは、高等数学の領域を超えたところにある。すなわち、市場を単独で考察するのは危険だということだ。ひとつの市場で起こる変化が別の市場に波及する。経済学的に言えば、すべてがつながっているのだ。

Chapter 26

# ふたつの世界

1956年11月、82人の男性が20人乗りの古い船に、食料、ライフル銃、対戦車砲を積み込み、メキシコを出航した。ひどい船酔いに苦しんだり、船が浸水したり、ひとりが船から落ちたりしたものの、7日後に一行はキューバに到着した。のちに20世紀のもっとも有名な革命家となるふたりの若い男性がそのなかにいた。一行のリーダーである**フィデル・カストロ**は、これまでにもキューバ政府の転覆を試《こころ》みたことがあった。船医であるアルゼンチン人の**エルネスト・チェ・ゲバラ**は、学生時代にモーターバイクでラテンアメリカをまわり、旅の途中で見た貧困と苦難に義憤を感じた。

ゲバラとカストロは、キューバ政府を憎悪していた。地方の貧しい村の子供たちが靴もなく、学校にも行けないのに、政府はなにもしない、と非難した。政府が大切にするのは、キューバで金儲けをするアメリカ企業や、ハバナのカジノで楽しむ金持ちばかり。ふたりは、そうしたことを永久にやめさせたかった。それが危険な旅に出た理由だ。船は湿地に着いたが、そこで仲間の多くがキューバ軍に殺された。ゲバラ、カストロ、そのほか何人かが山に逃れた。そのときから、キューバ政府に対する戦いがはじまった。

ゲバラとカストロは、キューバなどラテンアメリカの国々の貧困の原因が、富裕国とくにアメリカの強欲にあると考え、豊かな国が貧しい国を「搾取している」と主張した。カール・マルクスは、資本家が、労働者に長時間つらい仕事をさせて創出した利益を独り占めして、労働者を搾取していると訴えた。「搾取」という言葉が、不当で不適切なことを示している。それにしても、どのようにしたら、そうした考えを国々に当てはめられるのか。何百万もの労働者と企業を抱えるアメリカのような国が、どのようにキューバのような貧しい国を搾取できるというのか。

それを示す理論を打ち立てたのが、経済学者の**アンドレ・グンダー・フランク**（1929〜2005）だ。ドイツ生まれのフランクは、1960年代にラテンアメリカに移り住んだ。その前に、自由市場経済の中心地として知られるシカゴ大学で博士号を取得した。フランクの教師たちは、マルクスの思想は危険で、間違いで、著書を開くことさえしないほうがいいと考えていた。資本家と労働者の間であれ、国家間であれ、搾取という考え方自体、意味がない（労働者は、提案された賃金を受け入れて、仕事を得るのだから搾取ではない）と思っていた。フランクは、そうした教師の教えを拒絶した。ゲバラのように旅に出ることが真の学びだと言い、ヒッチハイクで何千マイルもアメリカ国内をまわった。その後、ラテンアメリカの国々をめぐり、みずからの理論を用いて、やがて政権を握ることになる、急進的な新しい指導者に助言をした。

標準的な経済学では、豊かな国との貿易は、貧しい国を豊かにする助けになると考えた。だが、フランクの意見は逆だった。貿易は、貧しい国に損害を与える。フランクによるとそれは、バナナやコーヒーといった貧しい国の輸出品から得られた利益が、新しい学校の建設や産業の振興といった真の経済発展に向けられないせいである。貧しい国の経済は、自国外の大国に支配されている。たとえばキューバでは、外国企業が農地の4分の3を所有し、農園や鉱山を経営するのも外国企業だった。貿易で利益を得るのは、そうした企業だ。たしかに、豊かになる地元の住民もいた。有力な土地所有者や、外国企業で働くひと握りの幸運な人々である。彼らがお金をつぎ込むのは、輸入車や派手な外国製の衣服だ。

フランクは、現代の外国企業は、南アメリカを発見し、大量の黄金をぶんどってヨーロッパに持ち帰ってため込んだ15世紀や16世紀の冒険家と同じだ、と考えた。一例は、20世紀初めまでにラテンアメリカで商業帝国を築きあげた、アメリカのユナイテッド・フルーツ社〔現：チキータ・ブランズ・インターナショナル〕である。同社は、バナナ農園に隣接して街をつくり、果物を輸送する鉄道を敷いた。独自の警察まで組織した。従業員を食い物にし、政府の役人や、ときには国全体を操ったために、ラテンアメリカの新聞では「タコ」と呼ばれた。1928年に、ストライキを起こしたコロンビアの従業員が、軍隊によって射殺された。いたるところに触手を伸ばした同社は、南米大陸の富を奪い、人々の息の根を止めた。

豊かな国と貧しい国の差は時間がたつにつれて拡大する一方だ、とフランクは考えた。世界資本主義は〝ふたつ〟に分断されている。豊かなヨーロッパや北アメリカなどの「中心」と、その対極の、貧しいラテンアメリカ、アジア、アフリカなどの「周辺」だ。中心は、周辺を犠牲にして栄える。ますます貧しくなる貧しい国の運命は、ますます豊かになる豊かな国の努力に「従属」している。このことから、フランクの思想は「**従属理論**（dependency theory）」として知られるようになった。フランクは、世界資本主義が、既存の経済学が説いた開発や発展とは反対の結果をもたらすことを主張した。その理論は著書『**低開発の発展**（*The Development of Underdevelopment*）』に集約されている〔邦題『世界資本主義と低開発――収奪の《中枢―衛星》構造』（柘植書房）〕。

アルゼンチンの経済学者**ラウル・プレビッシュ**（1901〜1986）は、貧しい国がはまる貿易の落とし穴や、富者がどのように貧者を支配するようになるかについて、もうひとつの理論を示した。アルゼンチン中央銀行総裁を務めたのち、国連の要職に就いたプレビッシュは、フランクほど急進的ではなかったが、やはり、既存の経済学を否定している。プレビッシュの理論は、貧しい国が製品を売ることができる価格に関係するものだ。貿易に対する従来の考え方は、19世紀のイギリスの経済学者デヴィッド・リカードの理論がもとになっていた。リカードによれば、国が比較的、得意なもの（つまり**比較優位**のもの）をつくることに特化して貿易を行えば、すべての国が豊かになる。キューバが車より砂糖の生産に向いているなら、アメリカに砂糖を売り、車をアメリカから買えばいい。自由貿易によって、キューバのような貧しい国が豊かな国に生活水準を近づけることができるというのがその理論だ。

プレビッシュは、これは誤りだと述べた。キューバのような貧しい国は、砂糖、コーヒー、バナナといった**一次製品**《プライマリー・プロダクツ》（primary products）を輸出する傾向にある。豊かな国は、たいていテレビや車などの工業製品を輸出する。豊かになった人はテレビや車への支出を増やすが、砂糖やコーヒーへの支出は増やさない（収入が10倍になったと想像してほしい。車や宝石への支出はこれまでの10倍になるかもしれない。一方、コーヒーは飲む量を増やしたとしても、以前の10倍にはならないだろう）。

これは貧しい国にとって悩ましいことだ、とプレビッシュは考えた。貧しい国では経済が拡大すれば、豊かな国から輸入する車の需要が増える。だが、豊かな国では経済が拡大しても、貧しい国から輸入する砂糖の需要はゆっくりとしか増えない。その結果、車の価格は砂糖の価格より速く上昇し、貧しい国にとって「**交易条件**」が悪くなる。貧しい国の人々がより多くの車を求めると、その代金を払うために、砂糖の輸出を増やさなければならない。すると、悪循環が起こる。車の代金を払うために砂糖の増産に力を入れても、やがて、同量の砂糖で買える車の台数が減るからだ。結局、貧しい国が豊かな国と同じ速さで成長することはないのだ。成長率が伸びた結果、増えた車の需要を、砂糖の輸出による収入では支払うことができないのである。これは、19世紀の経済学者の楽観的な見解とはまったく異なる。貧しい国は貿易によって、安い砂糖やコーヒーを輸出させられ、いつまでも豊かな世界に追いつくことができないという罠にはめられる。

貧しい国にとって解決の糸口は？　必要なのは生産の特化ではなく多様化、すなわち、さまざまな製品をつくることだ、とプレビッシュは主張した。貧しい国は、砂糖やコーヒーだけでなく、車やテレビもつくるべきである。砂糖を輸出して得た外貨で他国の車を買うのではなく、車の輸入をやめ、車の生産工場を建設したほうがいい。１９５０年代と１９６０年代に、ラテンアメリカ、アフリカ、アジアで、多くの国がそうした（22章）。

プレビッシュは革命家ではなかった。適切な経済戦略を用いれば、資本主義は貧しい国を救えると考えた。一方、フランクは、ゲバラやカストロと同じように、資本主義は是正できず、革命のみが答えだと信じた。民衆が力をもち、社会主義体制を確立して、搾取を終わらせなければならない。カストロとゲバラは、キューバ政府との戦いに勝利した後に、それを試みたのである。2人は3万のキューバ軍を負かした800人の集団を丘に集め、1959年の初めに、勝利者としてハバナに入った。カストロは政府を築き、憎むべき外国企業を管理下に置いた。

1970年代までに、自由市場を擁護するシカゴの経済学者が台頭しはじめ、従属理論は時代遅れになった（それでも、搾取というフランクの考え方は、資本主義を批判する多くの人にとって、依然として重要だった）。暴力と軍隊によるクーデターが、ラテンアメリカの社会主義政権を転覆させた。軍隊がチリを掌握したとき、その国で暮らしていたフランクは、40年ぶりに、かつてナチスから逃れるために出国したドイツへ戻った。チリの資本主義への回帰は、シカゴ大学で学んだチリの経済学者によって先導された。「**シカゴ・ボーイズ**（Chicago Boys）」として知られるようになる彼らは、フランクとは異なり、自由市場という教師の教えを受け入れたのである。キューバのカストロだけが、社会主義革命を進めた。別の革命に参加しようとしていたゲバラは、すでにアメリカの支援を受けたボリビアの軍隊によって1967年に処刑されていた。現在、ゲバラのTシャツやポスターは、あちこちで見られ、ゲバラ自身は「チェ」という呼び名で覚えられている。

ゲバラの流れるような髪型とベレー帽は、革命のために身を投じて戦う人のシンボルになった。

フランクの理論を否定したのは、自由市場を支持する経済学者だけではなかった。マルクス主義者からも異論が出た。マルクスは、高水準の資本主義に到達しなければ、社会が社会主義へと飛躍することはない、と述べた。真の社会主義は、資本主義の上に築かれる。ラテンアメリカの貧しい国は、まだその段階に達していない。フランクは、資本家による搾取というマルクスの考え方を受け継いだが、資本主義が社会主義に至るのに不可欠な過程だということを失念している、と批判されたのである。

従属理論は、世界経済と政治体制に不公平が多いことを明らかにした点では、たしかに正しかった。豊かな国は、貧しい国に自国の製品を自由に輸出するための制度を押しつけることがしばしばあるが、貧しい国が同じことをするのは許さない。もうひとつの不公平は、アメリカが、ラテンアメリカやほかの地域の国の商取引や政治をひっかきまわして干渉することだ。アメリカ政府は、チリ・クーデターなど、社会主義政権に対する軍事行動を支援した。アメリカと敵対する、共産主義下のソ連が社会主義政権と結びついていたからだ。さらに、グレナダやドミニカ共和国などに侵攻し、ベトナムでは、共産主義の影響力を弱体化させようと長期にわたって戦争を行った。

だが、フランクは、不公平が存在することではなく、資本主義には不公平がついてまわる、と主張したのである。アジアの台頭は、貧しい国が資本主義世界で豊かになれることを示している。「**アジアの虎**（Asian Tigers）」と呼ばれた、韓国、シンガポール、香港、台湾は、20世紀半ばには貧しかったが、世紀末には先進工業国に変わった。こうした国は、プレビッシュが推奨したように、短期間で経済の多様化を図り、ついには、船、車、コンピューターを生産するようになった。豊かな国との貿易によって疲弊することもなく、それを発展するための手段とした。こんにちでは中国が同じことを試みている。

Chapter
27
# 浴槽を満たす

経済学においてもっとも影響力がある著作のひとつが、ケインズが1936年に出した『**雇用、利子および貨幣の一般理論**（*The General Theory of Employment, Interest and Money*）』だ。もっとも難しい書でもあるため、経済学者はいまでもケインズがそもそもなにを言おうとしたのかを議論している。第二次世界大戦後、彼に追随した人々によってケインズの学説が経済思想として認められるようになった。アメリカの**ポール・サミュエルソン**（1915～2009）も、出版から10年後に同書を検討し、悪文で、傲慢で、不明瞭で、分析も当たり前のことばかりだが、斬新だと述べている。「つまり、天才的著作である」と結論づけた。サミュエルソンは、アメリカの経済学者**アルヴィン・ハンセン**（1887～1975）、イギリスの経済学者**ジョン・ヒックス**（1904～1989）とともに、ケインズのわかりにくい著作をすっきりとしたグラフと方程式にまとめた。それが**ケインズ経済学**（the Keynesian economics）として経済学の学生たちに何世代にもわたって教えられ、戦後、政府の経済政策の策定に使われてきた。ケインズは、1930年代に起こった

世界大恐慌（the Great Depression）を繰り返さないために、政府が経済に介入する必要性を主張した。若いケインズ経済学者たちは省庁に入り、なにをすべきかを役人に示した。

サミュエルソンがケインズの才能を称賛した1946年には、ケインズ経済学が政策決定に影響を与える画期的なできごとがあった。経済成長を持続させ充分な雇用を創出する責任を連邦政府に課す法律が、アメリカで成立したのだ。次の画期は1960年代初めに訪れた。ケネディ大統領が急進的なケインズ主義政策を採用したのだ。

ケネディ大統領は当時、経済は拡大可能だと述べた。個人消費が伸びれば、生産も増え、失業者は仕事に戻ることができるだろう。そのために策定された大規模な減税政策は、1964年にリンドン・ジョンソン大統領によって実行に移された。大統領みずからがテレビでそれを発表し、減税によって国民の消費が1日2500万ドル増える、と訴えたのだ。「消費の伸びによる収益が循環し、減税額を数倍上回る需要がうまれる」。かいつまんで言えば、これがケインズ学派による経済政策の作用である。

ケインズの考え方によれば、貯蓄によって工場や機械に投資が行われなくなると景気が後退する。人々が消費ではなく貯蓄をし、経営者が投資をやめれば、全体として支出が減り、経済成長が止まる。18章で、支出は浴槽の水位のようなものだと考えたのを思い出してほしい。貯蓄として流れ出す水が、投資として注ぎ込まれる水よりも多ければ、水位は落ち、経済は不況に陥る。個人が消費しないなら政府がすべきだ、とケインズ派の経済学者は主張した。道路、病院、官庁の室内用鉢植え植物の交換など、なんでもいいからお金を使えば、下方スパイラルを止められるのだ（政府はなにもしないよりも、紙幣を地中に埋めるほうがまだいい、とケインズは言った。経営者が地面を掘る労働者を雇えば、消費も雇用もうまれる）。

政府が支出をし、浴槽に充分な水を注ぎ込むなら、貯蓄として流れ出る分を相殺《そうさい》できる。要するに、政府は、貯蓄としてだぶついている資金を借り上げて、みずから使うべきだということだ。そうすれば、その支出は浴槽に戻ってくる。すると、政府は税収入よりも多くを支出することになる（銀行から借金をして、稼ぎよりも高い車を買うようなものだ）ので、「**財政赤字**」に陥るが、経済が上向き、雇用が回復して人々の収入が増えれば、税収も増え、赤字は解消する。

もうひとつの方法は、ケネディの政策のように、減税をして、消費者の手により多くのお金を残すことだ。消費者は貯蓄をしたとしても買い物ができるし、その結果、経済全体での支出が増える。ジョンソン大統領はテレビ演説で、どんなことが起こるかを語った。財務省に入るはずだった税金が、食料品の代金として店のものになる。店はそれで牛乳業者に支払いをする。牛乳業者はそれを販売員に支払う。販売員はそれで映画のチケットを買う、といったぐあいだ。減税であれ、政府支出であれ、支出に投じられた最初の1ドルは、経済の流れを循環して、1ドルぶん以上の新しい支出をうみだす。支出効果は「**乗数**（multiplier）」と呼ばれる。経済への最終的な効果は、初めの支出あるいは減税分の何倍かになるからだ。やがて企業は生産を増やし、労働者を新たに雇用しはじめる。経済がふたたび動きだす。

政府の支出や課税に関する政策は**財政政策**《フィスカル・ポリシー》（fiscal policy）と呼ばれる。古代ローマでは*fiscus*《フィスカス》は皇帝の宝箱のことだった。ゆえに財政政策とは、国の金庫を税金でいっぱいにしたり、支出で空にしたりする政策のことである。人々の所得に課税することで金庫をいっぱいにし、モノ（薬品や教科書や戦車など）を買って空にする。ケネディとジョンソンが実行したケインズ学派の財政政策は功を奏したようである。その後、経済は回復し、失業者は減った。

さらに**金融政策**《マネタリー・ポリシー》（monetary policy）がある。これは経済全体での貨幣の流通量、あるいは、借金をするときの金利を変える政策だ。もっとも単純なものは、政府が紙幣を増刷することである。金融政策に対するケインズ学派の視点は、利子率（interest rate）に関する理論にもとづいていた。まず、人は自分の財産をどう使うかを自由に選べる、というのを理解するところからはじめよう。利子を稼ぐことのない紙幣や硬貨といったただの現金として保有することも可能だ。債券（bonds）のような金融商品を買うこともできる。債券とは、所有者に利子を払うという証書である。企業や政府は資金を調達したいときに、人々に債券を売る。人々は、債券の利子率が高い場合で、なおかつ利子が支払われることのない現金で資産を保有するのがいやな場合は、債券を買うだろう。この場合を、貨幣需要が少ない、と言う。反対に利子率が低ければ、貨幣需要は多くなる。ここで政府が紙幣を増刷する（貨幣供給を増やす）ことを考えてみよう。人々が、債券を買わず、よぶんの現金をもてば、利子率は下がる。利子率が下がれば、貨幣の供給が需要と等しくなる。ここで重要なのは、利子率の低下が、経営者の意思決定に影響を及ぼすことだ。新工場を建設すればいくらかの利益が出るとわかっていたとしても、借金をして多くの利息を払うなら、建設する価値はない。しかし、利子率が低ければ、建設の価値がある。すなわち、利子率が低ければ、設備投資が促進される。よって、経済全体での支出が増え、国民所得が増え、雇用が増えることになる。

貨幣が経済に与える影響（たとえば、貨幣供給の増加 ↓ 利子率の低下 ↓ 設備投資の増加 ↓ 国民所得と雇用の増加、など）について考えたケインズの理論は、ケインズ以前の経済学とは異なるものである。ケインズが批判した当時の伝統的な経済学、すなわち「古典派」経済学は、18世紀、19世紀の経済学者の考え方を基本とした。古典派経済学では、貨幣が、車や煉瓦の生産高や雇用など、経済に「実際《リアル》」の影響を及ぼすことはないと考えられていた。貨幣は売買に使われるものでしかなかった。もし政府が貨幣供給量を2倍にすれば、人々が使える貨幣も2倍に増え、その結果、すべての値段が2倍になると考えられた。これは、経済の「実物《リアル》」部門は「貨幣《マネー》」部門に影響されないとする「**古典派の二分法**（classical dichotomy）」と呼ばれる。ケインズ派経済学はこの分断をなくし、実物部門と貨幣部門を関連させた。貨幣供給量は実物、つまり生産量と雇用に影響を与えるのである。

だが、実際のところ、ケインズ派の経済学者は金融政策よりも財政政策のほうに強い関心を抱いた。利子率が大幅に下がった1930年代の世界大恐慌を経験していたからだ。彼らは問いかけた。利子率が低かったのに、なぜ恐慌がそんなに長く続いたのだろうか。貨幣供給量と利子率は総需要にあまり影響を及ぼさない、というのが結論である。実際に投資を促進するのは経営者の楽観的な見方（ケインズはこれを「**アニマル・スピリット**」と呼んだ）であり、利子率の低さではない、とケインズ派の学者たちは信じるようになった。

ケインズ経済学にとってかわられる前の経済思想では、財政政策であれ、金融政策であれ、経済を動かそうとする政府の試みは、役に立たないとされた。経済は、不況から立ち直り、全労働者が雇用され、全工場が操業する「**完全雇用**（full employment）」に戻る道をおのずと見つけるはずだ、と。だが、どうやって？ 賃金が下がれば、企業は多くの労働者を雇うようになるだろうし、物価が下がれば、人々は売れ残った財を買うようになるだろう、と考えたのだ。これに対して、ケインズ派経済学者は、古典的な理論が完全に間違いだと言っているのではなく、それは完全雇用の状況にしか当てはまらない、と主張したのだ。ケインズは、景気後退時に、完全雇用とはほど遠い状況でなにが起こるかを分析した。物価や賃金は簡単には下がらない。企業と労働者のあいだで合意があるからだ。よって、物価も賃金も、モノが売れたり、失業者が雇用されたりするのに役立たない。人々が支出をやめてモノが売れなくなる景気後退時には、企業は生産と雇用を減らすからである。

戦後、ケインズ経済学者は、ふたつの手法を〝融合〟させた。経済が不況に陥り、工場は操業を停止し、労働者が職にあぶれる状態を想定してみよう。政府は財政支出を増やすか、減税をして、需要を押し上げる。工場は生産を増やし、雇用を増やす。失業者が大勢いるため、増えた需要は物価を押し上げることなく満たされる。これがケインズの経済である。やがて、すべての工場が操業し、すべての人が雇用される。これが、長期的に見てたどりつくべき古典派の完全雇用だ。もし政府が需要を押し上げようとしたら、どうなるだろうか。経済はフル稼働し、それ以上の生産ができないために、需要が増えれば物価が上がるだけだ。

ケインズ経済学の核心は、不況が長期化する前に、政府が助けに入らなければならないということだ。「長期的には、みんな死んでしまう」とケインズは言った。

現実には、ケインズ派経済から古典派経済への移行はゆっくりと行われる。安定していた価格が突然、急騰することはない。ニュージーランドの経済学者**ビル・フィリップス**（1914〜1975）は経済に起こるパターンを研究し、なだらかな曲線を描く関係があることに気づいた。失業率が高ければ、使用されていない資源が多くあり、インフレ率（物価上昇の速さ）は低くなる傾向にある。失業率が低いと、インフレ率は高くなる。この両端を結ぶと曲線になり、失業率が少し減ると、インフレ率が少し増えることを示す。この「**フィリップス曲線**（Phillips curve）」は、ケインズ経済学体系のもうひとつの不可欠な要素となり、政府の政策にとって重要な助言となった。景気後退時、政府は財政支出を増やし、インフレの昂進《こうしん》という犠牲を払って失業率を減らす。一方、経済が急速に拡大してインフレが起これば、政府は財政支出を減らすか、増税によって経済を減速させる。

共和党のリチャード・ニクソン大統領は、ケインズ派の経済学者が税と財政支出をしばしばいじることに対しては慎重だったが、1971年に「いまやわたしもケインズ派だ」と言った。それにより、ケインズ派経済学はゆるぎのないものになったと思われた。第二次世界大戦後の数十年間は、景気の浮き沈みは何度かあったものの、1930年代のような恐ろしい不況は起こらなかった。経済は順調に拡大し、生活水準の向上をもたらした。しかし、1970年代にケインズ派経済学は勢いを失った。経済学者たちは、好景気は本当にケインズ理論にもとづく政策のおかげだったのかどうか、という疑問をもった。おそらく財政支出が多すぎればインフレが起こり、経済を不安定にするだろう、と。ケインズ理論を攻撃する、新しい経済学派が現れたのだ（29章、30章）。彼らの理論の多くは、かつてケインズが攻撃した古典派経済学に同調するものだった。古典派経済学の理論が逆襲をはじめようとしていた。

Chapter
28

# 道化師による支配

南北戦争中の1863年11月、**エイブラハム・リンカーン**大統領は、ペンシルベニア州ゲティスバーグの戦いの地で、多くの戦死者の死を無駄にしないこと、戦争の焼け跡から新たに自由が誕生することを願って、もっとも有名な演説を行った。「人民の、人民による、人民のための政治」という宣言は、政府の仕事がきわめて高潔で、英雄的なものでさえあることを示している。リンカーンは、権力をもつ人々に、その力を社会全体に奉仕するために使おうと呼びかけた。

リンカーンの演説からほぼ100年後、**チャーリー・チャップリン**は言った。「わたしは、ただひとつのものであり続ける。それは道化師《クラウン》だ。そうすればどんな政治家よりも、ずっとまともでいられる」。アメリカの支配者は、わずか数世代で英雄から道化師に転落したのだろうか。おそらくチャップリンは、シカゴ市長ウィリアム・ヘイル・〝ビッグ・ビル〟・トンプソンのふざけた振る舞いのことについて言ったのだろう。トンプソンは、1920年代と1930年代に、シカゴの政治を笑いの種にした。選挙活動の資金をギャングに頼っただけでなく、彼の政権は数々の不祥事にまみれた。人々の注意をそらすために、ビッグ・ビルは、伝説のキノボリウオを見つけるために南太平洋に派遣する偽の探検隊を組織し、狙いどおり、新聞の第一面を飾った。

ビッグ・ビルの支配から数年後、ひとりの農民の息子がミドルテネシー州立教員養成大学を卒業した。授業料は牛の乳絞りをして稼いだ。のちのノーベル賞受賞者にはふさわしからぬ出だしだが、**ジェームズ・ブキャナン**（1919～2013）は、高潔な政治家のイメージを粉砕する著書によって、ノーベル経済学賞を受賞した。社会のために働くなどという政治家の主張は、ビッグ・ビルが行動で示したように、ただの戯言《ざれごと》にすぎない。ブキャナンはこう考えたのだ。

これは当時の経済学にとって、大きな課題あるいは挑戦だった。ブキャナンが研究をはじめた第二次世界大戦後の当時、経済学者の大半は、政府は経済において大きな役割を果たす必要があると主張したケインズの理論に影響を受けていた。とくに、景気後退を食い止めるために、財政支出をする必要があると考えた。また、政府にはもうひとつの役割があるとも考えた。富裕層に課税をして、貧困層を扶助したり、医療や学校教育を提供したりして、富を**再分配**することだ。戦後、多くの政府はこうした仕事を引き受けはじめ、財政支出を増やして、過去に例がないほど大きくなった。経済学者は、政府が本当に実施できるかどうかについては問わなかったが、正しい政策が決定されれば、政府はそれを受け入れて、実行することができるだろうと考えた。

若い頃、ブキャナンは、国家がもつ力によって事態は改善すると信じ、社会主義に引かれたこともあった。電気のない荒廃した貧しい農場で育ち、6歳でトラクターを運転した。それでも祖父は、長続きしなかった政党のもとでテネシー州知事を務めた。その政党は、アメリカの支配層、すなわち裕福な銀行家のような強い影響力をもつ人々に挑戦しようとしたのだ。自宅の奥の部屋には、祖父が残した埃《ほこり》まみれの政治パンフレットが大量にあった。ブキャナンはそれを読み、社会の仕組みに対する関心を抱いた。だが、博士号を取得するために学んだシカゴ大学で、考えを変えた。授業開始から6週間後、市場の力に気づいて、社会主義を捨て去ったのである。祖父の古いパンフレットを読んだときからずっと、支配層に対して反感を抱いていたものの、ブキャナンにとって真の支配層は、裕福な産業資本家や銀行家ではなく、ハーバードのような有名大学で学ぶ、影響力のある一族の出身者だった。彼らの多くは政治家や官僚になった。その地位を利用して社会に干渉し、人々にとってなにが良いことかを決定するのだ。

こうした反感が、ある夏、試験が終わった後に、理論化された。大学図書館で出会った一冊の埃をかぶった書物によって、ブキャナンの人生がまたしても変わった。本棚から取り出したその本は、スウェーデンの経済学者**クヌート・ヴィクセル**（1851〜1926）がドイツ語で書いたものだった。ブキャナンは衝撃を受け、すぐに英語に翻訳する決心をした。ヴィクセルは、政府が無欲で、社会全体にとって最善な政策を実施することにのみ関心があるという考えを打ち砕いていたのだ。

ブキャナンは、ヴィクセルの主張を経済学の新しい分野に発展させた。経済学者は、国家が事態を改善できると考えていた。だが、国家とはなんだろうか。ブキャナンは、それは単に官僚、顧問、大臣といった人々の集団にすぎないと言った。標準的な経済学の問題点は、こうした人々を二重人格のようにみなすことである。最高品質の靴をさがしたり、車をいくらで売るかを算出したりするとき、官僚は「合理的な経済人」として行動する。つまり、利益を最大化し、費用を最小化して、自分の利益となることを断固として行う。しかし、省庁の建物に入ると、自分の利益ではなく、国家のために良いことだけを考えるとされる。彼らは、正しい政策を、迷わず実施する。机で居眠りはしないし、昼休みを3時間も取ったりしない。まるで、自己本位な「合理的な経済人」は消え、社会にとって最善のことをする無私の「政治人」という別の人間が現れるかのようだ。

ブキャナンは、これはつじつまが合わないと言った。政府の行動は、利益を獲得しようとする企業と同じように検討されなければならない。政治家も官僚も、ほかの人と同じように自己の利益を追求するはずだ。ブキャナンの新しい経済学の分野は「**公共選択論**（public choice theory）」と呼ばれた。ブキャナン自身は「ロマンのない政治学」と称した。ブキャナンに言わせれば、政治家を無私の英雄とするのは、ロマンチックで馬鹿げた考えだ。政治家は、経済学者が思う以上に、保身に汲々《きゅうきゅう》とし、薄汚れていて、自分勝手で、頼りにならない。

アメリカ政府が１９６０年代を通して支出を派手に拡大したことに対して、ブキャナンの理論は新しい見方を示した。政府が大きくなるのは、政治家と官僚が市場の働きを促進させようとするため、というよりも、むしろ自分自身のためだ、とブキャナンは言った。政府の問題はビッグ・ビルの滑稽な行動だけに見られるものではない。グレーのスーツを着た官僚や尊敬されている政治指導者も、同じようにお粗末だった（1961年、ジョン・F・ケネディが大統領に選ばれたとき、ブキャナンは、裕福で野心的なケネディの父親が息子のために金で大統領の地位を買ってやったようなものだ、と述べた）。

ブキャナンによると、政治家がとりわけ望むのは現職に留まることだ。政治家は、権力を保持するために「**超過利潤**《レント》」をつくりだし、支持者に与える。超過利潤とは、競争市場で得られるもの以外の収入のことである。たとえば、政府が輸入車に課税をすれば、国内自動車メーカーは海外との競争から保護され、大きな利益を上げることができる。特定集団の人々に特権を与えることによって、政治家は政治的な支持、おそらく資金を得ることさえも望む。

苦労なく利益を増やせるという期待によって、「**超過利潤追求**《レント・シーキング》」が助長される。企業は金を使い、政府から特権をもらえるよう働きかける。官僚を高価な昼食に招き、自分たちが望むことを彼らにやらせようとする。企業は、全米傘製造者協会といったような自分たちの立場を支援する組織を設立することもある。こうした組織は、健全な民主国家ではさまざまな人の意見を集団として訴えるのに役立つという理由で、しばしば擁護される。公共選択論では、超過利潤追求者《レント・シーカー》であるこうした集団の活動によって、別の用途でより有効に使われたかもしれない資源が使い果たされてしまう、と考える。

超過利潤追求は、消費者にとっても損害になる。自動車や傘の市場が外国との競争から守られれば、消費者にとって選択肢が減るからだ。そうしたことを防ぐため、ばらばらの個人を組織することに時間をかける価値があるのだが、あまりにもばらばらなので、そのことに消費者ひとりひとりは気づかない（あるいは、気づいたとしても、だれかにやってもらって、あとから益を得るほうがいい）。しかし、生産者はたいてい巨大で数が少ない。それぞれが政府に圧力をかけ、特権を得られる力がある。だが、非難されるべきは経営者ではない、とブキャナンは考えた。問題は、政府が大きくなって、経済に干渉し、また政治家がみずからの再選を狙おうとすることだ。

ブキャナンは、ケインズ学派の経済学者も激しく批判した。景気後退時は、政府は支出を増やして経済を押し上げるべきだ、と彼らは言う。支出が税収を上回れば、財政は赤字になる。ケインズ学派は、これは問題ないと考えた。政府が支出を増やせば景気は回復するので、そのときに支出を減らせば赤字を払拭《ふっしょく》できるからだ。問題は、有権者がこのような政策を好むことである。政治家は権力を保持したいので、支出を減らさず、有権者を怒らせずにすむならどんなことでもしようとする。そのため、政府支出は増え続け、財政赤字も増え続ける。これが1960年代に起こったことだ、とブキャナンは信じた。

一方、国家の官僚制度（官僚、委員会、大臣）は水草《みずくさ》のように増殖する、とブキャナンは主張した。官僚は財やサービスを売って金を儲けているわけではないので、会社のようには利益を最大化させることができない。そのかわり、大組織を動かす権力と地位を欲しがる。予算をできるだけ大きくしようと努め、実際そうすることができる。政府の財政支出プログラムに関する情報を外部の人よりも多くもっているからだ。仕事を適切に遂行するために、リムジンや運転手や会議室がもっと必要だ、といつでも言うことができる。

公共選択経済学者にとって、政治家や官僚を無私の人にするためにできることは多くない。これは場当たり的な政治の宿命だ。しかし、より上位に位置する政治の領域がある。それは、みんなが同意し、特定の政府や政治家が容易に変えることができない包括的な「ゲームのルール」だ。たとえば、人々は、投獄されることなく、意見を発表することが許される、といったことである。こうしたルールのいくつかは、アメリカの**憲法**のような文書に取り込まれている。政府の行動を改善するために、ブキャナンは、政府が税収以上の支出をしないこと――すなわち「**均衡予算**（balanced budget）」を法的な要件とするような憲法上の規定をつくるべきだと主張した。

ブキャナンほかの公共選択論者は、政府がつねに無私で信頼できると信じるのは世間知らずだということを、わたしたちに思い出させる。問題は、市場がうまくいかないことではなく、政府が行動することだ、と彼らは考えている。一方、公共選択論の批判者は、政府が行うことの多くは不可欠だと言う。過去数世紀にわたる**政府の肥大化**は、社会的な支出増大の結果だ。とくに、公衆衛生と教育への支出が、先進経済を確立するために必要とされた。官僚が部局の規模を拡大しようとしたせいだ、とは言いすぎだというのだ。

ブキャナンに異論を唱える人たちは、人間が「合理的な経済人」としてのみ行動するという考え方にも疑問を抱いている。現実には、人は人生において多くの役割を負う。消費者であると同時に、主権者であり、親であり、有権者でもある。それぞれの役割において、異なる原則に従って行動する。たとえば、政治においては、共感にもとづいて行動し、貧困者の救済や環境改善を訴える政党に投票するかもしれない。そうした大義が、個人の利益以上の価値があると考えるからだ。だからこそ、わずか1票では選挙結果が変わることはないのに、わたしたちはわざわざ投票をするのではないだろうか。もし、わたしたちがそのように行動するなら、政治家も同じではないだろうか。

# Chapter 29 貨幣錯覚

１９７８年から１９７９年の冬、イギリスは例年にはないほどの厚い雪と氷に覆《おお》われた。さらに、労働者のストライキも勃発した。リバプールでは、墓掘り人たちがシャベルを投げ捨ててストライキに入ったので、遺体が墓地へ埋葬できなかった。トラック運転手が運転を拒否したために、スーパーマーケットの棚がからっぽになったところもあった。経済が崩壊する、と新聞の見出しが警告した。こうした惨《みじ》めな数か月間は「不満の冬（winter of discontent）」と呼ばれ、第二次世界大戦以降、主流だったケインズ経済学が倒れ、死んだ瞬間だった、と振り返って語られるようになった。

しかし、１９７０年代末よりもずっと前から、イギリスとアメリカでは経済問題がくすぶっていた。ケインズ派の政策は、失業率が低いときにインフレ率が高くなり、失業率が高いときにインフレ率が低くなることを表すフィリップス曲線を基本としていた。経済学者は、政府支出によってインフレをわずかに促進しつつも、経済を活性化し、失業を削減できると考えた。１９６０年代にインフレ率がゆっくり上昇したが、1970年代になって経済学者は頭を搔《か》いた。インフレ率の上昇にもかかわらず、失業率がフィリップス曲線の予測に反して、高止まりしたままだったからだ。失業率が高く、経済の「停滞《スタグネーション》」と、インフレ率も高い（インフレーション）という不幸な組み合わせは、「**スタグフレーション**（stagflation）」という造語で呼ばれるようになった。フィリップス曲線説は崩壊しつつあり、ケインズ経済学の基盤も同時に崩れようとしていた。

経済学者は理由を知ろうとした。石油価格の異常な高騰によって企業の負担が大きくなり、財の価格が上昇したためインフレが発生したのだ、と考える人たちがいた。別の人たちは、労働組合が賃上げを要求するせいだと考えた。賃上げによって企業は商品の値上げを強いられる。表面的にはストライキが関連しているように思えた。政府は、組合と経営者の双方に対して、ひかえめな賃上げを認めるようにうながして、インフレを抑えようとした。だが、組合と経営者がより大幅な賃金上昇で合意しても、組合がストライキを起こすこともある。

ケインズは20世紀における経済政策思想の巨人だったが、1970年代の経済混乱のなかで、新しい巨人が台頭した。**ミルトン・フリードマン**（1912〜2006）という、小柄だが意志の強いアメリカ人経済学者が、新しい理論を打ち出し、経済学に革命を起こしたのだ。フリードマンはニューヨーク市ブルックリンで、ハンガリー出身のユダヤ系移民の貧しい家庭にうまれ、1930年代の大恐慌中に成人となった。ケインズと同じように、フリードマンの説の多くは、大恐慌への対応である。大恐慌に触発されてフリードマンは経済学者になったのだ。フリードマンの理論はケインズの理論に対立するものだったため、経済学において新しい論戦の前線となった。フリードマンは1970年代の問題は政府が大きすぎたことが原因であり、小さすぎたからではないとした。ケインズと同じように、フリードマンも、理論を組み立てることだけを目的とするのではなく、その理論で世界を変えたいと考えていた。最終的に、フリードマンの経済学がケインズ派の理論に打ち勝った。

フリードマンは、資本主義の強力な擁護者であり、市場が社会を統治すべきであるという原則をかかげた「シカゴ学派」の中心的な人物だった。著書『**資本主義と自由**（*Capitalism and Freedom*）』では多くの政府の経済介入を批判した。たとえば、家賃の統制や、最低賃金の規定は、撤廃されるべきだとした。当初、経済学者はフリードマンとその一派を、ただの変わり者として軽視した。しかし、フリードマンは論戦に長《た》けており、頭の回転が速く、疲れ知らずで、抜け目がなかった。すぐに相手の論理の不備を見つけて、やり込め、論争や反論を糧《かて》にのしあがった。自由市場論をかかげる彼は、多くの人からきらわれた。さらに悪いことに、1970年代にはチリを訪れ、同僚らとともに、**アウグスト・ピノチェト**大統領と面会した。ピノチェト大統領は、何千人もの政権反対者を殺害・拷問する一方で、当時、自由市場政策を推進していた独裁者である。その後、何年ものあいだ、フリードマンは、彼をピノチェトの悪政の参謀だとする反対派の非難をかわさなくてはならなかった。1976年、フリードマンがノーベル経済学賞を授与されるとき、抗議者が立ち上がって叫んだ。「資本主義を倒せ！　チリに自由を！」　抗議者は会場から閉め出され、フリードマンは総立ちの会場から拍手を受けた。

フリードマンの学説は、経済における貨幣の影響に関するものである。ケインズ学派は貨幣供給を増やせば経済を刺激できると主張するが、実際にはそれほど効力がない。それよりも財政政策（政府支出と税制）のほうが効果的だと訴えた。一方、フリードマン学派は貨幣を経済学の中心に戻したため、「**貨幣主義**《マネタリズム》(monetarism)」と呼ばれた。

フリードマンは、むかしの学説である**貨幣数量説**（quantity theory of money）を復活させた。この学説を理解するために、経済学者がよく行うこと、すなわち、きわめて単純化した経済を想像してみよう。パイナップルを売る業者が10人いる島を思い浮かべてほしい。10人がそれぞれパイナップルを1年に1個、1ドルで売る。1ドルの取引が10回で、島の国民所得は10ドルになる。ここで、島にある貨幣は5枚の1ドル札だと仮定しよう。10回の取引をするためには、1ドル札それぞれについて年間2回、持ち主が変わる必要がある。貨幣の総量（1ドル札5枚で5ドル）に各1ドル札の持ち主が変わる回数（2回）をかけると、国民所得が算出される。貨幣の持ち主が変わる率を経済学者は「**流通速度**（velocity of circulation）」と呼ぶ。

流通速度はあまり変わらないと仮定する。島の中央銀行が1ドル札をさらに5枚印刷すれば、貨幣供給は2倍の10ドルになる。流通速度は2回なので、すべての1ドル札の持ち主が2回変わると20ドルの価値の取引がうまれる。すなわち、国民所得は2倍になる。

流通速度が安定しなければ、貨幣と国民所得のつながりは弱い。ケインズが貨幣の影響を重視しなかったのはそのためだ。流通速度が落ち、中央銀行が経済に注入する余剰貨幣が人々の財布に留まればどうなるだろうか。パイナップルの島で、流通速度が2から1に大きく落ちると、国民所得は以前と同じになる（10枚の1ドル札の持ち主が1回ずつ変わると、5枚の1ドル札の持ち主が2回ずつ変わるという最初の状態と同じ国民所得になる）。しかしフリードマンは、貨幣の流通速度は比較的安定しており、貨幣が国民所得に影響を与えると信じたのだ。

フリードマンの議論にはもう1段階ある。パイナップルの島の国民所得が2倍になったのは、生産性の向上か、それとも価格の上昇のどちらが要因なのだろうか。パイナップルを1ドルの価格のまま20個、つまり2倍生産したためか。それとも、これまでと同じように10個のパイナップルを生産し、価格を2倍の2ドルにしたのだろうか。それとも、生産も増え、価格も上昇したのだろうか。

フリードマンは、短期的には貨幣には「実質」的な効果があり、貨幣供給量を増やせば支出が促進され、生産が増えると考えた。パイナップルを売る業者は収穫のために雇用する人数を増やすので、失業率が下がる。これはケインズ派のフィリップス曲線の仕組みと、じつは同じである。政府が貨幣供給量を増やして経済を刺激すれば、景気が上向くとともに失業率は下がる（ケインズが好んだ政府支出拡大政策でも同じことが起こる）。パイナップルを欲しがる人が増えれば価格が上昇するため、高いインフレ率が低い失業率につながる。しかし、フリードマンはこの状態が続くのは短期間のみと考えた。パイナップルを売る業者がより多くの賃金を払うようになるため、労働者はもっと働くようになる。しかし、まもなくパイナップルの価格が上がる。すると、パイナップルをいくつ買えるか、という点から測られた、労働者の**実質賃金**（real wages）は、上がったことにならない。問題は、労働者が**名目賃金**（money wages）を実質賃金と混同してしまうことだ。経済学者はこれを「**貨幣錯覚**《マネー・イリュージョン》（money illusion）」と呼んでいる。労働者は自分たちの間違いに気づくと、それほど働かなくなり、経済はもとの雇用水準が低いに状態に戻る。すると、インフレ率だけが上昇することになる。

よって、貨幣供給の増加は、多少の経済効果をもたらすとしても、副作用が残ることになる。それは雇用水準がもとの状態に戻るだけでなく、インフレ率が高くなることだ。政府が雇用促進を継続する方法はひとつしかないが、フリードマンはそれをアルコール依存症の人の行動になぞらえた。アルコール依存症の人が二日酔いに対処するために迎え酒をするように、政府も経済の再活性化を試みることはできる。賃金と物価がふたたび上昇し、以前と同じように、労働者が名目賃金が増えたために、実質賃金も増えたと勘違いしているうちは雇用も増えるだろう。だが、労働者が勘違いに気づくと、労働供給が減る。経済は再度、もとの失業水準に戻り、インフレ率はさらに高くなる。当初の雇用水準は、その経済の「自然」な水準、すなわち生産量に応じて企業が雇用できる労働者の総数だ。自然な水準以上に経済を活性化しようとしても無駄である。インフレ率がさらに高くなるだけだ。

フリードマンにとって、フィリップス曲線説が崩壊するのは驚きではなかった。戦後、政府は経済の活性化に夢中になり、インフレ率を上昇させてしまったからだ。１９３０年代には逆の作用が問題になっていた。アメリカの中央銀行は、経済への貨幣供給をほとんどしなかったために、20世紀最大の景気後退である大恐慌を引き起こした。1929年から1933年のあいだ、通貨供給量は3分の2に減少した。ケインズは政府支出が少なすぎたために恐慌が起きたと主張した。フリードマンは政府支出は関係なく、貨幣供給量が少なすぎることが問題だとした。

貨幣が（長期的ではないにしても）短期的に経済に影響を与えるとしたら、政府が経済を統制するためにそれを活用することができるだろうか。政府は経済が停滞したときに貨幣供給量を増やし、経済成長が速すぎるときに貨幣供給量を減らせばよいのだろうか。そうではない、とフリードマンは考えた。貨幣の短期的な影響はすぐには現れない。効果がある頃には、経済の風向きも変わっているかもしれない。政府が将来の状況を正確に予測し、こんにちの政策をそれに合わせるのは不可能だ。益よりも害のほうが大きいだろう。

もっとも良いのは、政府が経済の成長に合わせて、貨幣供給の増加率を、たとえば年3パーセントに固定することだ。パイナップルを売る業者が新しくパイナップルの木を植えれば、経済は成長する。貨幣の流通速度が一定なら、貨幣供給はパイナップルの生産拡大に合わせて増やす必要があるが、上限を設けるのである。フリードマンは、貨幣供給量を決定する中央銀行を廃止し、決められた一定の速度で貨幣をはきだすロボットを使えばいい、とさえ主張した。そうすれば、経済は、インフレを抑えたまま、堅実に成長するだろう。

1979年、イギリスでは**マーガレット・サッチャー**が新しい首相に選出された。その後まもなく、**ロナ**

**ルド・レーガン**がアメリカ大統領になった。サッチャーとレーガンは、貨幣供給量をしっかり管理することでインフレ率を抑制するというフリードマンの〝処方〟に従おうとした。しかし、貨幣供給の管理は容易ではなく、どちらの政府もうまくできなかった。最終的にインフレは緩和されたものの、1980年代初頭の景気後退は政策によって必要以上に悪化した、と多くの経済学者が非難した。1981年には、364人の経済学者が『タイムズ』紙に連名で投書し、イギリス政府の経済政策を糾弾した。

それでも、政府の経済介入は害を及ぼすというフリードマンの大局的な考え方は、サッチャーやレーガン、そして彼らの後継者にも引き継がれた。ケインズは、経済は不安定なもので、政府の介入によって安定すると考え、政府支出、すなわち需要を増やすことを提言した。フリードマンは、経済はほうっておいたほうがむしろ安定すると強く信じた。1970年代の天井知らずのインフレーションや1930年代の大恐慌のような不安定な状況に陥ったのは、政府がよけいな介入をした結果である。市場を健全にすれば、結果として経済は安定する。そのためには、需要《デマンド》ではなく、経済の供給面《サプライ》（企業が生産できるもの）を強化すべきだ。政府が法人税を撤廃し、市場の規制を緩和すれば、企業が生産を増やし、雇用を増やすことを促進できる。このような考え方は「**サプライ・サイド経済学**（supply-side economics）」と呼ばれるようになった。「不満の冬」のあとの数十年間、諸政府が試みたのはこの政策だった。

Chapter 30

# 未来の予測

わたしたちは人生において、つねに推測をしている。街へ出るのに20分かかるなら、明朝9時に到着するには、午前8時40分にバスの停留所にいればいい。バスで20分かかるのがどうしてわかるのだろうか。それは、きょうも、きのうも、そして思い出せるかぎりずっと前から、それだけの時間がかかっていたからだ。ある日、ガス会社が、月曜日から水道管を新設するために道路を封鎖すると発表する。すると、多くの車がバスの経路に迂回してくる。そのため、月曜日のバスは30分かかる。これまで20分で行けたという理由で、所用時間を20分と見込んでいるとすれば、街に着くのが10分遅くなる。同じことが何日か続き、事情を理解して、ようやく午前8時半に停留所に着くようにしはじめる。

1970年代、経済学者はわたしたちがどのようにして予測をするかに関心を抱いた。なぜなら、経済活動は数日から数か月、数年にわたって行われるからだ。きょう建設されたタイヤ工場がようやく利益を出しはじめるのは、5年後かもしれない。労働者は、半年間の家賃が賄《まかな》えることを確認して賃金を受け入れる。タイヤ市場が5年後にどのくらい拡大するか、今後6か月間に家賃はいくら値上がりするか、といったように、企業と労働者は未来を予測する必要がある。

バスで街へ出る予定を立てたときは、「**適応的期待**（adaptive expectations）」を用い、いままでに起こったことを考慮に入れて予測をした。この方法でうまくいくときもあるが、ガス会社が道路工事をしたときはうまくいかなかった。経済学者は、よく用いられる適応的期待理論に気がかりを感じはじめるようになった。街へ出るときに立てた予定は、充分に合理的ではなかった。交通情報や、ガス工事が所要時間に及ぼす影響をすぐに考慮に入れたなら、うまく対応できただろう。企業や労働者も、入手可能な情報すべてを使って予測しなければ失敗する。タイヤ企業が車の生産にかかる新たな制限について考えておかなければ、将来の市場規模を楽観視しすぎて採算がとれない工場を建てることになる。

経済学者は「**合理的期待**（rational expectations）」という新しい理論を取り入れた。この理論を考え出したのは、アメリカの経済学者で、数学の達人だった**ジョン・ミュース**（1930～2005）である。ミュースは自分の仕事に対して、並みはずれて慎重だった。見せられるほどの出来ではないからと隠した研究論文が山ほどある、と噂《うわさ》されたほどだ。1961年に発表された革新的な論文「**合理的期待と価格変動理論**（Rational Expectations and the Theory of Price Movements）」は、初めはだれからも認められなかった。考え方が時代のはるか先を行っているうえに、ミュース自身にも広めようという気がない。講演に呼ばれても断り、家でチェロを演奏するほうを好んだ。しかし、1970年代になって、新しい世代の経済学者が、ミュースの考え方が画期的であることに気づいた。その後、それをさらに発展させたことによってノーベル賞を受賞した者がいく人か出た。

ミュースの考え方は簡単に述べることができる。合理的期待をすれば、もう困ることはない。街に出る時間を予測するときは、過去がどうだったかを基準にするのではなく、ガス会社の知らせも含め、いま入手可能なすべての情報を用いる。そうすれば、バスが30分かかることが月曜日に予測できただろう。予測はいつも完璧とは限らない。地元企業が休業の日は、交通量が少なくなるので、バスの所要時間は28分になるかもしれない。事故があった日は、車の流れが遅くなって32分かかるだろう。予測が少しはずれるのは、バスの所要時間に影響を及ぼす不確定要因が存在するからだ。平均して、30分という所要時間は、予測としてはかなり精度の良いものである。

ミュースの考え方を最初に取り入れたひとりは、経済学者の**ユージン・ファーマ**（1939～）だ。ファーマは、合理的期待が金融市場の動きをどのように予測するかを考えた。預金者の資金は銀行や証券取引所などの金融システムを経由して借り手へと渡る。預金者のひとりが300ポンドを銀行口座に預け、6か月後に引き出したいと考えているとする。この預金をある企業が鉱山の採掘のために借りたいと思っている。1000万ポンドの融資を受け、5年後に返済するつもりだ。金融システムはそれに対処するため、多くの人の預金をまとめて、企業が必要とする多額の現金を提供し、資金の出入りの時期を管理する。それを預金者と借り手の間に立って行うのが銀行だ。株式市場では、企業が株式を売却して資金を調達する。それにより、株式の購入者は企業の一部を所有することになる。株式には利益をうむ可能性がある反面、リスクも含まれる。企業が好調なときは株価が上がるので、株式を売却すれば株主は利益を得るが、業績悪化もしくは倒産すれば株主は損をする。

株式市場で儲けるには、投資家は株価が上がるか下がるかを予測しなければならない。金儲けをしたい株式市場のトレーダーは、翌日の株価の行方がわかるかもしれないと、過去の値動きを表すグラフを研究して傾向を探ろうとすることがよくある。ファーマは学部生のときに教授のひとりに、株価の動きを予測する方法を考慮するために雇われた。しかし、どの方法も役に立たなかった。

その理由はファーマの理論が示している。予測方法の信頼性が、いつ結婚するかを星の位置を見て予想する占星術並みだったからだ。仮に株価のグラフが上昇傾向にあったとする。株式ブローカーはそれを見て、株価が来週上がると予測する。合理的期待をするなら、そんな予測をするはずがない、とファーマは言う。株価が上がるとわかっているなら、きょう株を買うはずだ。そうしなければ、安く買って高く売ることで得られるはずの利益の一部を手にできない。きょう株式を購入すれば株価を上げてしまうため、来週の上げ幅はさほど大きくならないかもしれないが、まだ値上がりの見込みがあれば、この論理がふたたび当てはまる。実際、当初、予想した値上がり分は、きょうの価格に反映されているはずだ。そうでなければ、ブローカーは利益を得るチャンスを逃すことになる。

ファーマの理論は、株価が予測できないことを示している。株価になにか起こりそうだと思えば、それはきょうの価格にすでに反映されているのだ。とはいえ、たったいま、ニフティラップ〔架空の企業名。原文のNifty Wrapを直訳すると「気のきいた包装」〕が贈り物を1秒足らずで包装できるスプレー式包装紙を発明したと聞けば、同社の株価の上昇を合理的に予想できると考えたくもなる。この企業の株式を購入すべきではないか、と。だが、必ずしもそうとは限らないのだ。株式の大手トレーダーはプロのブローカーであり、経済動向や自分が取り扱う株式の企業情報に通じている。彼らは売買の判断をするために入手可能な情報をすべて用いて、合理的期待を形成する。そのため、あなたやわたしが翌週の株価の動きを予測して、つねに市場で勝つのは不可能なのだ。ニフティラップの株価は、残念ながら、新しいスプレー式包装紙の発明を踏まえて、すでに高騰しているはずだからである。

ファーマの理論は「**効率的市場仮説**（efficient markets hypothesis）」と呼ばれている。金融市場における価格には、入手できるすべての情報が反映されているという考え方だ。すべての情報が株価に組み込まれているとき、投資家は利益を得られるすべての機会を利用したことになる。これは株価が変動しないという意味ではない。株価の変動は予測ができない、ということである。予測できない不確定要因が、株価の変動として表れる。乗ったバスが事故のせいで2分遅れるのと同じだ。わたしたちが合理的であれば、市場の予測可能性は上がるのではなく下がる。したがって、どの株を買えばいいかを教えるプロのフィナンシャルアドバイザーは、無駄だということになるだろう（アメリカのある新聞が以前、数名のプロのフィナンシャルアドバイザーに次の年にもっとも成長する株を選ばせた。また、オランウータンにも好きな株を「選ばせた」。次の年末、オランウータンの成績は人間の成績と変わらなかった)。偶然性は混乱《カオス》と同義だと思うかもしれないが、ファーマの理論によると、価格の偶然性、市場の効率性、金融市場の効率性が高くなるほど、フィナンシャルアドバイザーがお金を動かす仕事がうまくいくようになる。

合理的期待は、後退するケインズ経済学の棺桶《かんおけ》に打たれた〝もう一本の釘《くぎ》〟となった。〝最初の釘〟すなわちケインズを最初に批判したのが**ミルトン・フリードマン**だったことを思い出してほしい(29章)。フリードマンは、ケインズの政策の基盤であるフィリップス曲線が機能しないことを主張した。フィリップス曲線は、政府が経済活性化を図って資金を投じれば、失業率低下とインフレ率上昇が同時に発生することを示していた。フリードマンによると、この曲線は一時的にしか機能しないという。経済が活性化すれば、賃金が上昇し、就業人数が増える。だが、それは労働者がインフレの進行がもたらす影響を考えていないからだ。もし、労働者が実質賃金(購入できる財の数量)が上がっていないことに気づいたら、就業率はもとの低水準に戻るだろう。

アメリカの経済学者の**ロバート・ルーカス**(1937〜)は、労働者がまるで月曜の朝のように、頭を悩まされていると述べた。労働者は過去を見つめて、期待を形成する。政府が経済を活性化する能力は、一時的にせよ、労働者を騙せるかどうかにかかっているのである。合理的な期待をされれば、活性化はできない。政府の対応の効果が予測されてしまうからだ。労働者は働く時間を増やすかどうかを考えるときに、将来、インフレが進むことを予測する。インフレが進めば実質賃金は上がらない。それに気づけば、労働者は労働時間を増やさない。短期的にであっても、政府は経済を活性化できなくなる。人々は賢いので何度も騙されはしないだろう。

ルーカスは、また、市場はすぐに均衡状態になると考えた。需要や供給が不足することはまずなく、そのために価格が調整される。経済学者はそれを「**市場清算**(market clearing)」と呼ぶ。ルーカスはこれが労働市場にも当てはまるとした。つまり、労働力の価格(賃金)は、労働力の供給(求職者数)が需要(求人数)と等しくなるように調整される。労働力不足になることはめったにない。また、働き口が不足することもほぼない。少なくとも長期の失業は起こりえない。なぜなら、賃金がすぐに下がり、企業が雇用を増やすからだ。市場清算は合理的期待とともに、ケインズに対する大きな批判となった。ケインズは、多くの人が職を求めても得られないという状況になると、経済が停滞すると論じている。市場清算は、現行の賃金で求職する人は職が得られ、職がない人はみずからの選択で失業していることを意味した。また、合理的期待とは、政府は雇用を増やすためになにもできないということでもあった。ルーカス派の考え方は「**ニュー・クラシカル経済学**(new classical economics)」〔日本語では「ネオ」も「ニュー」も「新」なので、まぎらわしい。neoclassical economics については94ページ参照〕と呼ばれた。これはケインズと対立した理論、すなわち、失業はつねに経済の調整によって速やかに解消するので、政府が経済を活性化しようとしても意味がないとする古典派の考え方をよみがえらせた。

ニュー・クラシカル経済学には異論がある。1930年代の大恐慌やそれ以降の景気後退時に失業した多くの労働者は、みずからすすんで失業したのだろうか。市場は本当にそれほど速く調整されるのか。多くの人はそれを疑った。さらに、効率的市場仮説も疑問視され続けている。金融市場で利益を得るのが不可能になるほど、人々が大量の経済情報を短時間で集め、理解することが実際に可能なのだろうか。これを説明するのに、合理的期待理論の支持者である経済学の教授が、学生と一緒に教室へ向かうときの話が用いられることがある。学生が10ポンド紙幣が落ちているのを見つけて、拾いに行く。教授は舌打ちしてこう言う。「ほうっておきなさい。それが本当に10ポンド紙幣なら、とっくにだれかが拾っているはずだ」。

本書の終わりのほうでは、今世紀初めに金融システムの機能を停止させた**経済危機**について考える。この危機によって、人々は充分な情報が与えられてはいないこと、そして市場は効率的な状況とはほど遠いことが明らかになった。このことも、合理的期待と効率的市場という理論に対する疑念を深めたのである。

Chapter 31

# 攻撃する投機家

１９５０年代、銀行の支店長は、たいていは地域で尊敬される名士であり、おそらく大酒を飲むこともなく、夜は早く就寝するような慎重な人物だった。ややおもしろみに欠ける堅苦しい人だったかもしれない。ところが１９７０年代になると、派手で横柄な、新しいタイプの銀行家が現れた。こうした銀行家は、大きなリスクを好んだ。手軽に金儲けをして、高速車や高級なシャンパンを浪費した。いわゆる「**投機**《スペキュレーション》（speculation）」によって儲けたのだ。通常、わたしたちはパンを焼くための小麦や、車を走らせるためのガソリンなど、使うものを購入する。しかし投機家は、使うつもりがなくても買う。小麦の栽培地域で旱魃《かんばつ》が予想されると、価格が高騰するだろうという思惑から大量の小麦を買う。のちにそれを売って、推測が当たれば利益を得る。

投機は、何世紀にもわたって行われてきた。しかし、盛んになったのは１９７０年代である。銀行には、利益を得られるなら、ほぼどんなものでも売買する部署ができた。投機を専門の商売にする「**ヘッジ・ファンド**（hedge funds）」と呼ばれる企業も現れた。そうした企業のひとつであるクォンタム・ファンドは、哲学を愛するハンガリー生まれの銀行家、**ジョージ・ソロス**によって設立された。ソロスは、書籍よりもロレックスの時計に関心を抱くような多くの投機家たちとは多少異なり、20世紀のもっとも有名な投資金融家のひとりになった。

ソロスのような投機家が利益を得る方法のひとつとして、ドル、ユーロ、円、その他多くの通貨の売買がある。こんにち、**為替市場**は、世界でもっとも大きな金融市場だ。通貨の価格は「**為替レート**（exchange rate）」である。たとえば、メキシコの1ペソには何ドル、あるいは何ユーロの価値があるか、ということだ。アメリカのジーンズを仕入れるとき、メキシコの店主は支払いのためのドルを買うためにペソを使う。ジーンズの価格が10ドルで、1ペソが10セント〔10セントは0.1ドル〕ならば、店主はそのジーンズを仕入れるのに100ペソ必要である。1ペソが5セントの価値しかなければ、ジーンズは200ペソになる。売買が行われるすべてのものと同じように、通貨も需要と供給の影響を受ける。もしアメリカのジーンズがメキシコで流行すれば、メキシコ人はジーンズの購入により多くのドルを必要とするため、ドルの価格が押し上げられる。通貨の需要と供給の増減が激しければ、為替相場も乱高下する。

ドルに対するペソの価値がひんぱんに変わると、メキシコの店主にとっては、今後6か月間、アメリカ製ジーンズの発注価格をいくらで合意するべきかを判断しにくくなる。6か月でペソの価値が下がれば、いまは手頃なドルの価格が、そうではなくなるからだ。そうしたことを受け入れて、為替相場が上下する「**変動」相場制**（'floating' exchange rate）を採用している国もある。一方、ドルのような主要通貨との為替レートを固定する、**ペッグ制**〔peg＝固定する〕を取り入れている国もある。そうすれば、消費者や実業家は一層の確実性を得られる。海外で自分たちの財がいくらで売れるか、海外の財をいくらで買えるかを知ることができるからだ。

ペッグ制を利用して、投機筋が利益を得るために仕掛けるのが、**投機「アタック」**（'attacking' the peg）である。1970年代、アメリカの経済学者**ポール・クルーグマン**（1953～）はこれに関する理論を構築した。投機アタックの意味を知るには、まず、政府がどのように為替レートを固定するのかを理解しなければならない。為替レートの固定は、通貨の価値を、売買によって維持することで行われる。当局がガソリンの価格を1リットル当たり15ペソに固定したいときに行うことと同じである。仮にガソリンの価格が15ペソのときに供給が需要を上回るとすれば、政府は価格が下がらないように、資金を投じてガソリンを購入する。一方、需要が供給を上回れば、価格上昇を抑えるためにより多くのガソリンを供給しなければならない。政府はそのために、ガソリンを蓄えておく必要がある。

同じように、たとえばメキシコ政府が、5月にドルに対するペソの価値を決めたとする。もし、6月にペソの需要が通常よりも増えたら、政府はペソの価値が上がらないように、ペソの発行額を増やす。一方、7月にドル買いペソ売りが進めば、ペソの価格が下落する恐れがある。そうならないように、政府は保有しているドルでペソを買わなければならない。このように外貨を保有することを「**外貨準備**（foreign currency reserves）」と呼ぶ。為替相場の水準を統制するために重要なものである。

クルーグマンの理論によれば、投機アタックが行われるのは、政府が財政支出を拡大しているときだ。1970年代、メキシコは、ドルに対する自国通貨の為替レートを固定していた。同時に、社会保障、住宅供給、交通計画にも大量の投資を行った。その支出を賄うため、国民に重税を課すのではなく、紙幣を乱発した。そうなると、1ドルに対してより多くのペソが流通するため、ドルに対するペソの価値が下落するのは確実だ。しかし、下落すれば、ペッグ制が崩壊する。そこで、政府は保有しているドルを使ってペソを買い、ペソの流通量を一定に保つことで下落を食い止めなければならなかった。だが、一時的にはうまくいったものの、まもなくドルを使い果たした。財政支出拡大を支えるために紙幣の乱発を続けたことと、ペソをドルで買い続けることができなくなったことによって、ペソの供給量が増えた。その結果、ドルに対するペソの価値は下落した。

じつのところ、クルーグマンの理論では、こうした下落は、投機筋の行動によってドルがなくなる前に起こる。投機筋は、政府が紙幣を乱発し、保有しているドルを使い果たそうとしていることを知っている。たとえば、60日でドルが底をつくことを投機筋が知っていたとしよう。60日目に通貨が価値を失いはじめると、投機筋は保有しているすべてのペソを売らなければならない。そうしなければ、損が出るからだ。これが投機アタックである。だが、実際には、投機筋はもっと早く動きだす。59日目には、60日目に起こることを予想し、保有しているペソを処分する。58日目も同じである。そのため、政府が保有するドルが完全になくなる前に、投機筋はみずからが保有するペソを売って政府がもっているドルを買い上げる。これによって、ペソのペッグ制は崩壊する。経済学者はこれを**通貨危機**（currency crisis）と呼ぶ。投機筋は、財産をドルのようなより価値のある通貨に換えて、利益を得る。メキシコは1976年に通貨危機に見舞われ、ペソの暴落を起こした。ペソの価値はきわめて小さくなり、輸入に多大な費用がかかった。それにより、所得の実質価値が下がり、消費が止まった。景気後退に陥ったのである。

のちに、アメリカの経済学者**モーリス・オブストフェルド**（1952〜）は、政府が紙幣を乱発しなくても通貨危機が発生しうることを示した。この危機はもっとも豊かな国でこそ起こる。1990年代初め、ヨーロッパの多くの国が、当時、ヨーロッパ経済を主導していたドイツの通貨、ドイツマルクに対して為替レートを固定していた。だが、それは苦しい選択だった。たとえば、イギリス政府は、一方ではペッグ制を維持したかった。ジョン・メージャー首相がみずからの政治生命をペッグ制にかけていたうえに、もしペッグ制をあきらめれば、銀行が国を信用しなくなり、融資をしてくれなくなるかもしれない。だが、他方では、ペッグ制の破棄とポンドの下落を望んでもいた。ポンドの価値を維持するためには、金利を高くしなければならない。ポンドの金利が高ければポンドをもつことで利益を得られるので、人々はポンドを買い、その結果、ポンドの高い価値は維持される。しかし、金利が高ければ、家を買うために多額の借金をし、高い利子を払っているマイホーム所有者の負担は大きくなる。

イギリス政府はペッグ制を維持しないだろうと投機筋が考えたときに、危機は起こった。投機筋は、ポンドの下落を予想したのだ。投機アタックは、1992年9月、**暗黒の水曜日**《ブラック・ウェンズデー》（Black Wednesday）と呼ばれている日に行われた。それは、ソロスのようにポンドの下落を見越した投機筋と、政府とのあいだの戦いだった。投機筋は、大量のポンドを売りはじめた。イングランド銀行はポンドを買って、その波を防ごうとした。メージャー首相と閣僚は会議を開き、金利を10パーセントから12パーセントへと大幅に引き上げることを決めた。会議後、ケネス・クラーク内務大臣は、車でオフィスに戻った。運転手が言った。「閣下、効果がありません」。運転手は、ラジオで金利の引き上げについて聞いていたが、知らせは悪いものだった。ポンドが下がり続けていたのだ。すぐに、クラークは首相のもとに戻った。政府は金利を15パーセントに引き上げた。それは、嵐の海に紙の船を浮かべるようなものだった。投機筋は、やがて政府があきらめると見て、ポンドを売り続けた。その日の夕方、政府はペッグ制を放棄し、首相は辞職を考えた。ノーマン・ラモント財務大臣は、ポンドの価値について思い悩む必要がなくなり、数週間ぶりにぐっすり眠れたと述べた。政府は、ポンドを守るために多大な額を費やした。ジョージ・ソロスは10億ポンドの利益を手にして、「イングランド銀行を潰した男」の異名を与えられた。

投機を良いものだと考える経済学者もいる。為替投機家は、その国の経済に起こっている現実に反応しているだけである。政府が財政支出の拡大を続けたり、極端に高い金利を設定したりするなど、悪い政策を続けているときに、投機アタックを仕掛けるからだ。そうであるならソロスは、いずれにしろ起こるはずだった通貨の急落を利用して儲けただけということになる。投機アタックによって、政府がより思慮深い政策を採用するようになると言う者もいる。しかし、1990年代後半、アジアで一連の経済危機が起こったことで、人々は真っ向から投機筋を非難した。マレーシアの**マハティール・モハマド**首相は、投機筋を犯罪者だと言った。ソロスを愚か者と呼び、為替取引は禁止されるべきだと述べた。ソロスは、マハティール首相はただの厄介者であり、真剣にとりあうべきではないと応じた。

アジアの危機は、1990年代の終わりに、タイ経済の〝急落《クラッシュ》〟からはじまった。企業や銀行が倒産し、バンコクのいたるところで、オーナーの資金不足のために建設工事が中断された。マレーシア、韓国、インドネシアといった同地域の国々が、すぐにタイ経済後退の影響を受けた。

タイの問題が、なぜ、他国にまで及んだのだろうか。経済学者は、人々のあいだでインフルエンザが広まるように、経済危機は国と国の間で広がりうると考える。それは「伝染」と呼ばれ、広げるのは投機筋だ。タイで起こったことを見た投機筋は、マレーシアや隣国でも同じようなことが起こるのではないかと危惧しはじめた。そうなりそうだったので、マレーシアの通貨を処分したいと思った。だが、マレーシア経済の健全性だけを不安視したのではない。ほかの投機家がなにを考えているかを気にかけていた。ほかの投機家が不安に駆られてマレーシアの通貨を売るなら、自分も売りたくなる。充分な数の投機家がそう考えれば、通貨は急落する。まるで、火事でもないのに「火事だ！」と叫んで、人々を逃げまどわせるのと少し似ている。経済学者はこれを「**自己実現的危機**（self-fulfilling crisis）」と呼ぶ。アメリカの経済学者**ジェフリー・サックス**（1954〜）などは、経済に深刻な問題がなくても、投機筋が危機の引き金を引くことは可能だ、と考えている。アジア経済は順調だったし、政府によって節度をもって管理されていた。1970年代のメキシコとは状況が違った。投機アタックは、投機筋による不要なパニックにすぎなかった、という批判がある。だからこそ、マハティール首相が激怒したのだ。

投機家については別章でも述べる。彼らの多くは、ドルや円よりも、はるかに複雑な金融商品を扱っている。38章で示すように、21世紀初頭までは、投機筋は売買に没頭し、人々が金融を危険でインチキなものだと疑いはじめていることに気づかなかった。人々は投機家を野蛮で無謀だと言い、彼らを止めなければならないと考えたのだ。

Chapter
32

# 虐《しいた》げられている人々を救う

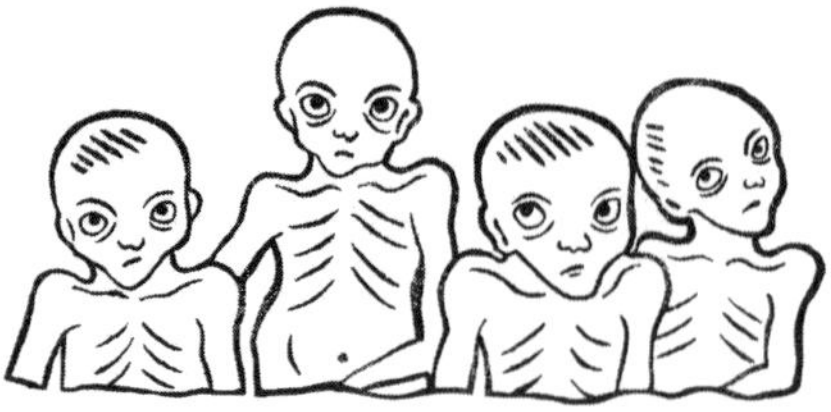

インドの経済学者**アマルティア・セン**（1933〜）が、生まれ育った都市ダッカ（現在のバングラデシュの首都）で起こった残忍な事件の結果を目にしたのは、まだ11歳の少年のときだった。市内では暴動が続き、イスラム教徒とヒンズー教徒が互いに殺戮を繰り返していた。近くで働いていたカーデル・ミアというイスラム教徒の日雇い労働者が、市のヒンズー教徒地区にあったセンの家の庭に駆け込んできた。地元の暴徒に背中を刺され、血だらけだった。センはミアに水を飲ませ、大声で家族に知らせた。ミアは病院に行く途中、危ない目に遭うかもしれないからヒンズー教徒地区には入らないように、と妻に言われていたことを話した。しかし、家族が腹を空かせているので、ミアは危険をおかしてでもお金を稼がなければならなかったのだ。その日遅く、ミアは死んだ。

その事件は幼いセンを打ちのめした。貧困とはお金や食べ物がない、というだけではない。貧しい人々には、より裕福な人々が当たり前に享受している多くの自由がないのだ。ミアは貧しかったために、家族に食べさせるのに必死だった。だが、

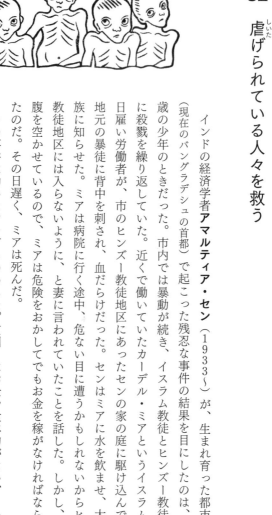

貧しかったせいで、安全な場所にいることで得られる自由を当てにできなかった。豊かな人はお金のために危険な場所で働く必要はない。仕事はほかの場所でいつでも見つかるし、自分の蓄えで食べ物が買える。一方、ミアには選択肢がなく、家族に食べさせる代償として命を払ったのだ。

　この経験は、センの経済学者としての思考を方向づけた。センは、ミアのような経済的に虐《しいた》げられている人々の状況を知ろうとした。センは哲学者でもあり、経済学者でもあった。これは現代の経済学者として珍しいことだが、それによって、人間の物質的幸福について関心を抱く、哲学者でもあった初期の経済学者〔アダム・スミスら〕の仲間に入れられるようになった。センは、哲学的好奇心によって、経済学のもっとも基本的な前提に疑問をもつようになったのだ。

　センは考えた。ミアのような人々には、なにが足りないのだろうか。従来の経済学では、お金や食べ物、住まいなどの欠乏が答えとなるだろう。物質的な財が不足すれば、貧困に陥るからだ。だが、センにとって問題はもっと大きなものだった。自転車を所有する便益について考えてみよう。自転車があれば、必要な場所に行くことができる。所有者をより幸せにするのは、自転車そのものではなく、輸送手段があることだ。センはここで輸送手段にあたるものを「**潜在能力**《ケイパビリティ》（capability）」と呼んだ。豊かな生活には、食べ物があること、健康であること、社会の一員であること、安全であることなど、さまざまな潜在能力が必要になる。物質的な財と潜在能力のつながりは複雑だ。自転車は健康で丈夫な身体をもつ人には輸送手段という潜在能力を創出するが、自転車に乗れない人にとってはそうとは言えない。

もし、1週間に2000カロリー以下の食事しかとれない人を貧しいと言うなら、貧困の「絶対的」尺度があることになる。明確に定められた量を下まわる人を貧しいと呼ぶからだ。だが、貧困が「相対的」なものだとしたら、平均を大きく下まわる量しか食べられない人が貧しいということになる。豊かな国では平均値が高いので、相対的な定義で貧しいとされる人でも、テレビや携帯電話をもっているかもしれない。センの潜在能力の考え方は、相対的であることと絶対的であることを結びつけた。潜在能力は絶対的だが、それを獲得するための物質的条件は相対的である。たとえば、地域社会に適切に参加するには、人に会うのが恥ずかしくないという潜在能力が必要だ。この能力は絶対的である。恥ずかしくないという能力は、ニューヨークに住む人にとっても、インドの村に住む人にとっても同じだからだ。だが、物質的な必要条件は異なる。ニューヨークに住む人にとっては、靴をもっていることが恥ずかしくないという必要条件のひとつになるだろう。靴を買う余裕がなく、裸足で働きに出かけるのは恥ずかしいことだ。一方、インドの村に住む人にとっては、裸足で出かけることはなんの問題もない。彼らにとって恥ずかしくないというのは、たとえば自分の子供がだれと結婚するか、といったような別のことによって決まる。

社会の発展とは潜在能力を拡大することだ、とセンは考えた。より多くの人が地域社会に参加し、健康で安全にいられれば、社会は発展する。とくに教育によって、読む、書く、思考する力が得られれば、なりたい自分になる自由が得られる。民主主義《デモクラシー》も、社会がどう営まれるかに影響を及ぼす機会を人々に与えるので、センにとっては、発展そのものを構成する、もう一方の自由にあたるのである。真の社会的発展は、財の生産で測る経済的発展にとどまらない。もうひとつ、**人間的発展**（Human Development）、すなわち良い生活を送るのに必要な潜在能力をもつことから得られる自由、これを経験する人間が増えていくことがあげられる。

では、工場が増え、技術が改良され、財やサービスが安く手に入るようになることは、人間的発展と無関係なのだろうか。そんなことはない。社会が学校や病院を建てるには資源《リソース》が必要だからだ。しかし、経済的発展は、センが考える人間的発展という幅広い概念とは異なる。たとえばパキスタンは、数十年にわたる経済成長を経ても、とくにまだ女性の識字率が低い。国民所得が増えても、人間的発展は保証されないのだ。そのため、センは経済的発展の新しい評価基準を強く求めてきた。1990年代に国連が**国内総生産**（**GDP**）という発展の従来の尺度を改善するのに協力したとき、センはみずからの考えを実現することができた。GDPは一国の国民所得を測る基準で、1年間の生産の総量である。センは所得のほかに平均余命や識字率を含む代替案を考え出した。それは**人間開発指数**（Human Development Index）〔HDIと略される〕と呼ばれ、人間的発展と経済的発展の違いを浮き彫りにするものだった。サウジアラビアはスリランカよりも経済的にずっと豊かだが、人間的発展ではスリランカのほうが上位にある。いまでは経済学者の大半が、国の発展とは国民所得だけでなく、国民の健康や教育も重要だというセンの考えを支持している。

すべての潜在能力の基本中の基本は栄養状態、つまり充分な食糧だ。もっとも厳しい欠乏は食糧不足であり、これは栄養失調や死を招く。ここで、もういちどセンの少年時代の経験に戻ってみよう。1943年、カーデル・ミアが殺された1年ほど前に、センは約300万人が餓死したベンガル大飢饉の被災者にコメを配る手伝いをしたことがあった。数十年後に飢饉に関する理論をまとめていたとき、当時の記憶がよみがえった。1970年代から1980年代当時、アフリカやアジアで恐ろしい飢饉が起こった。食糧不足が明らかな原因と思われた。雨が降らず、穀物が枯れはて、人々は飢餓状態にあった。あるいは、18世紀のトマス・マルサスの結論のように、急速な人口増の結果、多くの人々に食べ物が行き渡らなかったのかもしれない。

だが、センはそうした一般的な説明には欠陥があると考えた。アメリカでもときに旱魃《かんばつ》が発生するが、飢饉で苦しむ者はいない。マルサスは人口過多による影響に対して警告を発したが、エチオピアやスーダンといった広大な土地に人々がまばらに住んでいる国にも飢饉は発生する。センは、充分な食糧が行き渡らないことと、充分な食糧がないことは違うと述べた。食糧は単に食糧ではなく、市場を通して手に入れる商品である。だから、充分な食糧を手に入れることができず、飢えた状態に陥るのには、さまざまな理由があるのだ。

飢饉が起こるのは、食糧に対する人々の「**権原**《エンタイトルメント》(entitlements)」が崩壊して、充分に食べることもできないほど低水準になったときだ、とセンは論じた。食糧に対する〝権原〟とは、所得や食糧価格を前提として、どれだけの食糧を買えるか、ということである。また、自家栽培の食糧や政府の配給なども含む。食糧不足、旱魃、人口の爆発的増加がないときでも、食糧の〝権原〟は崩壊しうる。こうした条件がなくても飢饉は起こるのだ。貧しい人々は、物価が高くなれば、市場から締め出されてしまうからである。これは、センがベンガルの飢饉のときに抱いた疑問を理解するのに役立つ。もし飢饉が食糧不足によって起こるのなら、なぜ商品が並んだ食料品店の前で人々は餓死したのか。なぜ、暮らしぶりのいい友人や親族は影響を受けなかったのだろうか。

１９７０年代および１９８０年代の飢饉を説明するのにセンが用いたのが〝権原《エンタイトルメント》〟という考え方だ。１９７４年にバングラデシュで飢饉が起こったとき、食糧の生産は多かったが、洪水が農業を崩壊させ、地方の日雇い労働者の多くが一時解雇された。洪水で不安を抱いたほかの人々が食糧の買い占めをはじめたため、食品価格が急騰した。最貧困層の人々の多くは所得がなく、物価が高騰したせいで、食糧を買うことができなかった。餓死した者もいた。物価がもとの水準に戻ったとき、飢饉は終わった。

市場の変動がいかにして飢饉を引き起こすかをよく理解することによって、より多くの対策を講じられる、とセンは主張する。たとえば、１９７０年代初めにインドのマハラシュトラ州では、旱魃によって農業従事者が仕事を失った。政府は彼らを道路建設や井戸掘りのために雇用した。政府から賃金が支給されたために、彼らの〝食糧権原〟は守られ、その結果、飢饉を回避することができた。

センは、民主主義《デモクラシー》と報道の自由は、飢饉の阻止に不可欠だ、と言う。貧困者が直面する困難が記事になれば、政府にはそれをなんとかしたいと思うインセンティブ〔誘因〕がはたらく。さもなければ、次の選挙で負けて、政権を奪われる危険性がある。センは、独立後のインドで飢饉が起こらないのはこのためだ、と信じている。一方、20世紀最大の飢饉は1950年代後半に中国で起こり、3000万人が死んだ。飢饉が長期化し、多くの命が失われたのは、ジャーナリストが書きたいことを自由に書けなかったからである。中国政府は、経済の近代化を図るために大躍進政策を進めていた。それには破滅的な農業の再編が含まれていた。なにが行われているのかをだれも伝えることがなかったので、政府は多くの命を犠牲にして政策を実施することができたのだ。

最近では、1984年のエチオピアの飢饉の例がある。テレビの報道で世界が衝撃を受け、ロックスターたちが、レコードをつくったり、大規模なコンサートを行ったりして集めた寄付金をアフリカに送る、という動きをはじめた。エチオピアの飢饉はすさまじかったが、世紀半ばに起こった中国の飢饉や、800万人が死んだ1930年代のソ連の飢饉に比べれば、小さなものだった。幸いなことに、大規模な飢饉はいまや過去のものになり、こんにちでは、飢饉が起こるのはアフリカの紛争地域に限定される傾向にある。このような飢饉では、たいがい飢えよりも紛争の混乱のなかで広まる重い病気で死ぬ人のほうが多い。

経済学は、株式市場や主要な産業や経営者の意思決定に関わる学問だと、しばしば考えられる。そうしたこともたしかに重要だが、それだけではないことをセンは示した。19世紀に**アルフレッド・マーシャル**は、経済学者は冷静な頭脳と温かい心をもたなければならない、と言った〔1章〕。センはマーシャルが考える経済学者の見本だろう。カーデル・ミアのように社会の底辺でぎりぎりの生活をし、ときには生きるための闘いに敗れる何百万という人々の窮状を、論理を用いて考えている。センにとっては、もっとも貧しい人々が幸せで満ち足りた生活をするためにどうしても必要とするさまざまな事柄について考えるのが、経済学なのだ。食べるためのお金は大事だが、識字力、健康、社会参加の機会を得ることも同じように重要である。真の人間的発展とはより多くの自由を獲得することなのだ。

Chapter
33

# わたしを知り、あなたを知る

ノーベル賞受賞を祝うためにストックホルムで開かれた煌《きら》びやかな晩餐会で、アメリカの経済学者**ジョージ・アカロフ**（1940〜）は、スウェーデン国王夫妻を含む招待客に、経済学上の考え方をこう説明した。「哀れな年老いた馬を市場に連れてきて、生きたウナギを飲み込ませれば、馬は飛びはねるでしょう」。老いさらばえた馬を売る側は、あらゆる手を用いて、その馬がさも元気であるかのごとく見せようとする。だが、これは悪い結果をもたらすことがある。「市場の一方に詐欺師がいて、もう一方にいる人は、その詐欺師を避けようとする。最後には、市場が完全に崩壊します」。

アカロフは、1970年の論文「**レモン市場**（The Market for Lemons）」で有名になった。さきほどの〝馬の買い手のジレンマ〟の現代版で、中古車の買い方を考察したものである。あなたが地元の中古車業者から買おうとしているのは、良い車かもしれないし、欠陥車（「レモン」）かもしれない。前庭のガレージでは立派に見えるが、数マイルも走れば故障するかもしれない。それは買ってみるまでわからない。売り手はレモンかどうかを知っているが、あなたにはどんなときでもすばらしい状態だと言うにちがいない。買い手と売り手は、良い状態の車は高い価格で、悪い状態の車は低い価格で取引するつもりでいる。問題は、どの車が良くてどの車が悪いのか、買い手にはわからないことだ。仮に半分が良くて、半分が悪いとしよう。買おうとしている車がレモンである可能性は50パーセントだ。買い手は高い代金を支払おうとは思わない。払うとしたら、せいぜい高値と底値の中間の価格だ。問題は、良い車であれば、前の所有者が中間の価格で売るはずがないことだ。車の価値よりはるかに低い価格なら、売りはしないだろう。一方、レモンの所有者なら、すすんで売る。売ろうとする事実そのものが、その車に問題があることを疑わせる。つまり、悪《あ》しき車が良き車を駆逐してしまうのだ。これは市場の失敗である。良い車なら、高い価格で買おうする人がたくさんいるからだ。

アカロフは、経済において、ある人々はほかの人々よりも多くの情報をもっていると考えた。あまりにも当然のことのように思うかもしれないが、アカロフが論文を書いたときにはよく理解されなかった。経済の標準的モデルは、市場がうまく機能することを示した。市場は、利用可能な資源を使い、人々の望みが満たされる結果をもたらすというものだ(25章)。だが、これには重要な仮定がある。市場には競争が存在し、工場汚染物質が近隣の漁業の負担になるといったような外部性がないということだ。だが、現実には、そうでないことを経済学者は知っていた。アカロフは、標準モデルでは、もうひとつの仮定が見落とされていることに気づいた。それは、市場がうまく機能するためには、車の価格や品質、従業員が懸命に働くかどうか、借り手はどのくらい信用できるかなど、人々がすべての情報をもっていなければならないということだ。もし、わたしたちが一緒に事業をはじめるとすれば、あなたはわたしに能力があるかどうかを知りたいだろうし、わたしもあなたについて同じことを知りたい。人々はなんでも知っているという「**完全情報**（perfect information）」の仮定は、当時はほとんど疑問視されなかった。どの経済誌もアカロフの論文掲載を断った。とるに足らない理論だと言う編集者も、それが正しいなら経済学は変わらなければならないと言う編集者もいた。最終的に、アカロフの論文は発表され、経済学は変わった。「**情報経済学**（information economics）」という新分野がうまれたのだ。

経済学者はレモン問題を「**逆選択**（adverse selection）」と呼び、それがあらゆる場面で起こるのに気づいた。たとえば健康保険について考えてみよう。健康保険に加入すると、保険会社に毎月、保険料《プレミアム》を支払う。それにより保険会社は、あなたが病気になったら医療費を支払うことを約束する。保険市場において、買い手（保険に入りたい人）は売り手（保険会社）よりも多くの情報をもっている。保険会社は、ひんぱんに医療サービスを受ける可能性の高い不健康な人に高い保険料を、また健康な人に低い保険料を請求したいと思う。だが、だれが健康で、だれが健康でないかを知るのは難しい。そこで、中古車の買い手のように、すべての人に中間レベルの保険料を請求する。一方、良い車の所有者と同様に、健康な人は市場に参加したがらない。病気になるリスクが小さい人にとって、保険料が高すぎるからだ。よって、保険に入りたがるのは健康でない人ばかりになり、不健康な人が健康な人を駆逐することになる。そのため、保険会社は、多くの不健康な加入者の医療費を支払うのに必要な多額の費用を埋め合わせるために、高額の保険料を設定しなければならなくなる。その結果、重い病気の人ばかりが、高額の保険に加入するようになる。

買い手が車の状態を知らなかったり、保険の売り手が顧客の健康状態についてほとんど知らなかったりする場合のように、重要な特性が買い手または売り手に知られていないときに逆選択が起こる。人々の行動が予測できないときも、市場は混乱する。経済学者はそれを「**道徳的危険**《モラル・ハザード》（moral hazard）」と呼ぶ。携帯電話に保険を掛ければ、紛失はそれほど心配にならなくなる。バスに置き忘れても、新しいものが手に入ることを知っているからだ。保険会社はそれをわかっているが、あなたがどんな行動をするかについて調べ上げることはできない。そのため、すべてを補償するのではなく、あなたにも損失の一部を負担するよう求める。ふたたび、市場の失敗が起こる。あなたは損失全体の補償を望み、会社は保険を売りたい。だが、情報不足によって取引が成立しない。

買い手と売り手は、問題のいくつかに対処する方法を見つける。たとえば、そこそこ良い状態の中古車であれば、売買はうまくいく。買い手は購入しようとする車の故障歴を調べ、売り手は品質を保証すればいい。情報経済学のもうひとりの先駆者である**マイケル・スペンス**（1943〜）は、人々が互いに「信号を送ること《シグナリング》」によって、いかに情報不足を克服するかを研究した。たとえば、企業はもっとも生産性の高い人を雇用したいが、個人の能力を把握するのは難しい。能力を伝える方法のひとつは、学歴を取得することだ。この論をさらに進めれば、教育によってより良い仕事ができるのではなく、学歴を頼りに、雇用者が生産性の高い人とそうでない人を識別しているにすぎないということになる。だが、情報不足に対する簡単な解決策がないときもある。融資先が信頼できる事業家なのか、あるいはペテン師なのかを判別する方法がなければ、銀行は融資自体をやめるかもしれない。アカロフが警告するように、情報があまりに少なければ、市場は行き詰まり、人々や企業が必要とする有益なものを供給できなくなる。

アカロフは、マサチューセッツ工科大学に在籍中の1960年代に、将来の情報経済学の先駆者となり、ストックホルムでともに壇上にあがることになる学友と親しくなった。それが**ジョセフ・スティグリッツ**（1943〜）だ〔アカロフとスティグリッツは、さきほど紹介したスペンスとともに2001年ノーベル経済学賞を受賞〕。スティグリッツは、20世紀初めにUSスチール社が建設した工業都市である、インディアナ州ゲーリーで育った。USスチールは、1901年にアンドリュー・カーネギーを含むアメリカの実業家たちによって創設された巨大企業である。スティグリッツの経済学者としての考え方は、ゲーリーで目撃した貧困、差別、失業の影響を受けた。「市場経済の否定的側面を見ると、その偉業に大喜びするのは難しい」と述べている。伝統的な経済学は、とりわけ自由市場を擁護する点において、大きく間違っていたのだ。

スティグリッツにとって情報経済学は、たとえば貧困国はどうすれば豊かになるかといった経済学の最大の問題を考えるものである。1990年代、スティグリッツは、みずからの理論を現実の世界に適用する機会を得た。ビル・クリントン大統領の顧問になり、のちにワシントンにある世界銀行に参加し、途上国に融資と経済政策に関する助言を提供した。スティグリッツは典型的な官僚ではなかった。たびたび、よじれたネクタイ姿で歩きまわり、権力者の感情を害するのも気にしなかった。ワシントンでは、自由市場が貧困国に対する解決策だという考えに固執する官僚や著名な経済学者と戦った。

世界銀行や、似たようなワシントンの組織である**国際通貨基金**〔IMF〕は、外国からの資金流入も含めた自由市場政策を途上国に押しつけてきた。新しい工場や道路に資金が投じられ、それによって経済が発展すると主張した。本書でも述べたように〔31章〕、巨額の資金が東アジア経済に流入したが、1997年、東アジアの経済は暗礁に乗り上げた。海外の貸し手は、融資先に返済能力があるかどうかをあまり心配していなかった。乏しい情報にもとづいて融資をした結果、融資先の多くが返済不能に陥った。モラル・ハザードが事態をさらに悪化させた。貸し手は、事態が悪化しても政府が救済してくれることを期待し、融資先について慎重に考えなかったのだ。

金融市場がうまく機能するかどうかは、貸し手が借り手の信頼度を正確に評価できるかに、また、投資家が資金を投じるプロジェクトのリスクを理解しているかに、かかっている。金融市場では、石油や小麦のような実物市場よりも、さらに多くの情報が重要になる。東アジアがそうであったように、金融市場が充分に発達しないと、複雑な情報の整理がうまくいかない。スティグリッツはワシントンの官僚の勧告を酷評した。彼らは、貸し手が借り手について充分な情報をもっていない状況下でも、国を越えて資金を無制限に流出入させてしまう自由市場政策のリスクを、完全に無視していた。そうした政策は、フェラーリのエンジンをおんぼろ車に取り付けて、タイヤの状態や運転手の技量を考えもせずに走らせるのに等しい、とスティグリッツは考えた。

情報経済学は、先進諸国が直面する経済の課題にも関係する。1930年代の大恐慌以来、経済学者は、なにが失業を引き起こすのかについて頭を悩ませた。ジョージ・アカロフ自身も、父親が失業した11歳のとき以来、それについて考えていた（ひとりの父親が職を失って支出をしなくなると、別のもうひとりの父親が失業する。その結果として生じる連鎖反応によって、経済が下降スパイラルに向かうと理論づけた。アカロフは小学生のときに、知らず知らずのうちにケインズ学派の主要な経済原則を発見したのだ）。ケインズの業績の上に築かれた戦後の経済学は、景気が後退しても賃金はすぐには下がらない傾向にあるので、高い賃金のせいで企業が従業員を増やさなくなる、と説明している。賃金はなぜ下がらないのだろうか。情報経済学は新しい答えを示した。雇用主は労働者をずっとは監視できないので、彼らがどれくらい懸命に働いているかがわからない。彼らに懸命に働いてもらうため、雇用主は賃金を上げる。すべての雇用主がそうすると、賃金水準全体が上がる。賃金が高くなると、企業は雇用する労働者を減らすために、失業が増える。失業を恐れるために、職に就いている労働者は、いっそう懸命に働くようになる。失業に対するこの考え方はケインズの新しい解釈の一部となり、こんにち多くのケインズ学派の経済学者がそれに追随している。

アカロフやスティグリッツが情報経済学という新分野を切り開いたとき、経済学者の多くは、市場はたいていの場合かなりうまく機能すると考えていた。彼らは「見えざる手」、すなわち市場における売買は社会的資源をもっともうまく利用する結果につながるというアダム・スミスの考え方を信じていた。情報の問題を原因とする市場の失敗は、必ずしも人々が愚かだったり、不合理であったりするためではない。売りに出されているのは老いた馬かもしれないと思う人々が馬を買うのをやめるのは、まさに合理的である。つまり、見えざる手がもはや機能しないということなのだ。ノーベル賞受賞後、スティグリッツは、見えざる手が見えないのは、それが存在しないからではなく、たとえ存在したとしても機能しないからだと述べた。

Chapter 34
# 破られた約束

考えを変えないほうが良いときに限って、人は考えを変えてしまう。なんということもないように思えるが、これは〝政府が、たとえ善意があったとしても、みずからの目的をあきらめざるをえないような場合がある〟ということを示す、経済学の理論的な基盤となる考えである。この考えは、居残りの罰を与えれば、怠けている生徒が懸命に勉強して試験に合格できるのに、教師が善意から考えを変えて、生徒に居残りをさせるのをやめてしまうのに似ている。宿題をしなかったら居残りだと脅《おど》したはずなのに、宿題を提出しなかった生徒を見逃すのはどうしてだろうか。居残りをさせたら教師も残業をしなくてはならず、定時で帰宅できないからだ。生徒は教師が脅しているだけで実際に居残りをさせないことがわかっているので、宿題をしない。怠けぐせはなおらず、試験にも落ちる。生徒が教師の脅しを信じたら宿題をしただろうし、教師も定時で帰宅できただろう。怠ける生徒が教師の脅しを信じないために、全員が損をする。

教師が与えようとする効果、すなわち、宿題をするように居残りで脅すことの効果は、時間がたつにつれて明らかになる。月曜日、教師は〝水曜日までに宿題を提出しなければ居残りだ、と脅すのがいちばんいい〟と考える。しかし、水曜日には〝生徒を無罪放免にするのがいちばんだ〟と考える。そして、自分に言いきかせる。〝宿題ができていないからといって、自分が残業してまで居残りをさせる意味はあるのか〟と。

時間の経過と目的達成の問題について、1970年代後半に、ふたりの経済学者が研究を行った。**フィン・キドランド**（1943〜）はノルウェーの農場で育ち、地域で唯一、小学校卒業後に進学した。アメリカのペンシルベニア州ピッツバーグにあるカーネギーメロン大学の博士課程在学中、アメリカ人の**エドワード・プレスコット**（1940〜）と出会い、ノルウェーに帰国する際、プレスコットを説得し、ベルゲンのノルウェー・スクール・オブ・エコノミクスでともに1年を過ごした。ほかの人がみな帰宅し、静かになった校舎で、キドランドとプレスコットはふたりで新しい理論を組み立て、新しい用語をつくった。居残りの目こぼしをする教師は、「**時間的不整合性**（time inconsistency）」の問題に直面したのだ。すなわち、きょう最善のものが、あすには最善ではなくなるということである。

ロケットの飛行管理を研究をしている科学者は、時間的不整合性の問題とは無縁だ。月曜日にロケットを発射するとき、〝燃料の消費を最小限に抑えて、水曜日までに月に到着する〟という指示をコンピューターに入力する。月曜日に飛行行程すべてにわたる指示を前もって入力してもいいし、月曜日に一部、火曜日に一部、水曜日に最終指示を与えてもいい。どうやるかは問題ではない。月曜日に最善なことは、水曜日になっても最善である。ロケットのコンピューターはつねに指示を守る。

　相手が人間のときは、どうやるかが問題になる。教師は月曜日にその週にやるべきことを設定する。すなわち、宿題をしない生徒は居残りをすると決める。ところが、水曜日に方針を変える。人間はロケットと違い、将来を予測する。あすを予測し、きょうの行動を変える。生徒は教師が脅しを実行に移さないとわかっているので、宿題をやりはしない。

　ケインズ派経済学の原則では、政府が経済を管理できるとされている。だが、キドランドとプレスコットなど１９７０年代の経済学者の一部は、経済をロケットのようなものと見なすのは間違っていると考えた。この原則が正しいのは、人間が完全に合理的でないときのみだ、というのが彼らの主張だ。30章で紹介したように、経済学の新しい考え方では、人間が〝合理的期待〟をすると経済がどう機能するかを検討した。合理的期待が形成されるときは、政府の経済政策も含め、入手可能な情報をすべて用いて、将来、起こることを予測する。重要な情報を考慮し忘れたせいで間違えることはない。キドランドとプレスコットは、合理的期待が時間的不整合性につながると発見した。生徒は教師が水曜日にどう行動するかを予測して、月曜日の行動を決める。それが教師にとっての問題だ。ロケット科学者は自然と闘うが、教師や政府は、もっと手ごわい、悪知恵がはたらく人間と闘うのである。

　１９５０年代と１９６０年代に規範とされたケインズ派の経済政策は、政府支出を調整することで、経済の動きに影響を与えられるという考えにもとづいていた（ケインズ派からはあまり好まれなかったが、貨幣流通量を調整するという別の政策もある)。失業率が下がるとインフレ率が高くなることを示すフィリップス曲線によると、政府はインフレ率の若干の上昇とひきかえに、失業率を下げるという政策を活用できる。一方、合理的期待形成論者は、そんなことは不可能だ、と主張する。政府が経済を活性化すれば、合理的な人は賃金の上昇が物価の上昇によって帳消しになることを予測するからだ。実質賃金(実際にどれだけの財を購入できるか)は変わらないし、それを知っているので、雇用を増やさないだろう。経済政策の唯一の効果は、インフレを推し進めることくらいである。この考え方によると、政府ができる最良のことは、紙幣を増刷したり、財政支出を増やしたりしないことによって、インフレ率を低く抑えることになる。

だが、それがわかっていても、政府は経済の活性化を試みることをやめられない。1月、政府はインフレ率を低く抑える約束をする。経済の活性化を試みても、長期的な効果がなくて、インフレが昂進するだけだ、ということがわかっているからだ。しかし、5月になる頃には政府の支持率が下がる。年末には選挙を控えている。通常、政府は雇用に影響を与えることはできないが、人々が期待していないときに景気を刺激すれば、短期的な雇用増が可能になるときもある。そこで、5月のうちに、政府は景気刺激策を実施し、失業率を下げて、支持率を上げようとする。賃金が上昇し、それに応じて、短期間、雇用が増えるが、賃金の上昇が物価の上昇で相殺されることに人々が気づくと、雇用はすぐにもとの水準まで下がる。政府は同じことを6月、7月、8月にも試す。このやり方がときとしてうまくいくのは、予想外だったときだけだ(しかも効果は短期間)。時間がたてば、失業率は政府が最初の約束を守った場合と同じ水準に戻る。インフレ率だけが変わり、たとえば、2パーセントではなく8パーセントになる。国民も政府が窮地にあるのを理解しているので、インフレ率を低く抑えるという政府の約束を信じない。教師と同じように政府も約束を守りたいと思っているが、いざとなると守れない。約束を破った代償は、経済がより不安定になることだ。物価が急上昇すると、経済は不安定になり、予測が難しくなる。

善意の政府（または教師）がそのときどきでどうすべきかを、できるだけ多くの選択肢から選べるのは良いことだ、と思うかもしれない。経済学者はこれを「**政策の裁量**（policy discretion）」と呼ぶ。すなわち、自由に決定ができることである。だとすると、5月に、政府は現状に応じて、なんらかの対策を講じることを決定し、6月、7月、8月にも、そうするだろう。裁量権（discretion）があれば、政府は現状を評価しながら対策を講じることができるので、そのうち最善の結果が得られることになるのだろうか。キドランドとプレスコットの理論では、政府は、裁量権をもつと、最善の政策が実行できなくなる、とされている。政府が失敗するのは、堕落しているからでも無能だからでもない。むしろ、どの時点でも自由な決定ができるせいで、自滅的な行動をしてしまうのだ。

キドランドとプレスコットは、政府は5月、6月、7月にそれぞれ異なる決定をするなどの裁量権の行使をするのではなく、事前に決めた「インフレ率をつねに低く抑える」といったルールを守るべきだと論じた。だが、政府はどうしたらそれを実行できるだろうか。政府は権力を握っているため、いつでもみずからが決めたルールを破ろうとする。権力があればあるほど、権力をもっていないように見えてしまうのが問題だ。どんなに力強く約束を守ると言っても無駄である。だれも信じようとしない（脅しても無視される声高な教師と同じだ）。

キドランドとプレスコットが理論を提唱したのち、経済学者は、政府が決めたことを守り、時間的不整合性の問題を解決する方法を見つけようとした。その方策の多くは、中央銀行《セントラル・バンク》の市場操作のやり方を変えることに関係するものだった。中央銀行は、政府の銀行であり、紙幣や硬貨を新規発行する組織である。こんにち、中央銀行は政府の金融政策、すなわち貨幣の供給量や金利の変更を行う。もともと中央銀行は民間企業としてはじまった。もっとも古い中央銀行のひとつである**イングランド銀行**（Bank of England）は１６９４年、イギリスがフランスとの戦争資金を確保するために商人のグループによって創設された。その後、中央銀行と政府の関わりは徐々に強くなっていった。１９４６年、イングランド銀行が国有化された。１９４０年代後半にイギリスの財務大臣だったスタッフォード・クリップスは、イングランド銀行を「わたしの銀行」と呼んでいた。政府はケインズ派の政策を追求するべく中央銀行を使った。中央銀行は政府の言いなりになり、政治家の思うとおりに使われた。

政府が時間的不整合性の問題を解決するには、中央銀行の支配をやめるのがいい。中央銀行を独立させれば、金融政策が政治家に操作される危険はなくなる、と経済学者は主張した。中央銀行の総裁は有権者による選挙で決まるわけではないため、短期間に人気を得る行動をしたところで見返りがない。そのため、インフレ率を低く抑えるという約束を実行できる。低インフレ率を強く推奨し、それを達成するために権限内であらゆる手を打とうとする人を中央銀行の総裁として、政府が指名してもいい。これは生徒に甘い教師が、怠け者の生徒を、生徒に厳しく、居残りを命じるのが好きなことで有名な学年主任のところに預けるのに似ている。

１９９０年代、多くの国の政府が中央銀行を独立させた。インフレ率をたとえば２〜３パーセント以内に抑えるなどの目標《ターゲット》も定めた。中央銀行の仕事は、いまや管理下にある金融政策をツールにして目標を達成することだ。フランス革命による混乱から金融秩序を取り戻そうとして、ナポレオンが設立した**フランス銀行**（Banque de France）は、設立からおよそ２００年後の１９９４年に政治家から自由になった。独立機関となった際の記念式典では総裁が、安定した経済の新しい時代を期待していると挨拶した。１９９８年にイングランド銀行が独立機関になると、専門家委員会が毎週水曜日に会合を開くようになった。目標のインフレ率を達成するために、金利を上げるか下げるかは投票で決められた。中央銀行の総裁の給与とインフレ率を関連づければいいとさえ言う経済学者もいた。ニュージーランドが中央銀行を独立化したときには、インフレ率の目標値を達成できなければ総裁をクビにする、と発表された。

中央銀行の独立性が、低いインフレ率と安定した経済成長につながった、と多くの経済学者が信じている。１９７０年代のスタグフレーション（高いインフレ率と高い失業率）の時代から大きな転換を遂げ、経済は急激な拡大も後退もない安定した「**大平穏期**《グレート・モデレーション》（Great Moderation）」を迎えたとされた。中央銀行の独立化は有効だったのだろうか。たしかに、独立した中央銀行がある国のインフレ率は低くなったが、このふたつを強く関連づけるのは少し危険である。１９８０年代と１９９０年代に低いインフレ率が達成されたのは、賢明な経済理論によって時間的不整合性の問題が解決された結果というよりも、単に幸運だったからなのかもしれない。１９７０年代には、中東の政治危機によって石油価格が高騰し、インフレ率が上昇した。１９８０年代と１９９０年代の経済的な安定は、そうした危機がなかったことが要因かもしれない。さらに、大平穏期は長続きしなかった。２００８年に世界経済《グローバル・エコノミー》が破綻して、突然、終わった。経済はまた不安定になったのだ。

Chapter
35

# 消えた女性たち

1990年代初頭、経済学者の**アマルティア・セン**は、1億人の女性が行方不明であると推定した。女性は男性より長生きするので、人口に占める割合は男性より女性のほうが多いはずだ。イギリス、フランス、アメリカでは、男性100人に対して女性が約105人という比率だったが、センはいくつかの国では男性のほうが多いことに気づいた。男性100人に対し、中国とバングラデシュでは女性がわずか94人、パキスタンでは90人しかいない。この差を合計すると、世界で女性が1億人も少ないことになる。いったいどこへ行ってしまったのだろうか。センによると、女性は極度の経済的剝奪《はくだつ》の犠牲者であり、低栄養や医薬品不足などによって寿命を縮めているという。これは、経済が男性と女性を平等に扱わず、バイアス（偏《かたよ》り）があることを示していた。

1990年代、一部の経済学者がこのバイアスを説明しようとした。経済学と、男女同権にもとづいた社会的かつ政治的な思想である**フェミニズム**（feminism）を組み合わせたのだ。フェミニスト経済学者は、このバイアスは女性が社会的資源を正当に分け与えられていないことを意味すると述べた。また、経済学者が世界について考えるうえでもバイアスが存在した。これは重要である。経済に対する考え方は、さまざまな人を実際にどう扱うかに影響を及ぼしうるからだ。

ある意味、完全競争、需要の法則など、本書で考察してきた経済理論は、経済学者が繰り返し語ってきたストーリーなのである。たとえば、アダム・スミスの見えざる手。もちろん、見えざる手は存在しない。単に多くの人がある種の秩序のもとで売買をしていることを説明するのに役立つストーリーである。フェミニスト経済学者の草分けである**ダイアナ・シュトラスマン**（1955〜）は、経済学で用いられるストーリーの多くは、19世紀に最初はまず男性によって語られたことを指摘している。語り手の男性経済学者の多くは、女性が経済において積極的な役割を担うとは考えていなかった（こんにちでは変化が見られるものの、経済学はいまだに〝男性優位〟の職業である）。シュトラスマンは、たとえ気づかなくても、わたしたちが語るストーリーには過去から受け継いできたバイアスが反映されていると言う。経済学は男性の視点を通して世界をとらえてきた。女性は経済学のストーリーのなかで大きな役割を果たすことがなく、基本的資源を公平に分配されていない。真実のためにも、経済学は内包するバイアスを認識しなければならない。このバイアスにフェミニスト経済学者は光を当てようとしているのだ。

従来の経済学では、親切な男性リーダーのことが好んで語られる。こうした男性をシュトラスマンは「**情け深い族長**」と呼ぶ。社会を構成するのは、孤立した個人ではなく家族だが、家族とは通常、一緒に暮らす大人と子供たちのグループである。ところが、経済学は家族をひとつの単位として扱う。男性と想定される「家族の長」は賃金を得て、妻子を養う。妻子はお金を稼がず、長たる男性に依存する。家庭は調和の場であり、食べ物やお金について議論することはない。男性は妻子にそれぞれが必要とするものを与える。そのため、経済学者は稼ぎ手である男性の行動だけを考えればよく、男性に依存する者のことをあまり気にする必要がない。すなわち、妻子は、支配的な立場にある公平で賢明な男性につねに面倒を見てもらう。よって、経済学者にとって目に見えない存在となる。

シュトラスマンは、これを歪《ゆが》んだストーリーだと言う。センの言う〝消えた女性たち《ミッシング・ウィミン》〟は、資源が公平に分配されていないことを示しているのだ。すべての男性が公平であるとは限らないし、妻とお金をめぐって喧嘩《けんか》になることもある。女の子は家族の序列のいちばん下に置かれることが少なくない。食べ物や薬は男の子に優先的に与えられ、女の子は病気になっても、男の子とは違って病院に連れていってもらえずに、見殺しにされることすらあるのだ。また、家族の長が女性であることも多いはずだ。しかし、女性を長とする家族は、たいがい大きな苦労を強《し》いられる。女性を見過ごすことによって経済学は、家庭内で資源がいかに分配されているかという重要なことを見落としているのである。

さらに、むかしから語られる経済学のストーリーでは、女性は「ひま」だ、とされている。仕事をもたずに家にいる女性は、働いていないとみなされるのだ。お金のために働くことをしていない女性は、経済学が仕事以外に認める唯一の活動である〝余暇《レジャー》〟を過ごしていることになる。たとえば、ランチに行ったり、テレビを見たり、といったことだ。このストーリーについて、経済学者の**ナンシー・フォルバー**（1952〜）は著書『**子供を養うのはだれか？**（*Who Pays for the Kids?*）』〔邦訳書未刊のため邦題は訳者による〕において異論を述べている。

フォルバーは、将来の働き手を育てる費用《コスト》の大半は女性が負担している、と主張する。一般的な経済学では、このコストは〝無視〟される。子供の面倒を見る母親には、お金が支払われないからだ。男性が家政婦に掃除、料理、子供の世話に対する賃金を支払うと、その労働は国民所得の一部になる。だが、もし、男性が家政婦と結婚したとすると、家政婦は男性の家族の一員となり、引き続き掃除と料理をするが、妻になったために賃金は支払われない。妻の労働はもはや国民所得に含まれないのだ。従来の考え方では、妻は「非生産的な主婦」になる。

賃金が支払われないために、目に見えない労働には、買い物、料理、掃除、育児などがある。貧しい国では女性が薪《たきぎ》を集め、水を運び、土地を耕し、トウモロコシを挽《ひ》き、小屋を修理する。国連の計算によると、無償労働は世界の経済生産の70パーセントに相当する。無償労働の大半を行っているのが女性だ。無償労働の割合がそれほど大きいなら、それを考慮するのは経済学者にとって重要ではないだろうか。ニュージーランドのフェミニスト経済学者の**マリリン・ウォーリング**（1952〜）は、著書『**新フェミニスト経済学**（*If Women Counted*）』〔邦訳書は東洋経済新報社から刊行。原題を直訳すれば『もしも女性を勘定に入れたら』となる〕でこの事例について論じている。同書は経済学者が国民所得を計算する方法に影響を与えたが、いまなお計算には重要な無償労働の多くが含まれていない。

ほかのフェミニスト経済学者は、女性がもっと職に就きやすくする必要があると訴えている。20世紀にとくに欧米で見られた大きな経済的変化のひとつは、女性が有償労働に従事するようになったことだ。アメリカでは、1890年に賃金を得ていた女性は20パーセントにすぎなかった。1950年代まで既婚女性に閉ざされていた仕事もあったし、女性は結婚すると、たいがい仕事を辞めなければならなかった。徐々に社会が女性を労働力の一部として受け入れるようになり、1980年には女性の60パーセントが仕事をもつようになっていた。かつては女性が担っていた無償労働の多くは、ベビーシッターや清掃員が請け負うようになった。それでも、家庭内で行われる無償労働が重要であることに変わりはなく、その大半はやはり女性が(有償の仕事をもっていたとしても)担っている。

シュトラスマンは、経済学者が好む**自由選択**(free choice)というストーリーも〝書き直し〟が必要だと言う。標準的な経済学は、価格や収入の許す範囲に応じて、なにを購入するかを選ぶ「合理的な経済人」という概念を基盤とする。人には明確な好みがある。たとえばコーヒーより紅茶が、サッカーよりオペラが好きだということを自分で知っている。そして、もっているお金を使って、欲求を最適に満たして暮らしている。このような行動理論もまた、男性の視点からうまれたものだ、とフェミニスト経済学者は主張する。経済学者は、これまでの歴史の大半においては、教育を充分に受けた裕福な男性だった。彼らにとって、いくつかの選択肢があるという考えは当たり前のことだったろう。やりたいことをするための財力も権力ももっていたからだ。しかし、女性をはじめ、不利な立場にある人々は、偏見や差別に直面し、自由な選択ができないことが多い。女の子が学校へ行ったからという理由で殺されるような社会では、なにを学ぶかといった自由選択などほとんどないに等しい。

経済学者が経済的な成果を評価するとき、もっとも重視するのが、人々に選択肢があるかどうかだ。男性と女性の福利を比較することはない。それどころか、どのような比較も無意味だと考えている。そのかわりに、25章で考察したパレート効率性という考え方を用いて経済を測る。この方法で改善とみなされるのは、少なくともひとりの満足度が上がり、だれの満足度も下がらない場合だけである。しかし、経済における変化は、たいがい勝者と敗者をうむ。パレート効率性は、たとえば、少数の裕福な人々がほんの少しだけ損をする一方で、何百もの女性が貧困から脱したというような変化については、なにも語らない。したがって、現状に及ぼす変化を容易には認めないという意味で、保守的な評価になりやすい。当然、社会でもっとも大きな権力をもつ人々を利することになる。

フェミニスト経済学者は、従来のアプローチ全体があまりに限定的だと論じている。現実には、人には感情的な結びつきや、相手に対する思いやりがある。母親は、費用と便益を秤《はかり》にかけたからではなく、愛情から子供の世話をする。買い手、売り手、従業員も、お金のためだけでなく、共感によって行動する。たとえば、サンフランシスコの人が、発展途上国のコーヒー生産者に〔適正な〕利益をもたらすと想定される高価な「フェア・トレード」のコーヒーを購入するとき、その人は何千マイルも遠くにいる見知らぬ人を助けるために、より多くを支払っていることになるのだ。人々がこうした行動をするのであれば、さまざまな集団のあいだの福利を比較するのは、本当に無意味なことなのだろうか。

経済学者の**ジュリー・ネルソン**（１９５６〜）は、経済を評価するもうひとつの方法について論じている。パレート効率性や自由選択ではなく、「**プロヴィジョニング**（provisioning）」〔直訳すれば「提供」〕という考え方を使うのである。すなわち、快適な生活に必要なものをどう提供するかということだ。ネルソンは、自由選択という考え方や財の交換に関係の深い思想家としてアダム・スミスを引きあいに出し、スミスがかつて、健全な経済とはそれなりの生活をするために必要なものをうみだすものであると述べたことを指摘している。そうであれば、経済的な成功とは、できるだけ多くの自由な選択肢があることではなく、すべての人に食べ物、医薬品、育児、高齢者の介護などを提供することであると定義できるかもしれない。

　こんにち、ＨＩＶ／エイズの蔓延の結果、女性から多くのものが奪われている。貧しい国では若い女性が男性よりも感染する傾向が強く、治療を受けるために大きな壁にぶつかる。また、家族のだれかが感染すると、女性の仕事の負担が増える。対策を講じなければ〝消えた女性たち〟という問題は悪化するばかりだとフェミニスト経済学者は言うが、社会の変化やすぐれた政策が助けとなるだろう。インドのケララ州は他州よりも女子の教育に力を入れていて、いまでは多くの女性が仕事をして稼ぎを得ている。センは、ケララ州では国内の多くの州と異なり、女性たちが消えていなかったことを〝発見〟した。欧米とほぼ同じ比率で、女性が男性よりも多かったのだった。

　従来の経済学が女性を完全に無視してきたわけではないが、フェミニストには納得できない答えもある。たとえば、女性の稼ぎは、なぜ男性よりも少ないのだろうか。従来の経済学者は、男性と女性の好みの違いだと言うかもしれない。男性は、たとえば法律や科学のような、より高給の仕事につながる分野を学ぼうとするが、女性は文学や語学を好み、裁判官やエンジニアではなく学校の教師になる。これは男性と女性の選択の問題にすぎず、女性がもっと多くの収入を得たいなら選択を変えればいい。フェミニスト経済学者はこの考え方を認めない。なぜなら、この考え方は、女性の経済的な不利益を正当化しているからだ。すなわち、経済における女性の役割が、社会によってそう決められたのではなく、女性みずから選びとった結果だとみなされてしまうからだ。フェミニスト経済学者は、変わらなければいけないのは〝女性〟ではなく、〝経済〟自体だと言う。実際には、女性も男性も、「合理的な経済人」のストーリーで語られる以上に複雑な行動をする。「合理的な経済人」には心《ハート》が必要だと、フェミニスト経済学者は訴える。そこから新しい経済学のストーリーがはじまり、男性にとっても、女性にとっても、より良い生活を送る助けになるかもしれない。

Chapter 36

# 霧のなかの頭

あなたは、ある1本の木までの距離をどのように判断するだろうか。どれくらいはっきりと焦点が合っているかで、ある程度は判断できるかもしれない。たいていはそれでうまくいくが、目が錯覚を起こすこともある。たとえば霧が立ち込めているときは、実際よりも木が遠くに見える。

**ダニエル・カーネマン**（1934〜）は、視覚心理を学び、のちに経済学に転向したイスラエルの心理学者だ。同僚の心理学者**エイモス・トヴェルスキー**（1937〜1996）とともに、人は、頭のなかの〝霧〟のせいで、仕事を受けるときやコーヒーを買うときに論理的に考えられなくなることを発見した。経済学者は長らく、人間は合理的であり、行動する前に、目の前の選択肢について、その費用と便益を検討するものと信じてきた。だが、カーネマンとトヴェルスキーは、そうではないことを明らかにしたのだ。何十年もかけて、現実生活における人々の意思決定を観察し、「**行動経済学**（behavioural economics）」分野の開拓に貢献したのである。もちろん経済学は、すべてが行動についての学問だが、行動経済学は、人の意思決定が完全に合理的であると想定するのではなく、実際の意思決定の〝歪《ゆが》み〟に関する理論を構築した点が新しかった。

歪みのひとつは、損益を別々に評価することだ。たとえば論理的には、50ドル得をしたとしても50ドル損をすれば差し引きゼロのはずだが、人は〝獲得《ゲイン》〟よりも〝損失《ロス》〟をきらうようだ。行動経済学者の**リチャード・セイラー**（1945〜）は学生時代に、経済学教授のひとりの「**損失回避**（loss aversion）」傾向に気づいた。ワイン愛好家のその教授は、あるワインをコレクションに加えるために、すすんで高い金額を払った。一方で、それを手放すことは心の底からきらった。たとえ支払った3倍もの額を提示されたとしても、売る気はなさそうだった。セイラーとカーネマンは、あるグループを対象に実験を行い、なにが起こっているのかを観察した。ひとつのグループにはマグカップを与え、それをいくらで売るかを尋ねた。別のグループにはマグカップを与えず、マグカップを得るためにいくら払えるかを尋ねた。ふたつのグループに聞いているのは、本質的に同じこと、すなわち、マグカップにどのくらいの価値があるかだ。経済学の合理性では、双方が同じような評価をすることが期待される。マグカップに5ポンドの価値があると評価するなら、5ポンドで買ったり売ったりしようとするはずだ。モノの価値の判断には、それを〝所有しているかどうか〟が影響するはずがない。ところが、影響したのである。すでにマグカップをもっている人のほうが、もっていない人よりも高い評価をしたのだ。

部屋を明るく感じるか暗く感じるかが、外の明るさに関係するのと同じように、結果を良いと感じるか悪いと感じるかは、なにを「**基準点**（reference point）」とするかによる。初めにマグカップを所有していなければ、基準点はマグカップをもっていない状態だ。よって、マグカップをもらうことは利益となる。しかし、初めにマグカップを所有していたら、基準点はマグカップを所有している状態である。マグカップを手放すことは損失で、心理的な苦痛をともなう。いちど所有したものは、より大きな価値をもつようになるのだ。拾った小枝をつかんでいる子供が、それを親に取り上げられそうになると泣き叫ぶのと、ちょっと似ている。マグカップは、かなりの額をもらわなければ手放せないのである。セイラーの教授がワインを手放さないのと同じだ。

人の意思決定は、基準点と比べてどのように表現や「組み立て」がなされているかに大きく影響を受ける。仮に、６００人の命を奪う病気があるとする。この病気と闘うために、ふたつの対策が提案されている。ひとつは〝２００人の命を救う〟。もうひとつは〝４００人が死亡する〟。どちらの提案がいいだろう。カーネマンとトヴェルスキーは、どちらも同じ結果なのに前者〔２００人の命を救う〕が好まれることを発見した。前者は、全員が死亡するという基準点からの〝獲得《ゲイン》〟なのに対して、後者は、全員が救われるという基準点からの〝損失《ロス》〟として表現されている。基準点のせいで、わたしたちは金額という絶対的な根拠にもとづいた合理的な決定ができなくなる。１０００ドルが妥当な価格と思われるノートパソコンが、１５００ドルから１０００ドルに値引きされていたら、買い得だと感じるだろう。スーパーマーケットは、これを最大限に利用し、あとで大幅に値引きできるよう、商品に高い価格をつけている。

意思決定のもうひとつの歪みは、不確実なものをいかに判断するかに関係している。地元のパン屋に就職しようとする人は、その会社が次の年に倒産する危険があるかどうかを判断しなければならない。タクシー会社が新たに事業所を開こうとするときは、街のその地域で、どれだけの需要があるかを判断する必要がある。人が合理的であるなら、もっている情報をもとに将来起こりそうなことを的確に判断できるはずだ。だが、カーネマンとトヴェルスキーは、そうではないことを示した。

たとえば、キャロルという女性が音楽と芸術に熱中し、学生時代のほとんどをコンサート通いに費やしたとする。次のどちらが起こりそうなことだろうか。

①キャロルは銀行員だ。

②キャロルは銀行員で、地元のバンドでサクソフォーンを吹いている。

少し考えてみよう。カーネマンとトヴェルスキーは、この質問をされた人が②を選ぶことを明らかにした。じつのところ、①（キャロルは銀行員）のほうがより幅広い事象であるため、より限定的な②（キャロルは銀行員であり、かつ、バンドでサクソフォーンを吹いている）に比べて確率が高いのだ（これは〝あす雨が降る確率〟と〝あすの午後2時から4時のあいだに雨が降る確率〟を比べればわかるだろう）。②のほうがキャロルに関して与えられている説明をよりよく表していると思われがちだが、これは回答者を惑わせ、確率の判断を誤らせる。このような確率の判断でさえ惑わされるのであれば、街のある地域で、どのくらいの人がタクシーを利用したがるかというような、より複雑な状況について考えるときは、判断を誤る可能性はさらに大きい。

意思決定に歪みがあるのを認める経済学者もいるが、そうした学者も、歪みを重要ではないと言い、経済が合理的であるという見方は有益だと述べる。一方、行動経済学者は、大きな経済的な事象を説明するには、行動経済学の理論が必要とされていると主張する。たとえば、行動経済学は、1990年代にアメリカで高騰した株価が2000年に急落したことによって企業が倒産し、資産が吹き飛んだ理由を説明するのに使われてきた。

アメリカの株式市場は、1980年代以降、成長し続けていた。1990年代に入ると、ウェブ・ブラウザ、検索エンジン、オンライン・ショッピングといったエキサイティングなものを提供するテクノロジー企業の株に買いが集中した。ヤフーが株式を公開したとき、同社の株価は、初日に150パーセント上昇した。ヤフー株の需要はきわめて多く、トレーラーハウスで起業したスタンフォード大学の学生ふたりは、資産を1億5千万ドル増やした。しかし、ヤフー以外の多くの企業は、わずかな利益しか出していなかった。アマゾンは赤字であることを投資家に警告したが、同社の株は買われ続けた。投資家は新しいテクノロジーが、将来、企業に膨大な利益をもたらすと信じていた。ついには、小売店主、タクシーの運転手、教師が昼休みに株を買うようになった。1990年代後半、株価は年に20パーセント、ともすると30パーセント上がった。問題は、経済活動による所得が、同じような速さでは伸びないことだった。

この傾向が続かないだろうと警鐘を鳴らした経済学者も、わずかながらいた。そのひとりが、行動経済学を金融市場に適用した**ロバート・シラー**（1946〜）である。シラーは、市況が極度に興奮した投資家たちによって釣り上げられており、すぐに暴落するだろうと述べた。2000年3月、新著『**投機バブル 根拠なき熱狂**（*Irrational Exuberance*）』〔邦訳書はダイヤモンド社から刊行〕の宣伝活動を各地ではじめた頃、まさに完璧なタイミングで、株価が急落《クラッシュ》しようとしていた。ある日、ラジオのトーク番組に出演したとき、女性が電話をかけてきて、シラーが間違っていると主張した。株価はとにかく上がり続けなければならない、と言う。シラーは、女性が感情を高ぶらせ、声を震わせていたのを覚えている。そして、株式市場に起こっていることは、経済の論理ではなく、感情や心理的なものだと感じた。

企業が健全な利益をうむときに、その企業の株が価値あるものとなる、と経済学者は言う。合理的な投資家は、企業の収益性について、知り得る限りの情報を用いて、購入する銘柄を決める。市場の多くの人がそのように行動すれば、株価には、利用できるすべての経済情報が反映される。合理性によって、金融市場が効率的に機能するのである。これは**効率的市場仮説**（efficient markets hypothesis）と呼ばれる（30章にも登場した考え方である）。シラーはこの考えを否定した。シラーは、株価の変動は企業収益の変動よりも大きく、効率的市場仮説の主張よりも不安定であることに気づいたのだ。

さきほどあげたカーネマンとトヴェルスキーの研究で、どんなことが起こっているかが説明された。金融市場における投資家は、キャロルのことを〝サクソフォーンを吹く銀行員である可能性のほうが大きい〟と誤って判断した人と同じことをしているのである。人は、将来、株価が上がる可能性を正しく評価しようとするとき、企業の収益性を注意深く見るのではなく、似たような状況を探そうとする。わかりやすい例として、過去数か月の株価の動きがあるだろう。過去5か月、株価は上昇した。それなら今後5か月もきっと上昇するだろう。さあ、株を買おう、と人々は思う。しかし、キャロルについての説明が真である可能性とはなんの関係もないのと同じように、5か月前に起きたことは今後の株価にまったく関係がないのである。

急騰する株式市場の裏には、意思決定の歪みがあった。シラーは、1990年代の株式市場は、合理的な経済というよりも、ファッションの世界のようなものだったと考えた。ある年は、大きなサングラスが流行する。多くの人が身につけるようになればなるほど、より多くの人が、そうした流れに乗ろうとする。急騰する株式市場は、株価を通して表現される経済の流行だ。経済学者は、株式市場を、先頭を行く人の後ろに数千もの人がつきしたがっていくことから、家畜の群れにたとえることがある。あるいは、株価がどんどんと上がることから、空中に舞う石鹼の泡《バブル》のようだとも言う。1990年代、多くの人が、テクノロジー企業株で儲ける隣人を見て、株価が上がり続けることを信じ、株を買った。そのことが株価をいっそう押し上げた。株価が上がるという確信はさらに強くなった。企業の製品に将来性があるという判断で買われていたのではないため、株価は企業の真の価値を反映してはいなかった。投資家は、経営が不健全な企業に資金を注ぎ込んでいる恐れがあった。すなわち、経済的な資源を有効に活用してはいなかったのである。

コンピューターやインターネットが経済を変えたのは真実だが、投資家は、新しいテクノロジーに熱狂したせいで理性を放棄してしまった。過去にもそうしたことは起こっている。19世紀にスコットランドのジャーナリスト、**チャールズ・マッケイ**は、著書『**狂気とバブル**（*Extraordinary Popular Delusions and the Madness of Crowds*）』〔邦訳書はパンローリングから刊行。原題直訳は『桁外れの大衆妄想と群衆の狂気』〕で似たような熱狂について語っている。20世紀後半のアメリカのテクノロジー企業株で起こったことが、17世紀オランダのチューリップ市場で起こっていたのだ。18世紀のイギリスでは、アメリカのバージニア州からのクルミの木の輸入や、永久機関、利益の大きい内実不明の仕事など、常識はずれな金儲けの仕組みを約束する企業の株が人気だった。

こういったかつてのバブルと同じように、アメリカの株バブルは弾《はじ》けた。その結果、群れは逆方向へ走り出した。株を売却する人を見て、みずからもそうした。まもなく、市場は恐慌《パニック》に陥った。株価が急落し、投資家の資産は吹き飛び、新しいテクノロジー企業の多くが倒産した。1週間で、2兆ドル相当の富が跡形もなく消えた。すぐに次のバブルが現れた。シラーはそれを予測していた。今回は家だった。人々は、価格が上がり続ける家を買うために、先を争ってローンを組んだ。バブルが弾けたとき、金融制度全体がほとんど壊滅しそうになった。このことについては後章で紹介する。

Chapter
37

# 現実世界における経済学

心臓、腎臓、肝臓などを移植して重篤な患者の命を救えるよう、人間の臓器売買を認めるべきだろうか。多くの人は「ノー」と言うだろう。金持ちは簡単に腎臓を買えるのに、貧しい人は買えずに死んでいく。それは恐ろしいことだ。だから、臓器を売るのは違法である。医者は、移植が有効なのはどの患者かを判断してふさわしいドナーを見つけるが、患者が長いあいだ待たなければならないことはよくある。２００６年、アメリカでは7万人の患者が腎臓の提供を待っていたものの、移植が行われたのは1万１０００人に満たず、５０００人が亡くなったり、病気が悪化して移植を受けられなくなったりした。アメリカの経済学者**アルヴィン・ロス**（１９５１〜）は、経済原理を利用して、売買することなく移植に使える臓器を増やす方法を思いついた。

ロスの解決法は、人間は腎臓を2個もっているが、1個あれば生きていけるという事実にもとづいている。だから、もしあなたの弟が腎臓を必要としているなら、あなたの腎臓をひとつ弟にあげればいい。問題は、医者があなたと弟を検査して、あなたの腎臓が弟の腎臓と「適合」しない、と判断したときだ。弟は適合する腎臓を待ち続けなければならない。だが、だれかはわからないが、同じ状況にあるもうひと組の患者とドナーがいたらどうだろう。あなたの腎臓がその患者に適合し、そのドナーとあなたの弟が適合したら？　相手を交換すればいい。これがロスの解決法の基本パターンだ。経済の基本的な状況の変形である。わたしは魚をもっているがチーズが欲しくて、あなたはチーズをもっているが魚が欲しい。それならば、チーズと魚を交換すれば、ふたりとも得をする。ただ、こうした交換の相手を見つけるのは難しいので、通貨が使われる。つまり、わたしは魚を3ポンドで売り、そのお金でチーズを買うのである。

ロスは、お金のやりとりをせずに腎臓をうまく交換できる仕組みを考案した。まず、腎臓のドナーと患者のデータベースをつくる。データベースは、適合する腎臓を見つけ、交換するために用いる。高等数学とコンピューター・プログラミングによって、患者とドナーの間で入り組んだ交換が行われるのを計算できるようになり、適合する腎臓が見つかる患者が以前よりも大幅に増えた。ロスの方式は「腎臓交換のためのニューイングランド・プログラム」の創設に用いられ、アメリカのニューイングランド州にある14の腎移植センターのあいだで利用された。このプログラムのおかげで、本来なら受けられなかったはずの多くの患者が腎臓の移植を受けられるようになった。

ロスの方式は、経済学が人々の生活に、いかに大きな影響を及ぼすことができるのかを示している。これは異なるタイプの経済学の例でもある。これまでは経済学について、経済がどう機能するか、そして、うまく機能しているかどうかをどのように評価するか、を考えるものとして見てきた。ロスのような経済学者はさらに先に進んで、経済理論を使って現実の社会に新しい経済の分野をつくっている。腎臓交換は売買ではないが、人々が互いのモノを交換するという意味では、市場に似ている。ロスは、データベースとコンピュータ・プログラムを設置したとき、いままでにはなかった市場のようなものをつくったのである。これは「**マーケット・デザイン**」として知られる、経済学の新たな領域の実例だ。

もちろん、わたしたちの多くは、腎臓を手に入れる必要はないだろう。マーケット・デザインのよく知られた例としては、携帯電話に関係したものがあり、これはより多くの人が影響を受けている。この場合は、腎臓交換とは対照的に、売り手に巨額の金額を払うことになる買い手が存在する。1990年代から2000年代に政府は、携帯電話網をつくるため電波スペクトルを使いたいと考えている会社にライセンスを販売する目的で、経済学者を雇った。リンゴを売るのは簡単だ。リンゴがいくらで売られているかを見て、その価格で売ればいい。しかし、政府が売る電波スペクトルのライセンスはそうはいかない。こうしたライセンスはそれまで売られたことがないし、どれだけの価値があるかをだれも知らないからだ。政府は**競売**《オークション》にかけることを決めた。競売では、売り手は、競いあう買い手からもっとも高い価格を得ようとする。競売は何世紀ものあいだ、芸術作品や農作物を売るのに使われてきた。古くは奴隷の競売もあったし、ローマ帝国全体が競売にかけられたこともある。こんにちの競売が違うのは、その多くが「**オークション理論**（auction theory）」と呼ばれる経済学の重要で新しい分野を用いて、経済学者によってその枠組みがつくられることだ。

　競売では、一部の人がほかの人より多くのことを知っている。芸術作品の競売では、入札者は自分が絵をいくらと評価したかを知っているが、売り手は知らない。入札者はできるだけ安い価格で絵を手に入れたい。そのため、実際の自分の評価よりも安く評価したふりをする。一方、売り手は、落札者に評価どおりの金額を支払わせたい。そこで売り手と入札者は駆け引きをする。一部の人がほかの人より多くの情報をもっているので、オークション理論は、ゲーム理論や、前のほうの章〔33章〕で論じた情報経済学のツールを用いる。競売をデザインするうえで重要なのは、最高額を提示した入札者が落札して、売り手の利益が最大になるよう、戦略や情報上の問題を解決することである。

　オークション理論では、まず、さまざまな競売で起こっていることを検討する。骨董品を売るのに使われる〝**競《せ》り上げ式**〟はよく知っているだろう。競売人が明朝陶磁の花瓶などの後ろに立ち、大声で価格を叫ぶ。入札者が次々とより高い価格で応じ、最後はひとりになる。競売人は小槌《こづち》をふりおろし、落札者が落札価格の金額を支払って花瓶を持ち帰る。一方、オランダでは、毎日、何百万本もの花が〝**競り下げ式**〟で売られる。競売人は高値からはじめ、買い手が決まるまで値を下げていく。この方式は時間がかからないため、花がしおれる前に買い手を見つけるのに役立つ。家は「**封印入札**」**方式**で売られることがよくある。入札者は〝付《つ》け値《ね》〟を封印済みの封筒に入れて入札する。最高値をつけた人がその金額を払い、家を手に入れる。

あなたが30万ポンド相当と評価する家の封印入札に参加すると仮定しよう。いくらで入札するだろうか。30万ポンドではないだろう。戦略的にもっと低い価格（たとえば25万ポンド）で入札するだろう。それで落札できれば、5万ポンドの「儲け」になるからだ。オークション理論ではこのことを「**ビッド・シェイディング**」（付け値（ビッド）をシェイディングする（少し下げる））と呼ぶ。しかし、売り手はできるかぎり高く売りたいので、あなたに本当の評価である30万ポンドで入札してほしいと思っている。

1960年代に、カナダ人の経済学者である**ウィリアム・ヴィックリー**（1914〜1996）がビッド・シェイディングの問題を解決する独創的な方法を考えた。入札者に正直であるための誘因を与える入札方式をつくったのだ。標準的な封印入札では落札者は、自分の希望価格、つまり最高入札金額を支払う。ヴィックリーが「第1価格」封印入札方式のかわりに提案した「**第2価格**」**封印入札方式**では、もっとも高値をつけた人が落札するが、2番目に高い入札金額で購入する。第2価格入札方式の住宅競売で、あなたが自分の本当の評価である30万ポンドではなく、25万ポンドで入札するとしよう。ビッド・シェイディングをしても、あなたが支払う金額には影響がない。あなたが最高値をつけて落札したとしても、支払うのは2番目に高い金額だからだ。しかし、25万ポンドで入札した場合、もしそれより高い値をつけた人がいれば、あなたは家を買うことができなくなる。そこで、もっとも良いやり方は評価どおりの値をつけることになる。これを考えだしたのはヴィックリーが初めてではない。18世紀に、ドイツの文豪ゲーテが自分の詩を第2価格入札方式の競売で出版社に売っている。こんにちでは、ヴィックリーの方式そのものではないが、eBay《イーベイ》オークションが第2価格入札方式にほぼ準じている。複雑なのは、参加者の付け値が時間がたつにつれて明らかになってくることだ。そのため、最後の最後まで待って入札するというような戦術がよく使われる。

ヴィックリーの競売で気になる点は、売り手が最高額ではなく、2番目の価格で売らなければならないことだ。では、どの方式がもっとも良いのだろうか。それは場合によりけりである。入札者のリスクに対する姿勢も、ひとつの要因になる。一般的にリスクは敬遠される。大儲けをするかもしれないが、なにも得られないかもしれないからだ。第1価格封印入札でビッド・シェイディングをすることにはリスクがある。30万ポンドの価値があると思う家に25万ポンドの値をつけて落札することができたら、5万ポンドの利益を得られるかもしれない。だが、もっと高い値で入札する人がいたら、なにも手に入らない。そうしたリスクがいやなら、入札価格を29万ポンドに上げるだろう。第1価格入札方式では、**リスク回避**のために本当の評価額に近い金額で入札し、落札したらその金額を支払う。第2価格入札方式なら、2番目に高い金額を支払えばよい。この場合、売り手は、第2価格入札方式よりも第1価格入札方式のほうが多くの金額を得られる。

理論上は多くの種類の競売があるが、現実の世界では、経済学者は状況に合わせて入札をみずからのデザインで仕立て上げなければならない。イギリスの経済学者、**ポール・クレンペラー**（1956〜）は、2000年に行われた第3世代携帯電話ライセンスの競売をデザインするチームを率いた。そのデザインは骨董品の花瓶のようなものを売るのに使う競り上げ式にやや似ていた。しかし政府が売り出すライセンスは複数あったので、何度も入札を繰り返して、それらを同時に売った。入札者は全員、すべての回でなんらかの値をつける必要があったので、それが入札を活発にするのにひと役買った。

こうした競売では、入札者が巧妙に、だれがどのライセンスを落札するかを早い段階で互いに合図して、入札を楽にするという問題が起こる。1990年代にアメリカでも同じようなことが起こった。USウエストとマクロードの2社がミネソタ州ロチェスターの第378市場をめぐって、競争入札をした。20万ドル、30万ドルといった切りのいい値がつけられていたが、USウエストが、突然、アイオワ州でのライセンスに31万3378ドルの値をつけた。USウエストは、それまではアイオワ州のライセンス取得には執着していなかったが、マクロードはそれを強く希望していた。USウエストはマクロードにこう告げようとしたのである。ミネソタはあきらめろ。さもなければ、アイオワの計画をぶち壊してやるぞ。意図したとおりの効果があった。マクロードはミネソタの入札から、USウエストはアイオワの入札から手を引き、その後、両社が順調に落札をした。

クレンペラーはこうしたことは避けたかったため、イギリスの競売では、入札者はひとつのライセンスだけに入札できるようにした。入札者は本当に欲しいライセンスに集中しなければならないので、策を弄することができなくなった。このように、さまざまな種類の問題を前もって予想しておくことが、競売のデザインには不可欠である。ときには、デザインが悪かったせいで、競売が完全な失敗に終わることもある。ニュージーランドのテレビ局ライセンスの競売では、入札者が大学生たったひとりだったために、ライセンスは1ニュージーランド・ドルで落札されることになってしまった。一方、クレンペラーのデザインによって、そうした落とし穴を避けながら行われた競売は、史上最大規模となり、政府のために225億ドルを集めた。現実世界における経済学の勝利であった。

伝統的に、経済学は幅広い問いを扱ってきた。資本主義は共産主義よりすぐれているか。経済が他国より速く成長する国があるのはなぜなのか。これに対して、ロスやクレンペラーのような経済学者は、経済学を用いて、より限定的な範囲ながらも重要な問題に向きあおうとした。最初の経済学者たちは、経済学者であると同時に哲学者や政治思想家であった。こんにちの経済学者の多くは、むしろ自分のことを橋やダムを設計するエンジニアのように思っている。クレーンや計器を操るエンジニアのように、経済学者は自分の道具（すぐれた理論モデルや高等数学）を用いて特定の問題を解決しようとしている。エンジニアだったロスやクレンペラーが、のちに経済学に転向し、経済原理を現実社会の経済をデザインする強力なツールとして用いたのは偶然ではないだろう。

Chapter 38

# 野獣化する銀行家

２０００年代も終わる頃、テキサス州サンアントニオで、ある女性が自宅の壁にペンキで大きな字を描いた。「Help!! Foreclosure!!（助けてよ！　差し押さえなの！）」家を買うために組んだローンが返済できないので、まさに銀行に家の所有権を取られそうに（つまり「差し押さえ」に）なっていたのだ。ロンドンでは、投資銀行リーマン・ブラザーズのしゃれたオフィスから、銀行員が自分のデスクにあった私物を詰めた段ボール箱を抱えて出てきた。リーマン・ブラザーズが倒産したのである。それは史上最大の企業倒産だった。２０１０年、アテネでは何千もの人々が、政府が賃金と年金を切り下げたことに激怒して、ギリシャの国会に押しかけた。抗議行動に参加した何人かが銀行に火炎瓶を投げ込み、３人が死亡した。数千マイル離れた場所で起こったこうした出来事はどれも、世界の金融システムの崩壊によって引き起こされた。それにより、２００７年以降、世界経済全体が破綻したのである。

これは**世界金融危機**（the Global Financial Crisis）、**信用収縮**（the Credit Crunch）、**大不況**（the Great Recession）などといった陰鬱な名前で呼ばれている。こんにちも、ま

だその復興の途上であり、いかに事態を改善するかが議論されている。

この危機は大きな衝撃となった。経済学者にとっても、それは同じである。1990年代を通して、経済学者は、低インフレ率で着実に経済が成長する大平穏期〔34章〕を歓迎していた。いま振り返れば、あまりに暢気《のんき》に思えるほどだ。だが、ときとして経済学者は従来の考え方から離れ、時代を先取りすることもある。アメリカ人の**ハイマン・ミンスキー**（1919〜1996）もそうだった。金融危機が起こると、すでに他界していたミンスキーが改めて評価されたのだ。このときなにが起こったのかについて、ミンスキーは伝統的な経済学よりも適切に説明している、と多くの人が考えた。ミンスキーの著書の古本に何百ポンドもの価値がつき、金融危機は「**ミンスキー・モーメント**（the Minsky moment）」とも呼ばれた。

1980年代、自由市場経済学が復権しており、経済学者は、経済はほうっておけば急激な拡大も破綻もなく安定する、と信じていた。それに反してミンスキーは、資本主義は危機に陥ると考えた。そのため、少しばかり急進論者的であるとみなされてもいた。彼のそういう姿勢は、生い立ちに関係していたのかもしれない。ミンスキーの両親はロシア系ユダヤ移民の社会主義者で、ふたりのなれそめは、カール・マルクスの生誕百周年を祝うパーティーだった。しかし、ミンスキーはマルクスではなく、資本主義経済では景気後退が起こると信じたケインズの影響を受けた。

ミンスキーは、ケインズ学派の人々にとっても型破りだった。従来のケインズ学派の解釈が見落としていると思われる、ケインズの思想面を重要視したからだ。そのひとつは、投資というものが高い不確実性のもとで行われることだった。きょうあなたが工場を建設しても、それが稼働をはじめる5年後にいくら儲かるかはわからない。状況を考察する方法のひとつは、結果を一連の確率として考えることだ。市場が成長する可能性が50パーセントの一方で、縮小する可能性も50パーセントである。不確実性が高い場合は、こうはいかない。なぜなら、確率そのものを知ることができないし、結果もさまざまなことが起こりうるからだ。したがって、投資は、将来の利益が黒字になるかどうかといった数値計算で期待できるからというよりも、むしろ楽観的な人々の行動（ケインズはそれを**アニマル・スピリット**と呼ぶ）に左右される。アニマル・スピリットが勢いを失うと、投資は落ち込み、景気は後退する。

ケインズは、とりわけ将来が不透明なときに、時間がかかる意思決定ができるのは貨幣のおかげである、と考えた。多くの標準的な経済理論は、驚くべきことに、語られてしかるべき貨幣や銀行についてほとんど語っていない。それは市場の基礎理論が実体のあるモノの売買に関係しているからだ。あなたはわたしにジャガイモを売って、そのお金でスカーフを買う。重要なのは、スカーフを手に入れるためにジャガイモをいくつ売る必要があるかということである。この場合、貨幣はジャガイモとスカーフの交換を円滑にするが、貨幣自身はそれほど大きな働きをしていない。ミンスキーにとって、これは逆だった。ミンスキーは、貨幣と、融資によって貨幣をつくりだす助けをする銀行が、経済を推進し――結局は、経済を危機に導くのだ、と考えた。

ミンスキーは、資本主義は発達するにつれて不安定になる、と言った。最初、銀行は慎重に融資先を選ぶ。利益を期待して事業をはじめようとする人は、将来に賭け、銀行でローンを組んで、その賭けの代金を支払う。銀行は、そうした人が返済できるかどうかを知ろうとする。返済できるほど儲かりそうか。過去に借金を返済したか。家や車を買おうとして資金を借りるときと同じだ。ローンを組めば、毎月、銀行に利息を支払いながら、元本の一部を返済する。ローン残額は減り、ついに完済することになる。

ところが、こうした慎重な資本主義が、大胆不敵な資本主義にとってかわられる、とミンスキーは言う。より多くの人が資金を〝借りたい〟と思い、銀行は利益を得るために、そういう人たちに〝貸したい〟と思う。銀行は融資先を獲得するために競い、新種のローンをつくりだして返済能力の低い人々に貸す。借り手には〝毎月、利息を払うだけでよい〟と提案する。元本を返済する時期が来ると、それを延期する。金融危機が起こる前、銀行は何年間もこうした条件で住宅ローンを提供するようになっていた。ミンスキーはそれを「**投機的な貸し出し**（speculative lending）」と呼んだ。すなわち、住宅価格は下がることなく、金利も上がらず、よって借り手はローンで面倒に巻き込まれないですむということに賭けて資金を貸し出していたのである。

やがて、大胆不敵な資本主義は、無謀な資本主義に変わる。経済は急成長し、さらに多くの人々が金を借りたいと思う。銀行は返済能力のほとんどない（所得が最低水準、もしくは返済不履行の前歴があるような）人々に融資をしはじめる。提供するのは利息さえ払う必要のないローンである。毎月、銀行が元本に利息を加えるので融資額は膨《ふく》らむ。銀行と借り手は、住宅価格が融資額を超えて上がり続けることを当てにする。何年かのちに、借り手が家を売れば、ローンを返済するのに充分なほど儲けが出ることが見込まれる。

いまや、貸し手と借り手のアニマル・スピリットに火がついている。銀行は住宅価格の上昇が続くことを期待して融資をする。しかし、多額の融資によって価格はさらに押し上げられる。危機が起こる前の10年間で、アメリカの住宅価格は倍以上になった。貸し手と借り手は、自己達成的な上昇スパイラルをつくっていた。経済学者はこれをときに**バブル**（bubble）と呼ぶ。ミンスキーは、こうした無謀な融資システムをチャールズ・ポンジという有名なイタリア人詐欺師にちなんで「**ポンジ・ファイナンス**（Ponzi finance）」と呼んだ。そのインチキな仕組みは、ますます多くの騙されやすい投資家をどんどん引きつけてバブルをつくりだすことによって機能した。

バブルの問題は、それが弾《はじ》けるということである。貸し手が怖じ気《おけ》づいてローンの返済を求めると、〝ミンスキー・モーメント〟が到来するのだ。すなわち、貸し手が危険な借り手に貸すのをやめるとすぐに、住宅価格の値上がりが止まり、住宅価格の急上昇に依存するポンジ・ファイナンスは機能しなくなる。人々が家を売りはじめ、住宅価格が下落する。借り手はローンが返済できないことに気づき、銀行はそうした人々の家を差し押さえはじめる。建設会社は新しい住宅の建設をやめ、経済への投資が止まり、景気後退が起こる。これが2007年以降に起きたことだ。

ミンスキーは、金融市場のイノベーションは投機的なポンジ・ファイナンスを引き起こすのを助長する、と主張した。金融危機の前に現れた重要なイノベーションは、「**証券化**（securitisation）」だ。証券とは、会社の株式のように売買できる金融資産である。会社が売り出した株式を買えば、あなたは毎年、支払い（配当）を受ける権利を得られる。株式を売れば、売った相手が支払いを受ける。金融危機以前の数年間、住宅ローンは売買可能な証券をつくるために使われた。そうした証券はさまざまなローンを組み合わせた〝カクテル〟のようなものだった。証券を買った人は、住宅所有者からローンの返済金を受け取ることになる。しかし、ローンの多くは、返済できない危険性が高い人々に提供された「**サブプライム**」**ローン**（'subprime' loans）だった。

住宅価格が急速に値上がりしていたので、そうした証券は、とても魅力的なカクテルのように見えた。また、証券はとても手の込んだものでもあった（証券になにが含まれていたかを正しく理解するには、分厚い書類を読まなければならなかった）。そのため、投資家は、証券がどんなものから構成されているかがよくわからなかったし、また、どんなに厄介な頭痛の種になるかを予測しなかった。慎重な資本主義の時代ならば、銀行はどのような融資をするかを把握し、借り手について可能な限りの調査をして返済能力を確かめた。かつては銀行の支店長は顧客を直接知っていて、信頼できると思った人だけに融資をした。融資が証券としてまとめて売られるようになれば、そうした用心は無意味になる。買い手にとって証券は安全な投資のように思えた。その結果、情報が金融市場に入ってこなくなる。33章で見たように、情報がなければ、市場は適切に機能しなくなる。

証券化によって、サンアントニオの女性が納めるローンの返済金は、必ずしも銀行のサンアントニオ支店が受け取るとは限らない。彼女のローンが組み込まれた証券を買ったロンドンの投資銀行が受け取るのかもしれない。ロンドンの投資銀行は彼女のことをなにも知らなかったが、ローンの返済が途絶えたときに損害をこうむった。リーマン・ブラザーズはそうした証券を大量に購入していたので、何百万もの住宅所有者が返済不能になったときに倒産した。銀行は、ほかの銀行もつぶれるかもしれないと恐れたため、互いに資金を貸さなくなった。それればかりか、ローンを問題なく返済できるであろう人々への融資もしなくなった。金融システム全体（貯蓄者の貯金を住宅資金や開業資金として融資する仕組み）が機能しなくなった。

危機に応じて、アメリカ・中国・ヨーロッパ諸国は、ミンスキーの〝理論上の先達〟である**ジョン・メイナード・ケインズ**の考え方への回帰を示すような政策に乗り出した。ケインズが推奨したように、経済復興のために財政支出を拡大し、その努力は功を奏したように見えた。景気後退時は、政府の赤字（歳出と歳入の差）が一般的に増える。個人や企業の儲けが少なくなるため、徴収される税金が減少するからだ。差額を埋めるために政府は借金をするので、債務も増える。ケインズ学派の政策を実施して数年後、ヨーロッパの国々の政府は、拡大する赤字と債務を心配しはじめた。そこで、公共サービスや福祉給付支出の削減といった「**緊縮**（austerity）」**経済政策**に転換した。ケインズ学派の人々は、緊縮政策は早すぎたと主張する。赤字を減らすのは、経済が回復してからにするべきだ、と。雇用が増え、企業の収益が拡大すれば、税収は増える。それまでは、緊縮政策は経済成長を妨げるだけである。

債務返済が不可能だと認めたギリシャにとっては、緊縮政策が欧州連合から支援を得る条件だった。ギリシャ政府が病院などの公共サービスの予算を削減したとき、多くの人々が通りに立って抗議をした。経済学者は、ヨーロッパの通貨ユーロが混乱を乗り切ることができるだろうかと心配さえしはじめた。ギリシャの人口の4分の1以上が失業した。多くが貧困に陥り、食糧や薬を買うお金もなくなって、病気になったり、鬱《うつ》状態になったりした。ギリシャは最悪の影響を受けた国のひとつだったが、人々が家や仕事を失うといった問題は世界じゅうに広がった。2009年までに、さらに3000万人が失業した。

ミンスキーの理論は、金融危機とそのあとに続く景気後退は、必ずしも貪欲《どんよく》な借り手と銀行のせいではなかったことを教えている。より根深い理由は、金融を基礎にした資本主義の影響にあった。第二次世界大戦終了後の何十年かにわたる経済成長が、危機の種を蒔いたのだ。銀行業の中心地（ニューヨークのウォール街やロンドンのシティ）が手の込んだ金融商品の成長を煽《あお》る役割を果たすにつれて、資本主義はいっそう無謀になった。とくに1980年代、政府が銀行業務の規制を緩和して以来、それが加速した。もしかすると、ミンスキー・モーメント〔瞬間〕というよりも、ミンスキー時代と呼んだほうが、より的確かもしれない。慎重な資本主義は何十年もかけて無謀なものへと変わっていったからである。

Chapter 39

# 空高くそびえる巨人

あなたが1時間続くパレードをながめている、と想像してみよう。そのパレードは全住民が所得額にしたがって、低いほうから順に練り歩く。それぞれの人の身長は所得をあらわしている。平均的な所得の人は平均的な身長で、所得が平均の半分の人は背の高さも半分である。あなたは平均的な身長で、歩道に立ってパレードを見物している。なにが見えるだろうか。おそらく、まず背の低い人たちが前を通る。その後、列の中間あたりにあなたと同じくらいの身長の人たちがいる（平均的な所得の人たちが集団全体の真ん中に位置する）。やがて、後ろのほうになるにしたがって、より背が高い、高所得者たちが歩いていく。あなたはそうした光景を想像するだろう。

しかし、こんにちのアメリカ人でそのようなパレードがあったとしたら、あなたは違う光景を目にするだろう。まず、パレードがはじまったのかどうかが、そもそもわからない。なにしろ、先頭の人たちが見えないのだ。事業が損失を出したり、借金を抱えたりして所得がマイナスなので、地中を進んでいる。しかし、まもなく目の前に、あなたの踝《くるぶし》くらいの身長の小さな人たちが見えてくる。低賃金のパートタイムの仕事をしている人や、わずかな額の年金で暮らしている高齢者、生活保護を受けている失業者だ。

パレードの最初の目玉は、はるかかなたまで続く、あなたの腰にも届かないくらい小さな人々の長い列だ。フルタイムで働く人たちのうち、もっとも賃金が低いグループで、経済を支える屋台骨である。ハンバーガーを焼いたり、皿洗いをしたり、レジを打ったりする何千もの人々が歩いていく。人々の身長はだんだん高くなり、タクシーの運転手、食肉加工者、受付係が前を通り過ぎていく。その後を、配達人、書類整理係、内装職人が続く。30分が経過してパレードの真ん中まで来ても、歩いている人たちの身長はまだあなたの胸の高さくらいだ。40分たってやっと、パレードの人たちとあなたの目の高さが合うようになる。通り過ぎる客室乗務員や板金工ににっこり笑いかける。

その先は、パレードの参加者に見下ろされるようになる。消防士はあなたよりも少し背が高い。科学者やウェブデザイナーには首を伸ばしてウインクする。50分後、とても大きな人たちが通り過ぎる。弁護士の身長は5メートル、外科医は9メートルだ。最後の数秒で、空にそびえ立つような何千メートルもの身長の巨人が足音を轟《とどろ》かせる。アップルやフェイスブックのような大企業の幹部もいる。ケイティ・ペリーやフロイド・メイウェザーのような〝大物〟ポップスターやスポーツ選手も目にするかもしれない。彼らの靴底だけで建物くらいの高さがあり、頭は雲を突き抜けている。

「**所得分布**(distribution of income)」は、富裕層、中間層、貧困層がそれぞれ手にするお金の総額であり、このようなパレードの形で表すこともできる。パレードから重要なことがわかる。最上位の人たちの所得が飛び抜けて高いために、平均値が引き上げられ、大多数の所得は平均よりも低くなっているということだ。このことを統計学者は専門用語を使って、社会の所得分布が「非対称（skewed）」であると表現し、経済学者は不平等（inequality）と呼ぶ。

１９７０年代には、パレードはもっと違って見えただろう。最後尾に巨人がいたことに変わりはないが、巨人もこれほど大きくはなかった。また、小さな人々が通り過ぎるのをながめる時間も、これほど長くなかった。所得分布はもう少しなだらかだったのだ。しかし、それ以降、豊かな人々はそうでない人々より速く収入を増やした。１９７０年代、アメリカで上位1パーセントの高所得者の所得は全体の10分の1以下を占めるだけだったが、２０００年代にはそれがおよそ5分の1になった。

多くの人が、あまりに行きすぎた不平等を心配している。過去数年、〝ウォール街を占拠《オキュパイ》せよ〟からはじまった**オキュパイ運動**（the Occupy movement）は、もっとも背の高い巨人、すなわち「1パーセント」の高所得者層の急速な成長に抗議するものだった。主要な都市で運動の参加者は野宿をし、即席の大学を開いて、不平等が拡大する理由や対策を議論した。経済学の教授も議論に参加した。フランスの経済学者、**トマ・ピケティ**（１９７１〜）は２０１４年に『**21世紀の資本**（*Capital in the Twenty-First Century*）』を出版し、富裕層の成長を検証して、格差がいかに急速に広がっているかということに対する不安を確認した。

巨人はいかにして、これほど大きくなったのだろうか。カール・マルクスによると、高所得者層は金儲けのために労働者を搾取する資本家だ。ヨーゼフ・シュンペーターは、彼らはリスクを負う勇敢な人々で、運が良ければ裕福になれると考えた。従来の経済学ではこれほど多彩な説明はしていない。問題となるのは、大多数の人の所得の源である賃金がなにによって決まるかである。この経済学では、労働者は生産に貢献した分の賃金を得ると説明する。教育を受けた人は、生産性をよりいっそう高めるスキルをもっているため、よりいっそう高い賃金を得られる。とくにこの数十年間は、技術の進歩によってその傾向がより強くなった。コンピューター・プログラミングやエンジニアリングの訓練を受けた人は良い稼ぎを得られる。ハンバーガーの調理係や清掃係などの非熟練労働者は取り残される。

これに対してピケティは、そんな単純なことではないと主張した。もっとも背の高い巨人の収入が飛び抜けているのは、飛び抜けた生産性の成果ではないという。木を切っている人の生産性を計算するのは簡単だ。1日何本の材木を切りだしたかを数えればいい。しかし、トヨタのような巨大企業の経営幹部の貢献度はどう計算すればよいのだろうか。企業の収益は世界じゅうで働く何千もの人の努力の成果であり、そのうちのひとりの生産性を特定することは難しい。幹部の所得は、企業の慣習や、過去の幹部の報酬額で決まる、とピケティは考えた。

不平等の要素はほかにもある。保有資産、つまり家、株、事業、土地だ。所得は資産に加算されるが、同じものではない。少ない年金で暮らしている退職者が価値の高い家屋を保有している場合、所得はほとんどないが、多くの資産をもっていることになる。トップの富裕層は莫大な資産を有している。ビル・ゲイツやウォーレン・バフェットは何百億ドルもの資産をもつ華々しい例である。

ピケティは、資産が成長し続けるという「資本主義の歴史的法則」を明らかにした。人は資産、すなわち事業や株による利益や土地の賃借料によって、さらに稼ぐ。保有している事業、株、土地の価値が1000万ドルの価値があり、それによって年間100万ドル稼げるとすると、収益率は10パーセントだ。ピケティは、歴史上、多くの時代で資産による収益率は経済成長率を上まわることを読みとった。経済成長率が3パーセントの場合、資産はその経済の生産よりも7パーセント速く成長する。労働者の賃金は経済で生産されたもののなかから支払われ、賃金が上がるのは経済の生産性が拡大したときである。資産の収益率が経済成長率を上まわっているので、賃金の上昇率は、1000万ドルの資産の収益率よりも低い。ピケティは資産の収益率をr、経済の成長率をgとして、**r＞g**という式でまとめた（ピケティの本は多くの人に読まれ、このr＞gをプリントしたTシャツを着る人が現れたほどだ！）ピケティは、アメリカではこの数式が1970年代から当てはまることに気づいた。21世紀には、アメリカの上位1パーセントの資産家が、国全体の資産のおよそ3分の1を保有している。

経済学者は所得分配について強い姿勢を示さないと非難されることもある。少数が飛び抜けた資産をもつ全体的に豊かな社会のほうが、みんな平等だが生活が苦しい貧しい社会より良いと考える経済学者もいる。近代経済学はおおむね所得分配よりも効率を重視する。25章で、**厚生経済学の第一基本定理**を証明した**ケネス・アロー**と**ジェラール・ドブリュー**を紹介したが、この定理は、資源が無駄になっていないという特定の条件下で市場は効率的にはたらくとしている。問題は、きわめて不平等な場合を含め、多くの市場は結果として効率的にはたらくということだ。またアローとドブリューはほかのことも証明した。効率的な結果にならないとしても、所得の均等分配という社会にとって好ましい状態を想定してみよう。これについては少し調整すれば市場はその状態を達成できると、ふたりは示した。

市場を調整するには、政府が豊かな層から貧しい層に資源を渡して再分配する必要がある。しかし、これが人々の経済的決断、とくに、どれだけきちんと働けばよいかということに与える影響しだいでは、効率性が損なわれてしまう。よって理想を達成するためには、政府が人々の行動に影響を及ぼさない範囲で資源を動かす必要がある。そうすれば、市場は効率性を保証しつつ、社会は平等な分配点を見いだせる。だが実際には、これはほぼ不可能だ。実際に政府が再分配するには、豊かな層の収入に税金を課し、それを貧しい層に渡すしかない。この場合、経済学者は、税金が高すぎると人々の行動に影響を与えるのではないか、と心配する。収入の一部を税金に取られるのに、がんばって働く必要があるだろうか、と。経済学者は公平性と効率性のトレードオフを議論する。厚生経済学の第一基本定理によると、市場が効率の良い状態にある場合、政府が介入して所得を再分配すると効率性が損なわれる。再分配でより平等にはなるが、経済成長は鈍化する。バケツを使って、豊かな層から貧しい層に資産を運ぶときの問題を想像してみよう。運んでいるうちに、どうしても水がこぼれてしまう。社会は、公平性の確保と、効率性の低下という〝水漏れ〟のバランスをどう取るべきだろうか。

イギリスの経済学者**アンソニー・アトキンソン**（1944～2017）は、このジレンマは誇張されているとした。まず、厚生経済学の第一基本定理は現実に成立しない。市場はそもそも、再分配によって乱されるほど効率の良い状態にはない。市場はとても非効率な状態であることが多く、バケツをもちあげる前から水が漏れている。たとえば、重要な情報が欠けていれば、市場は効率的ではない。ひとつの例は、雇用者には従業員がどのくらいよく働いているかが観察できないことだ。しかし、賃金を上げれば、従業員は懸命に働くようになり、効率が上がるかもしれない。最低賃金を気前よく上げれば、不平等を軽減して効率性も向上させられる、とアトキンソンは考えた。平等と効率が両立しうる理由はほかにもある。不平等ゆえに、人々は豊かになるという希望に向かって働くようになる、と考える経済学者もいる。だが、不平等があまりに大きければ、その希望は現実味を失い、不平等が働く理由にならなくなる。それどころか、けっして追いつけないという絶望におそわれる。生産的な経済には、健康で教育を受けた労働力が必要である。多くの人が医療サービスを受けたり、教育に投資したりする余裕がなければ成り立たず、これが脅威にさらされているのだ。

極端な不平等は不公平であり、経済効率を脅かすとすれば、なにか対策はあるのだろうか。対策はある、とピケティは言う。不平等は、ある程度までは社会が選んだ結果だ。第二次世界大戦後、経済成長率は高く、政府は豊かな層に課税した。高いg（経済成長率）と低いr（資産の収益率）によって不平等は抑制された。1970年代以降、政府は資産への課税を削減し、rを押し上げた。世界的な金融危機の後、経済成長の低下がrとgの差をさらに広げ、不平等が拡大した。政府が支出を減らし、公共サービスが削減されると貧しい層が打撃を受けた。これによってさらに成長が抑制され、不平等が広がる傾向に拍車をかけた。経済の管理の仕方によって不平等が拡大するのなら、方向性を変えることは可能だ、とピケティは主張する。

アトキンソンも同じ意見だった。アトキンソンは、最低賃金対策に加えて、平等を促進するテクノロジーの活用を提唱した。新しいテクノロジーというものは制御不能と考えられがちだが、これもまた、わたしたちの選択の結果である。政府が病院に完全自動受付システムを導入した場合、システムを設計したエンジニアは金儲けができるが、受付係は仕事を失う。一方、政府は新しいシステムの開発に予算を使うのではなく、訓練をほどこした、より有能な受付係の育成を決定することもできる。そうなれば雇用が増え、より平等になる（患者も病院で人と話せることを喜ぶだろう）。ピケティの r＞g の式についてはどうだろうか。経済成長率を資産の収益率よりも高めて不平等をなくすことは可能だろうか。ピケティは、それは不可能だと考えている。そのため、不平等をなくすには資産の収益率を下げるべきだとし、世界の最富裕層の財産に対する世界規模での課税を提案した。そうした課税は実現するのだろうか。世界でもっとも背の高い巨人たちの権力と影響力を考えると、現時点では実現可能性はあまり大きくない。

Chapter
40

# なぜ経済学者か

最近、経済学者がニュースで語っていたときのことを思い出してほしい。おそらく株価や金利などについて小難しい言葉を並べ立てていただろう。あなたは経済学者の話を信頼し、こう思ったのではないだろうか。「経済学者は自分が話している内容についてわかっているはず。だったら、わたしはサッカー観戦に戻ろう」と。経済学については専門家である経済学者に任せておこう、と考えたかもしれない。その一方で、経済学者は激しいバッシングに遭うこともある。経済学者は、人の暮らしをもっと良いものにすることよりも、非現実的な理論のほうに関心があり、全般的に信用すべきでないと言う人もいる（19世紀にどうしてトマス・カーライルが経済学を「陰鬱な科学」と評し、トマス・ド・クインシーが経済学者の脳にカビが生えていると述べたのかを思い出そう）。

今世紀初めに世界的な経済危機が起こったため、経済学者へのバッシングはより激しくなった。女王エリザベス二世ですら、経済学者に対して疑念を抱いた。女王は経済危機の最中にロンドン・スクール・オブ・エコノミクスを訪れ、なぜだれも危機が来ることがわからなかったのかと経済学者に問いただしたのだ。多くの人が、経済学者は現実から完全に乖離《かいり》していると考えた。巧妙な数学理論を思いつくのに、頭の外にある現実の経済が実際にどのように機能するかについて思い悩むことはない。有名な経済学の教授までもが同じことを口にした。

経済学者は世界を単純化する。それはかまわない。なにかを説明するには、あまり重要ではないものを排除し、もっとも重要なものを明らかにする必要がある。しかし、経済学者は度が過ぎていると批判された。理論の向こうにある世界が、実際にはどれほど複雑であるかを忘れてしまっていた。危険な単純化はふたつあった。市場は〝効率的〟であり、社会的な資源が最適に利用される、と信じたことだ。また、人は概して〝合理的〟であり、情報を適切に用いて費用と便益を天秤にかける、とも信じた。だが、金融危機が起こったとき、市場はひどい間違いをおかし、人々は合理的とはほど遠い行動をした。経済学は失敗したと思われた。こんなことになって、いったいだれが経済学者になりたいと思うだろうか。それどころか、こんどニュースで経済学者が語るのを見たら、彼らの話を受け入れるどころか、画面に煉瓦《れんが》を投げつけたくなるのではないだろうか。

しかし、煉瓦を投げるのは少し待ってほしい。経済学は成功を収めてきたのだ。さきにみたように〔37章〕腎臓のドナーと患者とをマッチングさせるシステムや、携帯電話のライセンスを売るオークションを、経済学者がどのようにしてつくったかを思い出してもらいたい。いずれも、経済の原理を巧みに適用することなしには不可能だっただろう。経済学は、こうした専門的な問題をうまく解決できるのである。

だが、こうした問題はあまりに専門的すぎるかもしれない。本書の締めくくりに、もうひとつの経済理論について考えよう。それは、わたしたちの生存がかかっている究極の資源、地球を守ることに関係する。本書でこれまでみてきた基本的な経済原理が、そこでも適用されるのである。わたしたち、わたしたちの子、わたしたちの孫のひとりひとりに影響を及ぼす地球温暖化の問題に、経済学が大いに役立つ可能性があるのだ。経済学が、しばしば非難されるように現実世界からかけ離れているのではなく、じつは、世界に対して強い関心を抱き、世界を守れるかもしれないことを示している。

陸地や海洋の平均気温が上昇する**地球温暖化**（global warming）は、工場が石炭や石油の燃焼時に排出する二酸化炭素がその原因だと、多くの科学者が考えている。また、地球温暖化により、気候が以前よりも不安定になっている。そのせいで巨大な費用《コスト》が生じる。洪水や旱魃が、とくにアフリカやアジアの農業に深刻な被害をもたらすだろう。極地や山頂を覆《おお》う氷雪が溶けると海面が上昇し、多くの村や町が洪水に見舞われ、人が住めなくなるかもしれない。

地球温暖化を止めるには、それが悪いことだとわたしたち全員が認めるだけでは足りない。たとえ認めたとしても、わたしたちの行動は変わらないだろう。この問題の解決には、経済学という薬が必要だ。地球温暖化は、経済学者が研究を重ねてきた市場の失敗という問題のひとつの形である。つまり、地球温暖化は**外部性**なのだ。先に触れたように、外部性とは、たとえば隣人が吹くトランペットの騒音といったような、意図せずに生じる副次的な影響のことである。隣人は費用《コスト》を支払う必要がないので、大きな音で演奏を続ける。アメリカの経済学者の**ウィリアム・ノードハウス**（1941〜）は、二酸化炭素の排出を、時間と空間を超えて広がる、外部性の特殊な例だと考えている。外部性は世界じゅうに広がる。ドイツの工場が二酸化炭素を排出すると地球の大気に含まれる二酸化炭素量が増え、それが気候に影響する。ドイツで排出した二酸化炭素が中国やブラジルの農家に被害をもたらすのだ。きょう排出された二酸化炭素は今後、何十年にもわたって地球を温めるため、影響は何世代も続く。きょうドイツで排出された二酸化炭素が、中国やブラジルの農家の将来の子孫にも被害をもたらす。ノードハウスは二酸化炭素の排出を「**二重の外部性**（double externality）」と呼ぶ。

二酸化炭素はきわめて極端な外部性であるため、過剰に排出される。では、「適切な」量はどのくらいだろうか。仮に、ある工場が排出した直近の二酸化炭素1トンによって世界の経済が悪影響を受けたとする。農作物がだめになった被害と洪水に遭った村の被害の合計が50ポンドとする。この場合、二酸化炭素1トンが排出されず、被害を避けられれば、50ポンドの利益になる。だが、排出を防ぐには費用がかかる。工場の煙突にフィルターをつけなければならないかもしれない。その費用が40ポンドだとしたら、工場がフィルターを取り付け、よぶんな排出をしないようにするほうが、社会全体にとって好ましいことになる。工場はどの程度、排出量を減らすべきだろうか。経済原則に従えば、削減した1トンがもたらす便益が費用と等しくなるまで削減すべきである。

たとえば、ある経済学者が費用と便益をすべて集計して、社会全体で排出量を半減すべきだと提言するとする。半減を実現するために、政府は国民ひとりひとりが排出量を半分にするよう命じることもできる。石炭の燃焼を禁止してもいい。一方、ノードハウスは、経済原則を用いれば政府はより少ない費用《コスト》で削減を実現できる、と言っている。すなわち、**炭素税**（carbon tax）を課して、排出量を削減させるのだ。炭素排出のコストが経済的な意思決定に与える影響をより大きくしようというのである。政府は、社会がうみだす環境汚染が半減するように税金を設定すべきだとノードハウスは主張した。

税を用いるこの方法は安上がりである。なぜなら、排出量をより容易に減らせる人がいるからだ。たとえば、政府がガソリンに課税するとしよう。すると、教師は自転車で出勤するようになるかもしれない。教師にとって炭素排出量を減らす費用は小さく、ガソリンの値上がり分よりも小さい。だが、コントラバス奏者は車でリハーサルに行くしかなく、炭素排出量の削減に要する費用は大きい。そのため高いガソリンにお金を払って、引き続き車を使うことを選ぶだろう。課税によって、炭素排出量を減らす費用が小さい人や企業は、費用が大きい人や企業よりも多く削減するようになる。政府は、社会が負担する費用を、単に個人や企業に排出量を半減するよう命じる場合よりも小さく抑えて、排出量削減の目標を達成できるだろう。

もうひとつの経済的な解決策は、「**排出量取引許可書**（carbon trading permits）」を発行することだ。これは所有者に1トンの二酸化炭素排出を認める証書である。許可書がなければ、二酸化炭素は排出できない。排出量の目標を実現するため、政府は必要なだけ証書を発行する。一方、企業はその証書を売買できる。排出量の削減が難しいと考える企業は、より容易に削減できそうな企業から証書を買う。課税の場合と同様に、安価で削減できる企業がもっとも多く炭素排出量を削減するだろう。1990年代、森林や湖に損害を与える「**酸性雨**（acid rain）」の原因となる環境汚染を削減するため、アメリカでこうした証書が用いられた。

二酸化炭素排出の二重の外部性を解決する道はまだ遠い。完全な解決には、環境に対するさまざまな考え方をもつ多くの社会が協力することが必要になる。とはいえ、酸性雨のような、より難易度が低い環境問題で経済学は役に立ってきたし、ノードハウスは、費用と利益を比較評価するという経済学のもっとも基本的な手法を断固として用いれば、地球温暖化の問題を解決し、地球規模の災害を阻止できる可能性がまだ残されていると考えている。

経済学には不備な点もあるが、人類にとってきわめて重要なものだ。もっとも基本的な経済理論は、あらゆる種類の問題、とりわけ専門的な問題を解決するための強力なツールとなる。専門的な問題には地球温暖化のように、今後、何世代にもわたって人々の生活の質に直接、影響を及ぼすものが含まれる。

そうは言っても、経済学は、人間社会全体がいかに機能するかというような、より広範な問題に取り組んできたのだ。社会の進展に役立つのは、自由市場と競争か、あるいは人々が集まって協力することか。経済成長において金融市場が果たすべき役割はなにか。こうした疑問に、単純な経済原則で答えるのはきわめて難しい。それが、多くの経済学者が先の経済危機の到来を見抜けなかった一因である。また、経済危機よりはるか以前、経済学者は自由市場や合理性の理論を用いて、1980年代のアフリカ、1990年代の共産主義体制終了後のロシアなどの社会全体を再設計した。結果は悲惨だった。経済学者は基本原理をあまりにも強く推し進め、社会がもつ幅広い政治的・社会的な側面を理解していなかった。

大学で学ぶ経済学は、基本的な経済理論が中心になる。基本的な理論は強力で有用だが、使うときは注意が必要である。経済理論は「科学《サイエンス》」などではないと考える人もいる。経済学者の方程式の裏には、自由市場、競争、個人の努力などがなによりも重要だという保守的な政治理念があるというのだ。数年前、イギリスとアメリカの学生が、経済学の教師に嫌気がさして教室から出ていったことがあった。学生たちは経済学が現実を歪曲《わいきょく》していると考え、経済学はもっと無秩序で、予測不可能で、方程式では捉えきれない現実世界を取り扱うものであるべきだと望んだのだろう。

それでも、本書でみてきた長い歴史において、思想家は多種多様な方法で経済を見つめ、あらゆる種類の政治的信念を抱いたことを思い出してほしい。資本主義をかたくなに支持する者もいれば、是正を望む者、破壊を望む者もいた。近年では、ソースティン・ヴェブレン、カール・マルクス、フリードリヒ・ハイエクなどの反体制的な思想家の考え方だけでなく、より一般的なアダム・スミス、ジョン・メイナード・ケインズのような思想家の考え方でさえ、基本的な経済学の講義ではずされる傾向にある。こうした思想家は皆、経済や社会がどのように発展するかという大きな疑問に関心をもっていたが、冷蔵庫を選んだり、新しいオフィスを借りたりする際に費用と便益をどのように比較検討するかといった、限定的な問題にはあまり関心を示さなかった。

本書に登場した経済学者は、それぞれの時代の問題に応じたさまざまな理論を考え出している。経済学は数学とは異なり、問題に対して永遠に「正しい」答えがたったひとつあるわけではない。歴史上の思想家が示したさまざまな答えをよく理解することによって、わたしたちは触発され、極端な不平等、金融危機、地球温暖化といった、こんにちの経済問題に取り組むために必要な新たな考え方を導きだすことができるだろう。問題を正しく理解すれば、より多くの人が豊かな生活を送るチャンスを手にし、正しく理解しなければ、多くの人が苦しむことになる。必要な食べ物や医薬品を手に入れられなくて、死ぬ人もいるかもしれない。これは、専門家である経済学者だけでなく、わたしたち全員の課題である。

本書の冒頭で、経済について最初に考えた古代ギリシャの哲学者を紹介した。彼らは、わたしたちがいまなお解明しようと取り組んでいる、人生のもっとも根本的な疑問に関心を抱いた。人間社会でうまく生きるにはどうすればいいか。幸福感と充足感を得るためにはなにが必要か。人々を真に繁栄させるものはなにか。こうした疑問から経済学ははじまった。さまざまな議論や意見の相違が繰り広げられたとしても、経済学はふたたび同じ疑問からはじまらなければならないのである。

## む



## め



## も



## ゆ



## よ



## ら



## り



## る



## れ



## ろ



## わ

## な



## に



## ね



## の



## は



## ひ

## そ



## た



## ち



## つ



## て



## と

## す



## せ

# 索　引

著者――ナイアル・キシテイニー（NIALL KISHTAINY）
ロンドン在住の経済史家にして政治経済ジャーナリスト。世界銀行や国連アフリカ経済委員会、英国政府で働いた経験をもつ。最近までLSE（ロンドン・スクール・オブ・エコノミクス）の教壇に立っていた。著書の邦訳に『経済学大図鑑』（三省堂）、『1分間で経済学』（ダイヤモンド社）がある。

訳者――月沢 李歌子（つきさわ・りかこ）
津田塾大学卒業。英国留学、外資系金融機関勤務を経て翻訳家。おもな訳書に『日常の疑問を経済学で考える』『成功する人は偶然を味方にする』（ともに日本経済新聞社）、『若い読者のための哲学史』（すばる舎）、著書に『夢をかなえる時間術』（すばる舎）がある。

本文イラスト／Hazel Partridge

**若い読者のための経済学史**

2018年2月26日　第1刷発行
2024年8月14日　第5刷発行

著　者――ナイアル・キシテイニー
訳　者――月沢 李歌子
発行者――徳留 慶太郎
発行所――株式会社すばる舎
〒170-0013 東京都豊島区東池袋3-9-7 東池袋織本ビル
TEL　03-3981-8651（代表）
03-3981-0767（営業部直通）
FAX　03-3981-8638
URL　https://www.subarusya.jp/
振替　00140-7-116563

印　刷――シナノ印刷株式会社


ISBN978-4-7991-0684-6